国家出版基金资助项目
"十四五"时期国家重点出版物出版专项规划项目

特色小镇新能源规划与应用

New Energy Planning and Application in Characteristic Towns

王 丽　王 琳　付嘉峰　著

哈尔滨工业大学出版社
HARBIN INSTITUTE OF TECHNOLOGY PRESS

内容简介

特色小镇是新型城镇化建设的亮点,是农村经济转型、低碳农业、循环农业和智慧农业发展的重要途径。特色小镇在建设中如何进行能源尤其是新能源的规划与应用,关乎着特色小镇是否绿色低碳、生态宜居,是否体现特色小镇的定位。

本书以特色小镇新能源规划与应用为对象,阐述了特色小镇新能源规划的原则、指标体系及针对生物质能、太阳能等新能源的规划设计方法;详细描述了生态农业特色小镇五常市二河乡新庄村绿色蔬菜小镇规划方案以及五常中心镇以太阳能、生物质能为核心新能源的规划与应用;详细分析了山东林家村镇高端装备小镇的新能源配置方案。本书对致力于绿色生态、低碳清洁特色小镇建设的各级政府及规划设计单位而言,是一本专业性强、实用性高的参考书。

图书在版编目(CIP)数据

特色小镇新能源规划与应用/王丽,王琳,付嘉峰著. —哈尔滨:哈尔滨工业大学出版社,2024.1

(新能源先进技术研究与应用系列)

ISBN 978-7-5767-1174-5

Ⅰ.①特⋯ Ⅱ.①王⋯ ②王⋯ ③付⋯ Ⅲ.①新能源-应用-小城镇-城市建设-研究-中国 Ⅳ.①F299.21

中国国家版本馆 CIP 数据核字(2023)第 255820 号

策划编辑	王桂芝　王　爽
责任编辑	李青晏　宋晓翠
出版发行	哈尔滨工业大学出版社
社　　址	哈尔滨市南岗区复华四道街 10 号　邮编 150006
传　　真	0451-86414749
网　　址	http://hitpress.hit.edu.cn
印　　刷	辽宁新华印务有限公司
开　　本	720 mm×1 000 mm　1/16　印张 17　字数 350 千字
版　　次	2024 年 1 月第 1 版　2024 年 1 月第 1 次印刷
书　　号	ISBN 978-7-5767-1174-5
定　　价	102.00 元

(如因印装质量问题影响阅读,我社负责调换)

国家出版基金资助项目
新能源先进技术研究与应用系列

编审委员会

名誉主任	秦裕琨
主　　任	徐殿国
副 主 任	赵广播　彭喜元　黄玉东　帅　永
编　　委	（按姓氏拼音排序）

冯　勇　高建民　乐　古　李彬彬
李炳熙　李彦军　刘大同　刘洪臣
彭　宇　曲延滨　宋惠慧　孙宝芝
孙　力　王高林　王洪杰　王　丽
王　琳　王　卫　王志江　尹鸽平
张昊春　张千帆　张学广　赵军明

总　序

　　能源是人类社会生存发展的重要物质基础,攸关国计民生和国家安全。当前,随着世界能源格局深刻调整,新一轮能源革命蓬勃兴起,应对全球气候变化刻不容缓。作为世界能源消费大国,牢固树立和贯彻落实创新、协调、绿色、开放、共享的发展理念,遵循能源发展"四个革命、一个合作"战略思想,推动能源生产和利用方式发生重大变革,建设清洁低碳、安全高效的现代能源体系,是我国能源发展的重大使命。

　　由于煤、石油、天然气等常规能源储量有限,且其利用过程会带来气候变化和环境污染,因此以可再生和绿色清洁为特质的新能源和核能越来越受到重视,成为满足人类社会可持续发展需求的重要能源选择。特别是在"双碳"目标下,构建清洁、低碳、安全、高效的能源体系,加快实施可再生能源替代行动,积极构建以新能源为主体的新型电力系统,是推进能源革命,实现碳达峰、碳中和目标的重要途径。

　　"新能源先进技术研究与应用系列"图书立足新时代我国能源转型发展的核心战略目标,涉及新能源利用系统中的"源、网、荷、储"等方面:

　　(1)在新能源的"源"侧,围绕新能源的开发和能量转换,介绍了二氧化碳的能源化利用,太阳能高温热化学合成燃料技术,海域天然气水合物渗流特性,生物质燃料的化学㶲,能源微藻的光谱辐射特性及应用,以及先进核能系统热控技术、核动力直流蒸汽发生器中的汽液两相流动与传热等。

特色小镇新能源规划与应用

(2)在新能源的"网"侧,围绕新能源电力的输送,介绍了大容量新能源变流器并联控制技术,面向新能源应用的交直流微电网运行与优化控制技术,能量成型控制及滑模控制理论在新能源系统中的应用,面向新能源发电的高频隔离变流技术等。

(3)在新能源的"荷"侧,围绕新能源电力的使用,介绍了燃料电池电催化剂的电催化原理、设计与制备,Z源变换器及其在新能源汽车领域中的应用,容性能量转移型高压大容量电平变换器,新能源供电系统中高增益电力变换器理论及其应用技术等。此外,还介绍了特色小镇建设中的新能源规划与应用等。

(4)在新能源的"储"侧,针对风能、太阳能等可再生能源固有的随机性、间歇性、波动性等特性,围绕新能源电力的存储,介绍了大型抽水蓄能机组水力的不稳定性,锂离子电池状态的监测和状态估计,以及储能型风电机组惯性响应控制技术等。

该系列图书是哈尔滨工业大学等高校多年来在太阳能、风能、水能、生物质能、核能、储能、智慧电网等方向最新研究成果及先进技术的凝练。其研究瞄准技术前沿,立足实际应用,具有前瞻性和引领性,可为新能源的理论研究和高效利用提供理论及实践指导。

相信本系列图书的出版,将对我国新能源领域研发人才的培养和新能源技术的快速发展起到积极的推动作用。

2022 年 1 月

前 言

钻木取火,结束了人类茹毛饮血的时代,开启了人类薪柴能源篇章,恩格斯曾说:"摩擦生火第一次使人支配了一种自然力,从而最终把人同动物界分开"。在漫长的历史长河中,人类从薪柴中获得了光、热和舒适的生活;人类对森林的掠夺性开发引发了历史上著名的大不列颠森林危机;1500—1630年,英国木柴价格高涨,能源危机使英国探索从薪柴向煤炭的转型;1700年,英国煤矿的井深已经达到了60多米,深井煤矿矿井排水推生了第一代蒸汽机(1721年),即纽克曼蒸汽机,其后瓦特改良蒸汽机,开始大规模的煤炭开采,煤炭将人类带入工业文明;1859年,美国人德雷克在宾夕法尼亚州用蒸汽动力锤嵌入套管,挖出了人类历史上的第一口油井,开启了现代文明的石油时代;在其后的100多年里,人类在享受化石能源带来的高效、便捷生活的同时,也在能源危机和化石能源带来的巨大环境问题中沉思和自省。党的十八大提出"在高质量发展中促进共同富裕",并进一步确定了"碳达峰"和"碳中和"发展目标,构建绿色低碳可持续的循环经济发展模式,助推绿色生产方式和生活方式,实现社会高质量发展,至此我国进入生态文明新时代。

2007年,作者所在的哈尔滨工业大学能源科学与工程学院开始了新能源及可再生能源的教学与科研工作;2012年,受哈尔滨市五常市人民政府委托开展了"五常市生态镇规划",团队负责生态规划、新能源规划及评价;2017年,团队和中国海洋大学的王琳教授一起完成了"林家村镇高端装备小镇规划",团队负责其中新能源篇章的规划。在这些小镇的规划过程中,小镇的功能定位为特色小镇,能源规划定位为新能源的规划与应用,并将这些规划案例写入本书第4、5章。在本书撰写过程中,借鉴了国外小镇能源规划利用的特色案例:德国弗莱堡生态小镇、英国托特尼斯小镇、日本新能源小镇藤泽、瑞典哈马碧湖城等,这部分资料由付嘉峰工程师进行了整理。同时还对王琳团队的科研成果——厌氧发酵技术,学校、学院和其他同行的太阳能热转化技术、温室大棚技术进行了归纳和总结,并写入本书,在此一并表示感谢。

从高碳到低碳再到碳循环(零碳),新的能源形式在小城镇尤其是特色小镇的规划与应用,是城镇能源应用理念的变化,希望这一理念能引导小城镇和美丽乡村的能源规划与建设,为实现国家昌盛繁荣贡献智慧。

由于作者水平有限,书中疏漏之处在所难免,恳请广大读者批评指正。

作 者
2023 年 9 月

目 录

第 1 章　绪论 ·· 001
   1.1　背景 ··· 003
   1.2　新能源 ·· 010
      1.2.1　太阳能 ·· 011
      1.2.2　风能 ··· 015
      1.2.3　生物质能 ··· 016
      1.2.4　地热能 ·· 019
      1.2.5　水电能 ·· 020
      1.2.6　海洋能 ·· 021
      1.2.7　核能 ··· 022
   1.3　特色小镇 ··· 023
      1.3.1　特色小镇的由来 ·· 023
      1.3.2　特色小镇的基本特征 ·· 027
      1.3.3　特色小镇新能源规划 ·· 030
   1.4　国外特色小镇新能源规划应用案例 ··· 032
      1.4.1　德国弗莱堡生态小镇 ·· 032

1.4.2 英国托特尼斯(Totnes)小镇 ……………………………… 040
  1.4.3 日本新能源小镇藤泽 ……………………………………… 042
  1.4.4 瑞典哈马碧湖城 …………………………………………… 045

第2章 特色小镇新能源规划 ……………………………………………… 049
 2.1 特色小镇新能源规划方法 …………………………………………… 051
  2.1.1 特色小镇新能源规划 …………………………………… 051
  2.1.2 新能源规划的协调性 …………………………………… 052
  2.1.3 特色小镇新能源区划 …………………………………… 054
 2.2 特色小镇新能源规划目标 …………………………………………… 055
  2.2.1 新能源规划的目标 ……………………………………… 055
  2.2.2 新能源规划目标制定需遵循的原则 …………………… 057
 2.3 新能源规划的基本内容 ……………………………………………… 057
  2.3.1 规划重点和内容 ………………………………………… 057
  2.3.2 技术路线 ………………………………………………… 058
  2.3.3 能源需求预测 …………………………………………… 058
  2.3.4 新能源替代补充规划 …………………………………… 062
 2.4 新能源规划中的指标体系 …………………………………………… 065

第3章 特色小镇新能源储备 ……………………………………………… 069
 3.1 特色小镇新能源资源基础 …………………………………………… 071
  3.1.1 生物质能源资源 ………………………………………… 071
  3.1.2 太阳能资源及分布特点 ………………………………… 077
  3.1.3 风能资源储备 …………………………………………… 081
  3.1.4 水资源 …………………………………………………… 082
 3.2 特色小镇新能源技术 ………………………………………………… 083
  3.2.1 生物质沼气化技术 ……………………………………… 083
  3.2.2 太阳能规划及应用技术 ………………………………… 142
  3.2.3 太阳能光热系统规划 …………………………………… 155
  3.2.4 太阳能热水器技术 ……………………………………… 161
  3.2.5 特色小镇主动式太阳能建筑设计 ……………………… 167

3.2.6　太阳能温室设计 …………………………………………… 173
　　3.2.7　小型风力发电机技术 ……………………………………… 185
　　3.2.8　微水电技术 ………………………………………………… 187

第4章　五常生态农业小镇集群新能源规划与应用 …………………… 189
4.1　五常市基本概况 …………………………………………………… 191
　　4.1.1　地理位置及自然条件 ………………………………………… 191
　　4.1.2　五常经济发展概况 …………………………………………… 194
　　4.1.3　五常生态特色格局与规划 …………………………………… 195
　　4.1.4　五常的自然资源条件与能源现状 …………………………… 196
　　4.1.5　五常市特色小镇建设规划 …………………………………… 198
　　4.1.6　特色小镇架构规划 …………………………………………… 201
4.2　五常特色小镇能源现状 …………………………………………… 202
　　4.2.1　常规能源为主的能源结构 …………………………………… 202
　　4.2.2　生态农生产业小镇特色集群及新能源规划 ………………… 203

第5章　林家村镇高端装备小镇新能源规划与应用 …………………… 213
5.1　林家村镇现状 ……………………………………………………… 215
5.2　产业发展 …………………………………………………………… 218
　　5.2.1　经济发展水平 ………………………………………………… 218
　　5.2.2　产业发展现状 ………………………………………………… 219
5.3　林家村镇产业及新能源规划 ……………………………………… 223
　　5.3.1　产业及新能源规划思路 ……………………………………… 223
　　5.3.2　规划目标与原则 ……………………………………………… 223
5.4　产业发展预测 ……………………………………………………… 224
　　5.4.1　经济规模预测 ………………………………………………… 224
　　5.4.2　就业人口预测 ………………………………………………… 226
　　5.4.3　产业空间布局 ………………………………………………… 226
　　5.4.4　重点板块新能源配置分析 …………………………………… 230
5.5　高端装备小镇新能源规划 ………………………………………… 238
　　5.5.1　小镇能源消费现状 …………………………………………… 238

  5.5.2 小镇资源评估 …………………………………………… 238
  5.5.3 面向需求分析的清洁可再生能源规划方法 ………… 240
  5.5.4 林家村镇高端装备特色小镇规划评价 ……………… 242
参考文献 ……………………………………………………………… 245
名词索引 ……………………………………………………………… 253
附录 部分彩图 ……………………………………………………… 257

第 1 章

绪　论

本章分析了我国城市化发展进程中所面临的能源危机和环境问题,指出特色小镇及新能源规划与应用是解决城市化进程中能源和环境危机的重要手段。回顾了当前应用最为广泛、最有前景的新能源——太阳能、风能、生物质能、地热能、水电能、海洋能、核能等的发展历程,并分析这些新能源的技术特点及环境优势,提出特色小镇新能源规划与应用的重点是新能源,新能源是特色小镇规划建设的重要替代和补充能源。进而指出特色小镇建设是新型城镇化规划建设的亮点,是农村经济转型、低碳农业、循环农业和智慧农业发展的重要途径。列举和阐述了国外特色小镇——德国弗莱堡生态小镇、英国托特尼斯(Totnes)小镇、日本新能源小镇藤泽及瑞典哈马碧湖城等新能源规划与应用典型案例,为我国特色小镇新能源规划与应用指明方向。

第1章 绪 论

1.1 背景

1. 能源

古希腊哲学家赫拉克利特说"万物源于火",我国谚语有"万物生长靠太阳",可见人类的生存与发展离不开能源。人类迄今已有700万年的历史,人类生存发展的历史就是能源消费的历史、能源技术进步的历史。广义上任何包含能量的资源都可以称为能源,人类可以从其中获取光、热及动力等。能源在自然界中以多种自然资源形式(如煤炭、石油、天然气、风、地热等)存在且可以转换,成为人类可以利用的能源。人类在获取和利用能源的过程中将能源分为一次能源和二次能源,一次能源是指自然界存在,可供人类直接利用且不需要改变其形态的能源,如煤、石油、天然气、风能、水能等;二次能源是指由一次能源直接或间接转换而来的能源,如电、蒸汽、焦炭、煤气、氢等,它们使用方便,是高品质的能源。按照能源被利用程度的不同,可将能源分为传统能源及新能源;按照能源是否可再生,可将能源分为非可再生能源及可再生能源;按照能源的交易特征,可将能源分为非商品能源及商品能源。在对传统能源开发和利用的同时,人类在不断评估能源的可持续性、经济性和清洁性;在环境急剧污染的今天,清洁特性成为能源规划和利用的重要目标,清洁可再生的新能源应运而生,人类走进了由低碳到高碳,再回到低碳、低排放的新能源时代。1980年联合国召开的"联合国新能源和可再生能源会议"对新能源的定义为:以新技术和新材料为基础,使传统的可再生能源得到现代化的开发和利用,用取之不尽、周而复始的可再生能源取代资源有限、对环境有污染的化石能源,重点开发太阳能、风能、生物质能、潮汐能、地热能、氢能和核能等。因此如何规划开发利用新能源,是国家经济发展、城市化建设的重点,尤其是特色小镇这类新型村镇转型过程中首要规划和应用研究的内容。

随着经济的快速发展、城市化进程的加快,以及人口的不断增长,能源供给和需求之间的矛盾日趋明显,人类对能源的需求量越来越大,依赖性越来越高。

能源对人类及经济的影响主要体现在以下几个方面。

(1) 能源是经济发展、社会进步的驱动力。

能源是国家的经济命脉,并制约着社会的发展。尤其对以第二和第三产业为基础的城市,能源是城市存在和发展的基本条件,能源几乎涵盖了社会生产、流通、分配与消费等方方面面,在整个国民经济中占有相当大的比重。

(2) 能源影响世界格局。

能源作为一种战略资源,对国际关系、世界格局都有长期和深远的影响。伴随着能源消费量的不断增长,能源短缺与枯竭的趋势愈加明显,能源对世界格局重组、塑造的影响愈加突出。石油作为全球消费比例最高的能源被国际上称为"战略政治商品",可见能源的国际政治地位。尤其是进入21世纪,由于高速发展的经济及城镇化水平的提高,人类对能源尤其是清洁能源的需求大幅上升。

(3) 传统化石能源枯竭将导致经济衰退。

当今经济是建筑在化石能源基础之上的一种化石经济。化石能源的资源蕴藏量是有限的,化石能源,如石油、天然气、煤炭等都是不可再生能源,随着不断消耗,将在21世纪上半叶迅速接近枯竭。化石能源的缺乏必将导致世界经济危机,最终葬送现代化石经济。

(4) 能源结构影响生存环境。

人类对于能源的获取经历了从18世纪以前的薪柴时代、19世纪下半叶的煤炭时代到石油时代,消耗了大量的化石能源。随着世界人口的不断增长,化石能源将难以维持世界经济的稳步发展。但是化石燃料在开采、使用过程中,甚至使用后期都会产生大量的气态、液态、固态废弃物,严重影响环境。例如化石能源在使用过程中产生温室气体(二氧化碳(CO_2)、氧化亚氮(N_2O)等)使得全球气候变暖,导致冰山融化、永久冻土层融化、海平面上升、旱涝灾害增加、极端气候事件频繁爆发;化石燃料燃烧产生的一氧化碳(CO)、二氧化硫(SO_2)、氮氧化物(NO_x)、PM10(可吸入颗粒物)、PM2.5(细颗粒物)等属于有毒有害的气态物质,严重时会造成酸雨,引起人类健康问题和巨大的环境问题;而石油类化石能源在加工过程中还会产生大量的废水,严重影响水环境。

2. 我国城市化特点

自改革开放以来,我国作为世界上发展最快的发展中国家,经济社会发展取得了举世瞩目的辉煌成就,成功地开辟了中国特色社会主义道路,为世界的发展和繁荣做出了重大贡献。科学技术进步、工业化是经济高速发展的原动力,是我国在经济发展的同时快速城市化的推动力。2022年我国城市化率为65.22%。城市化是人类社会发展和社会经济进步的必然产物,是人类走向文明的标志,也

第1章 绪 论

是人类活动最频繁、最集中的区域。城市化是指人口、工业产业、服务业向城市集中的过程。我国是当今世界上城市化进程最快的国家,改革开放30年我国的城市化率上升了30%,远远超过欧美,欧美近30年城市化率保持高位停滞状态。我国城市化率如图1.1所示。世界城市化率如图1.2所示。

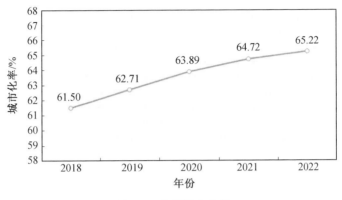

图1.1 我国城市化率

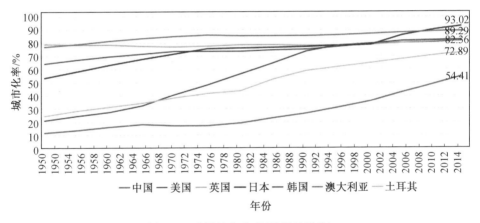

图1.2 世界城市化率(彩图见附录)

恩格斯对近代城市的发展做了深入的研究,他认为城市化主要是近代资本主义工业化所带来的人口脱离农村向城市集中的过程。近现代的工业革命掀起了城市化的篇章。城市化的内涵包括人口城市化、经济城市化,以第二、第三产业为代表的城市产业集群,地理空间城市化和社会文明城市化,包括生活方式、思想文化和社会组织关系等的城市化。

城市化的表现:城市人口增多,城市人口比重不断增加,城市土地面积不断扩大,第二、三产业的产值、比重不断增加。2001年诺贝尔经济学奖获得者美国哥伦比亚大学教授斯蒂格利茨(Stiglitz)认为影响 21 世纪进程的两件大事：美国高科技和中国城市化。2020 年中国的城市化率已经超过 60%，进入了以城市为主导的社会经济发展阶段。城市化不仅带来了经济结构、社会结构、空间结构的巨大变化，也带来了巨大的能源环境问题。

3. 能源需求增加，结构不合理

高度浓缩的工业化、现代化城市对能源需求大幅增加，我国城市对一次能源的消费占全国总一次性能源消费的 80% 以上，我国城市能源消费占全国平均水平的比重远远超过美国、欧盟等国家和组织，预计到 2025 年我国城市经济比重将会占我国 GDP 的 90%，城市能源需求将占全国能源总需求的 85% 以上。根据预计，以人口为基础的城市化水平每提高 1%，城市居民能源消费需求将增加 3 800 万 t 标准煤，这一水平远远高于村镇居民能源消费。同时从城市的能源消费结构上看，煤炭能源占比由 1952 年的 85% 下降至 2021 年的 56%，煤炭仍然是城市的主要能源消费形式，石油能源占比由 1952 年的 8% 上升至 2021 年的 18.5%，天然气能源占比由 1952 年的 2.5% 上升至 2021 年的 8.9%，非化石能源由 1952 年的 1% 上升至 2021 年的 16.6%。可见我国城市能源消费结构与我国国家整体能源消费结构类似，存在巨大的不合理性。2015 年是我国城市化进程最快的年份，2015 年我国城市与村镇能源消费总量及结构对比见表 1.1。

表 1.1 2015 年我国城市与村镇能源消费总量及结构对比

地区	综合能源消费				
	合计	煤炭/亿 t	石油/万 t	天然气/亿 m³	水电/(亿 kW·h)
全国	223 319	15.39	46 897	6 476	16 079
城市	182 526	14.45	46 897	6 472	11 782
村镇	40 793	0.94	0	4	4 297

通过表 1.1 可见，城市化带来的是高度集中的能源消耗和能源结构的不合理，但是对于能源总量和质量的需求，决定了城市尤其是大城市的能源结构优化的难度更大，周期更长。

4. 城市化及能源结构导致的环境问题

(1) 水污染与水浪费。

传统化石燃料在开采、加工和使用过程中，用水量巨大，导致水资源匮乏，水源污染，地表水成分逐渐趋于复杂，有机成分增多。煤炭开采过程中的原煤洗选环节需要大量的水资源,1 t 原煤需 70 kg 水,1 t 精煤需要 140 t 水,并排放 29~30 t 煤泥。油气田开采行业中钻井、洗井、压裂、注水等活动均需用水,其中注水驱油、清水地下回注都伴随着大量水资源的消费与污染。而石油炼油过程产生的含油废水就是石油加工厂最大的环境问题。随着新型工业的不断发展,有机化工、石油化工废水的排放,医药、农药化肥、杀虫剂及除草剂的使用,无论在种类上还是在数量上进入环境中的这类污染物都在不断增加。虽然微量有机污染物的浓度很低(一般在 ng/L~μg/L 范围),仅占水中有机物总量的很少一部分(一般小于 10%,以总有机碳(TOC)或高锰酸盐指数等综合指标计),但种类繁多,并且极难在自然环境中通过生物代谢、光降解、化学分解等方法进行降解;其可以在水体、土壤和底泥等环境介质中存留数年甚至数十年或更长时间,并可在全球范围内长距离迁移;容易在脂肪组织中发生生物蓄积,并沿着食物链浓缩放大,对人类的影响会持续几代;具有致癌、致畸与致突变作用,破坏或抑制神经系统和免疫系统,破坏或干扰内分泌系统,影响人类生殖功能,干扰荷尔蒙,造成生长障碍和遗传缺陷,对人类生存繁衍和生态可持续发展构成重大威胁。同时,由于水体受到污染,因此水体富营养化,藻类过量繁殖,产生难闻的臭味和有害的藻毒素,对日常饮用水带来了极大的危害,严重影响人们的健康水平。

(2)垃圾围城。

城市化高速发展的我国有 600 多个城市,每年共产生约 3.6 亿 t 生活垃圾。2019 年,其中 196 个大中城市生活垃圾产生量 23 560.2 万 t,处理量 23 487.2 万 t,处理率达 99.7%;而部分小城市的大部分垃圾不能得到有效的处理,垃圾围城已经成为城市发展的壁垒。随便堆放的垃圾中的细粒物质经风吹日晒,产生扬尘,影响当地景观,恶化大气环境质量;地面经雨水浸淋,大量垃圾污水会深入地下,污染地下水,最终影响人们的身体健康。

(3)地下水资源破坏。

城市化过程中对地下水进行掠夺性开采,我国地下水过度开采导致地面沉降,形成超采区域地下水漏斗,经勘察 2001 年共有地下水超采区 162 个,超采区总面积达 18 万 km^2。经勘测,2003 年在大庆市西部已形成面积达 4 000 多平方千米的地下水水位区域降落漏斗,漏斗中心水位已经由最初的距地面以下 9 m 下降到目前的 40.78 m。地下水资源匮乏危机增加。沿海城市过度开发利用地下水,导致地下水资源微缩,地下水位大幅下降,海水入侵严重,入侵面积达到 1 500 km^2。

(4)土壤污染。

城市化中的集中工业产业发展过程中,液态、固态、气态污染物大量排放,处理技术落后导致城市土壤质量下降。甚至出现持久性有机污染物通过大气或者水体而进入城市生态环境中,在城市的土壤中尤其是高速公路、厂区附近的土壤中存在重金属。2005—2013年开展了首次全国土壤污染状况调查,结果表明,全国土壤总的点位超标率为16.1%,其中轻微、轻度、中度和重度污染点位比例分别为11.2%、2.3%、1.5%和1.1%。农用地环境质量不容乐观,截至2021年底,《2021中国生态环境状况公报》表明全国耕地质量平均等级为4.76等。其中,1~3等耕地面积为6.32亿亩(1亩=666.67 m^2),占耕地总面积的31.24%;4~6等为9.47亿亩,占耕地总面积的46.81%;7~10等为4.44亿亩,占耕地总面积的21.95%。

(5)生物多样性被破坏。

煤炭和石油在开采过程中破坏植被和山体结构,严重破坏开采区域的生态系统,导致开采区域生物多样性破坏甚至灭绝。我国是生物多样性特别丰富的国家之一。据统计,我国的生物多样性居世界第8位,居北半球第1位。同时,我国又是生物多样性受到威胁最严重的国家之一。由于煤炭、石油、天然气开采,区域乱砍滥伐等人为活动以及开荒等的影响,原始森林的面积以每年0.510 4 km^2 的速度减少;由于过度放牧,草原也在不断减少,退化面积达104 km^2。生态系统被破坏的同时,更严重的是其结构和功能的降低或丧失,使生存其中的许多物种已变成濒危物种或受威胁物种。高等植物中濒危或接近濒危的物种达4 000~5 000种,占我国拥有物种总数的15%~20%,高于世界10%~15%的平均水平。

(6)土地沙漠化。

我国是世界上受沙漠化危害最严重的国家之一,每年因沙漠化造成的直接经济损失超过540亿元。截至2019年全国荒漠化土地面积为261.16万 km^2,沙化土地面积为172.12万 km^2。我国国土中的荒漠化土地已占国土陆地总面积的27.3%,而且荒漠化面积还以每年2 460 km^2 的速度增长。我国每年遭受的强沙尘暴天气由20世纪50年代的5次增加到了90年代的23次。

(7)水土流失。

城市化过程中不合理地开发利用土地,无序的化石能源开发是导致水土流失的主要诱因。我国的水土流失面积达356万 km^2,占国土总面积的37%,其中水力侵蚀面积达165万 km^2,风力侵蚀面积达191万 km^2。每年流失的土壤养分为4 000万t标准化肥(相当于我国一年的化肥使用量)。自1949年以来,我国水土流失毁掉的耕地总量达 4 000 万亩，这对我国农业是极大的损失。其中水土流失的泥沙淤积在湖泊、水库、河床，对整个国民经济建设造成的危害更是十分深远。

由于水土流失破坏了地面植被和土壤结构，因此土壤层的蓄水能力减弱，干旱灾害频繁发生。大雨过后，很快形成径流，极易产生洪灾。为了应对能源环境问题，开发利用新能源是人类可持续发展的必由之路。

(8) 大气污染严重。

2019 年，全国 337 个城市累计发生严重污染 452 天，重度污染 1 666 天。以 $PM2.5$、$PM10$ 和 O_3 为首要污染物的天数分别占重度及以上污染天数的 78.8%、19.8% 和 2.0%，未出现以 SO_2、NO_2 和 CO 为首要污染物的重度及以上污染。

2019 年，酸雨区面积约为 47.4 万 km^2，占国土面积的 5.0%，其中较重酸雨区面积占国土面积的 0.7%，酸雨频率平均为 10.2%，出现酸雨的城市比例为 33.3%，全国降水 pH 年均值范围为 4.22（江西吉安市）～8.56（新疆库尔勒市），平均为 5.58。酸雨、较重酸雨和重酸雨城市比例分别为 16.8%、4.5% 和 0.4%。

(9) 全球变暖。

政府间气候变化专门委员会（IPCC）的研究成果显示：1880—2012 年，全球平均陆地和海洋表面温度升高了 0.85 ℃；1971—2009 年，全世界的冰量损失平均速率约为每年 226 Gt；1901—2010 年，全球平均海平面上升了 0.19 m；CO_2 浓度在 2020 年增加到了至少是过去 200 万年以来前所未有的水平。尤其是工业革命时代之后，人为温室气体排放大幅度增加，1750—2011 年约一半的人为 CO_2 排放是在后 40 年间产生的，而化石能源燃烧和工业过程的二氧化碳排放量占温室气体总排放量的 78%。

随着社会的进步和经济的发展，城市化进程加快推进，伴随而来的就是诸多能源环境问题。20 世纪 70 年代后，丹·米都斯等人发表的《只有一个地球》和欧洲罗马俱乐部发表的《增长的极限》等书中也描述了城市化和能源环境之间令人担忧的发展前景。徐刚曾经在《地球传》中写到，在城市里我们看得见的是一幢幢高楼大厦，看不见的是一眼眼已经废弃的或正在打得更深的井。地上超载、地下失衡、环境恶化是今天城市化的写照。去城市化被认为是解决城市化带来的能源环境问题的有力手段。英国学者霍德华提出"城市田园理论"，第一次试图通过小城镇规划缓解城市化的规模和进程，来协调工业化、城市化和能源环境之间的问题。

分散规划的小城镇取代过度集中、规模巨大的大城市是未来城市卫星城规划的趋势和方向,在这一背景下,特色小镇脱颖而出,特色小镇不仅能够解决城市化带来的问题,而且能够衔接城市和农村成为城市和乡村物质流动、劳动力流动、能源流动的桥梁,能够承接城市发展所需要的特色产业。同时特色小镇规模小、特色突出,为分布式新能源规划与应用提供了可能性。所以研究特色小镇的新能源规划与应用意义重大。

1.2 新能源

自从人类学会用火以来,能源就成了人类提高自己生存和发展能力的不可缺少的工具。社会越发展,生产力越提高,人类对能源的依赖程度也越高。人类历史上每一次能源科技的进步,能源利用范围的扩大,都带来了生产技术上的重大变革,把社会生产推进到一个新水平。人类历史上每次能源技术的重大突破,都为生产力的飞跃创造了条件。现在能源是关系到国家经济命脉和国防安全的重要战略性资源,维护国家能源安全是世界各国面临的重大课题,对发展中国家来说更是经济发展的问题。但随着煤炭、石油、天然气等不可再生资源的消耗,以及日益加重的环境问题,新能源逐步成为各个国家发展中重要的替代能源。在相当长的历史时期和一定的科学技术水平下,已经被人类长期广泛利用的能源不但为人们所熟悉,而且也是当前主要能源和应用范围很广的能源,称为常规能源,如煤、石油、电力等。一些虽属古老的能源,但只有采用先进方法才能利用,或采用新近开发的科学技术才能开发利用的能源;有些能源近年来才被人们所重视,新近才开发利用,而且在目前使用能源中所占的比例很小,但很有发展前景的能源,称为新能源,或称替代能源。常规能源与新能源是相对而言的,现在的常规能源过去也曾经是新能源,今天的新能源将来又成为常规能源。新能源一般是指在新技术基础上加以开发利用的可再生能源和清洁能源。具体包括太阳能、生物质能、水能、风能、核能、地热能、潮汐能等,此外,还包括氢能、沼气、酒精、甲醇等。在新能源发展史上,风能、水能、太阳能、地热能和生物质能对能源供应的贡献率大幅度提高。新能源又定义为非常规能源,是指传统能源之外的能源形式,即开始开发利用清洁可再生能源,极大地降低能源环境问题。

新能源的特点:资源丰富可再生、分布广泛有利于分散使用、就地可取无须长距离运输、清洁低碳生态友好、能流密度普遍偏低(核能除外)、不稳定(受季节、气象条件的影响)尤其直接利用稳定性差、开发成本高(水力发电除外)、初始投资高、区域资源与能源需求匹配度低。

1.2.1 太阳能

太阳是人类世界能量的源泉,太阳的质量为 $1.982\times10^{27}\,t$,按其生命周期,可以维持 60 亿年,是世界上可以开发利用的、最大的、分布最广泛的清洁能源。太阳能源于其内部发生的氢核聚变所释放出来的辐射能量,以光的形式向环境传递能量。太阳能是地球生命赖以生存的重要能源形式,世界太阳年辐照量测量值为 $6\,480\,MJ/m^2$,太阳能产生的热能可以广泛应用于采暖、制冷、干燥、蒸馏、温室、烹饪以及工农业生产等各个领域,并可进行太阳能光热利用和光伏发电应用。光化学转换尚处于研究开发阶段,这种转换技术包括半导体电极产生电而电解水产生氢、利用氢氧化钙或金属氢化物热分解储能。

1. 太阳能光热转换技术

太阳能光热转换技术是人类对太阳能利用得最早的技术,早在 1615 年,法国人所罗门·德·考克斯发明了第一台以水为工质的太阳能集热式抽水泵。1845 年,一位奥地利人 C. Gunter 发明了由许多镜片组成的太阳能加热锅炉。1860 年,法国人穆肖研制出世界上第一台太阳能灶,采用抛物面聚光镜,供非洲的法国士兵做饭使用。1872 年,瑞典工程师 C. Wilson 在智利北部的沙漠上,兴建了一座占地 $51\,000\,ft^2$($1\,ft^2\approx0.093\,m^2$)的太阳能蒸馏厂进行海水淡化,为硝石矿提供淡水,该太阳能海水淡化厂运行了 40 年。1878 年,第一个太阳能动力站在巴黎建成,该装置是一个小型聚集太阳能的热动力系统,它利用太阳能集热器(集光镜)汇集太阳光到中心点的蒸汽锅炉,利用蒸汽机发电;同年,一台盘式聚光器将太阳光聚集在蒸汽锅炉上,锅炉产生蒸汽驱动打印机,这样一个以太阳能为动力的打印设备在巴黎展出。1891 年,美国马里兰州的肯普发明了世界上第一台太阳能热水器,命名为"顶峰"热水器,虽然该热水器只能生产 40 ℃ 以下的热水,但它是现代太阳能热水器设计思想的雏形。1901 年,美国工程师研制成功 $7\,350\,W$ 的太阳能蒸汽机,采用 $70\,m^2$ 的太阳聚光集热器。1913 年,在埃及开罗建成了由 5 个抛面镜组成的太阳能水泵,每个长为 $62.5\,m$,宽为 $4\,m$,总采光面积为 $1\,250\,m^2$。1950 年,苏联设计了世界上第一座塔式太阳能热发电站的小型实验装置,对太阳能热发电技术进行了广泛的、基础性的探索和研究。1952 年,法国国家研究中心在比利牛斯山东部建成一座功率为 $50\,kW$ 的太阳炉;同年,以色列泰伯等在第一次国家太阳热科学会议上突出选择性涂层的基础理论,并成功研制了黑镍选择性涂层,为今天的高效集热器发展奠定了理论基础。1960 年,美国佛罗里达州建成世界上第一套太阳能空调系统,该系统将太阳能应用技术从单纯的制热转向制冷,是太阳能应用领域一个重大的突破。该技术采用平板集热器,并利用了氨-水工质的吸收式制冷系统,制冷能力为 5 冷吨。从 1981 年到 1991 年 10 年间全世界建造了装机容量在 500 kW 以上的太阳能热发电站 20 多座,仅美国加州沙漠就建成了 9 个槽式太阳能热发电站,总装机容量为 3 538 万 kW。我国太阳能集热利用总量处于世界领先地位,截至 2010 年底,我国太阳能热水器的生产量为 4 900 万 m^2,保有量为 18 500 万 m^2;2020 年,我国太阳能热水器保有量为 80 000 万 m^2,能源替代量为 12 000 万 t 标准煤。我国拥有非常成熟的太阳能集热技术、丰富的太阳能应用经验和巨大的太阳能热水器市场,太阳能集热技术正成为主要的碳减排技术手段,在小镇新能源规划领域得到广泛的推广和应用。

2. 太阳能温室技术

太阳能温室技术是太阳能光热利用的又一个典范,其是利用太阳能最成熟、最古老的农业设施技术。温室主要由保温或蓄热墙体(两侧山墙和背光墙体)和向光面的透光屋面构成。早期的温室为单室、不进行人工加热的太阳能光室,具有充分采光、防寒保温、遮阳降温等功能,为农作物栽培提供适宜生长的环境,可以进行冬季农产品生产,实现全年供应。据科学家测定,露天种植利用的太阳光光合能量只有太阳辐照地球总能量的 0.7%~1.2%。太阳能温室不仅能提供太阳光光合能量,还能进行光热转换,为温室提供热能,优良透光材料的太阳能光热转换利用率能够达到 80%,光合利用率能够达到 5% 左右,能够将农作物产量提升至露天种植的 5 倍左右,对于人均土地面积仅有世界人均 40% 的我国,其意义是巨大的。此外,太阳能温室相对封闭的环境能够保持空气中的水分不流失,用极少量的水就能够满足农作物的生长需要,可以节约农业灌溉用水。

世界太阳能温室种植技术起源于古罗马帝国,公元前 3 年至公元 69 年,罗马哲学家塞内卡(Seneca)记载古罗马冬季用木箱装土,上面覆盖透光的云母片,利用太阳光热在冬季种植早熟黄瓜,这是历史上太阳能温室的雏形。17 世纪初,法国采用木箱种植豌豆,为了使豌豆更早熟,法国北部居民建造向阳面为拱形玻璃窗的房屋(早期太阳能温室)进行早熟农作物栽培。1640—1710 年,法国人民开始利用玻璃窗覆盖的保温床种植蔬菜,并建成了有简单玻璃屋顶的第一代太阳能温室。1619 年,德国早期的太阳能温室是用木板组装成 85.34 m×9.75 m 临时性的双屋顶太阳能温室。1627—1705 年,英国博物学者贝氏(Bay)记载,伦敦西南部阿波塞卡里斯(Apothecaries)园内开始建造与德国相似的玻璃太阳能温室。1717 年,英国早期的太阳能温室的主流结构为全玻璃太阳能温室。1815 年,为了提高光照效率,英国将太阳能温室的玻璃屋顶建成半圆形弯曲屋面。19 世纪初,英国学者研究太阳能温室屋面玻璃的弧度和角度对采光量的影响以及

第 1 章 绪 论

为太阳能温室配套加热保温措施。1750年,据法国博物学家Adanson记载,荷兰人Miller用栎木建造可以加热保温的太阳能温室,用于种植柑橘和凤梨。1832年,荷兰各地利用木框温床和温室进行甜瓜、葡萄早熟和促成栽培,产品运往巴黎、伦敦出售。1903年,荷兰建成第一栋玻璃温室,用以生产蔬菜。1967年,荷兰国立工学研究所Germing首创Venlo型连栋玻璃温室,这种形式的温室用钢量减少到仅为 5 kg/m², 比其他温室结构的用钢量节约一倍以上。由于该温室结构简洁、坚固,透光量大,操作空间大,环境调控能力强,管理方便,造价相对合理,应用效果良好,此后,几经改进、完善、提高并派生出的不同型号,至今在全世界仍为连栋玻璃温室的主流类型。美国是个移民国家,其温室由欧洲移民带到美国。1737年,由于冬季种植水果对环境温度的需求,波士顿商人Faneuil在美国建造了第一个水果种植太阳能温室。1825年,美国开始大面积推广太阳能温室,除了利用太阳能,还需要通过煤炉加热控制环境温度。为了保温,温室采用了半地下设计,温室顶部布置向阳玻璃窗来吸收太阳能,这也是今天的我国北方主流太阳能温室的雏形。19世纪八九十年代,美国温室技术提高、成本降低,推动了温室大种植技术的广泛应用,温室面积达到了190万 hm², 此时太阳能温室在结构上大部分采用玻璃结构,小部分采用双层、充气的塑料薄膜结构来透光和保温,这种温室比单层塑料温室可节能34%左右,但同时透光率要下降10%以上,温室建造完成后,随着塑料薄膜的不断老化,透光率大幅下降,光照成为最大的问题。1764年,詹姆斯·毕克曼(C. Beekman)在纽约建成比当时欧洲还要简单而粗糙的温室。19世纪初期,美国各地推广改进温室,1806年,M.麦亨建成屋面有1/3玻璃的温室,这是美国最早的半玻璃屋面的太阳能温室。1836年,Thomas在芝加哥市建造了屋面有3/4玻璃的太阳能温室。其后又在芝加哥市建成钢结构温室,它是美国西部最早出现的钢结构太阳能温室。美国的温室在西部发展最快,当时已有 8 000 m² 的连栋温室,俄亥俄州最大的连栋温室达到1.2万 m²。日本在江户时代,庆长年间(1596—1615年),于静冈县,采用草框油纸窗温床,早春育苗,进行瓜果类蔬菜早熟栽培。1868年,东京的青山、麻布等地引入欧美的果树、蔬菜、花卉栽培玻璃温室。1889年,日本福羽逸人在庭院里建成小型温室,1890年又在新宿的植物御园内建成玻璃窗框的栽培蔬菜温床,是日本最早的蔬菜太阳能温室。

我国作为农业大国,种植业历史源远流长,早在两千年前,我国就掌握了蔬菜、花卉等农作物的栽培技术,我国很多北方城市在冬天就已经利用原始的塑料薄膜大棚种植蔬菜、花卉等物种。20世纪50年代,我国已能自行生产农用聚乙烯薄膜,在风障、阳畦、温床等传统技术的基础上,较大规模地发展了小温室拱棚栽培,这是早期国内温室的雏形。20世纪60年代中期,温室小棚已定形为高1.0 m左右、宽1.5~2.0 m的小温室拱棚,后期为了适宜田间管理和收获,设计建设高为2.0 m左右、宽为15.0 m、占地为667 m²(1亩)的拱形温室大棚,并由南向北方推广。20世纪70年代,随着塑料薄膜的广泛应用,以塑料薄膜为透光覆盖材料的塑料温室大棚以及中小温室拱棚在我国大面积应用,并建造了一批单屋面型小型温室。1978年,温室大棚种植技术已推广到全国,全国温室大棚面积已达0.67万 hm²。塑料薄膜质量轻、透光保温性能好、可塑性强、价格低廉,加上轻便的骨架材料,容易建造和成形,可就地取材,投资较少,并能抵抗自然灾害,防寒保温,提早或延后栽培,达到早熟、晚熟、增产稳产的目的,因此,深受农民的欢迎,但是这时期的温室大棚缺少增温措施和较好的保温措施,温室的光照、温度等环境因素都还不能彻底满足喜温作物的生长需求。20世纪80年代,我国自行研究开发了薄壁热镀锌钢管增温加热装配式塑料温室大棚,并形成工厂化生产,成为标准规范的现代化设施,带动了我国塑料温室大棚蔬菜栽培的快速发展,基本解决了北方地区冬春季节蔬菜供应难题。随着改革开放的不断深入,一些国外先进设施农业温室技术及装备引入我国,这些高标准的温室因为价格相对昂贵,控制技术相对复杂,多用于农业研究,没有用于大规模农业生产。20世纪90年代,我国塑料温室大棚蔬菜、花卉的栽培面积达到13.33万 hm²,占设施栽培面积的1/5。此时,针对区域气候类型的蔬菜栽培、环境条件控制、水肥管理等标准现代化农业种植技术快速推广。这种标准化的农业技术也推动了高效节能智慧型日光温室的发展。90年代中后期,科学技术部组织围绕节能温室为基础的"工厂化农业"科技攻关,并在全国6个省市进行温室农业工厂示范推广,使我国现代化温室的设计、建造和管理水平有了大幅提升,温室大棚也由简易的单栋塑料大棚发展为连栋的PC、玻璃材料的现代化温室。温室的功能也由保温、防风、防暴雨的基础功能,提升为提温、节水灌溉、水肥一体施用、病虫害防控、小气候环境调控等先进的功能。现代化温室成为现代农业不可以或缺的重要组成。现代化温室也有了更明确的定义:现代化温室是指环境不受自然气候的影响、可以自动调控,并采用现代化的智慧水粪管理及有效地进行病虫害管控,能够全季节进行农业生产的规模化温室。

3. 太阳能光伏发电技术

太阳能光伏发电技术是利用光伏电池的光电效应将太阳能转化为电能的过程,其发展与应用是基于太阳能电池技术的进步与发展。1839年法国人Becquerel在实验中发现"光生伏特效应"。1877年英国人W. G. Adams根据光生伏特效应原理研制了世界第一个硒太阳能电池。1954年,恰宾和皮尔松在美国贝尔实验室首次制成了实用的单晶硅太阳电池,虽然其发电效率只有6%,但是推动了太阳能光电技术的发展。目前太阳能光伏发电经历了3代技术:晶硅发电(单晶硅、多晶硅)技术、薄膜发电(CIGS、CdTe为代表)技术,以及第3代高倍聚光光伏(HCPV)技术。基于技术进步,德国在1990年就提出"1000太阳能屋顶计划",1999年1月又实施"十万太阳能屋顶计划"。1996年美国能源部投资20亿美元支持"光伏建筑物计划";到2018年光伏发电成本已经下降到0.25~0.31 RMB/(kW·h),并规划建设了100%由太阳能供电的佛罗里达州白考克牧场。日本从1974年开始实施"阳光计划"和"新阳光技术",日本新建建筑50%以上实施了光伏太阳能屋顶,并建设了城西镇光伏示范区,为553套住宅安装了总计2.13 MW的光伏设施。我国太阳能光伏发电技术发展速度快,2014年我国光伏发电市场的容量已经位居世界第二,我国太阳能年发电量在2020年底达到1 307.6亿kW·h。

我国太阳能资源丰富,太阳能年日照小时数在2 200 h以上的地区达到我国国土面积的2/3,年辐射量达到9 172 333 kW·h/m²。尤其是对于我国的西部以及北部地区来说,其光照资源十分丰富,年辐射量已经达到了60亿 J/m²。我国在20世纪90年代制定了《中国21世纪议程》和"中国光明工程计划",确定了以太阳能为清洁能源的发展目标。其后陆续出台了《光伏发展"十二五"规划》《太阳能发展"十三五"规划》等,大力推动了太阳能发展进程。

1.2.2 风能

空气流动产生风,风能是空气流动所产生的动能,是太阳能的一种转化形式。太阳辐射造成地球表面各部分受热不均匀,引起大气层中压力分布不平衡,在水平气压梯度的作用下,空气沿水平方向运动形成风,风能的大小与风速成正比,对现有技术而言,有价值的风速在2~6 m/s之间,太大或太小都没有利用价值。利用风力机可将风能转换成电能、机械能和热能等,风能利用的主要方式有风力发电、风力提水、风力制热以及风帆助航等。风车提水是荷兰风车技术应用的初因,因为地势低洼,荷兰总是面对海潮的侵蚀,生存的本能给了荷兰人以动力,他们筑坝围堤,向海争地,创造了高达9 m的抽水风车,营造生息的家园。1229年,荷兰人发明了世界上第一座为人类提供动力的风车。漫长的时期,人们采用原始的方法加工碾磨谷物,最初是手工体力操作,以后是马拉踏车和以水力推动的水车,之后才是借风力运转的风车。因为荷兰平坦、多风,所以风车很快便得到普及。需求的迅速增加,又带动了风车技术的改造。风车的用途也不再局限于碾磨谷物,而是发展为加工大麦,把原木锯成桁条和木板,制造纸张,也从各种油料作物如亚麻籽、油菜籽中榨油,还把香料磨碎制成芥末。尽管用途多多,人们还是更愿意记住从前欧洲流传的这句话:"上帝创造了人,荷兰风车创造了陆地"。的确,如果没有这些高高耸立的抽水风车,荷兰无法从大海中取得近乎国土 1/3 的土地,就没有后来的奶酪和郁金香的芳香。荷兰 RISØDTU 是世界最著名和经验最丰富的风能研究中心,位于哥本哈根(Copenhagen)西北部的罗斯基勒(Roskilde)镇。风力是在人力畜力之后最早为人类开始利用的动力之一。风车和风帆曾为人类文明发展做出过很大贡献。美国早在 1974 年就提出了联邦风能计划,主要为美国的农业提供 1 000 kW 以下的风力发电机。19 世纪 80 年代末期,第一台风力发电机由美国制造成功,但仅有 12 kW 的功率。1939—1945 年,丹麦首次投入使用少叶片风力发电机。19 世纪 50 年代初期,丹麦制造出第一台交流风力发电机。1930—1960 年,丹麦、美国等欧美国家开始研发更大功率的风力发电机。20 世纪 80 年代,已出现 630 kW 的风力发电机,国际技术已攻破风力发电技术瓶颈,大幅降低风力发电成本。1990 年,新一代风力发电机的雏形已形成。全球的风能约为 2.74×10^9 MW,其中可利用的风能为 2×10^7 MW。我国风能资源理论储量为 3.226 亿 kW,可开发的风能资源储量为 25.3×10^6 kW;内蒙古、青海、黑龙江、甘肃等省和自治区风能储量居我国前列,年平均风速大于 3 m/s 的天数在 200 天以上。截至 2021 年,我国成为世界海上和陆地风电装机最多的国家,2020 年全年风力发电量达到 3 731 亿 kW·h。

1.2.3 生物质能

生物质广义而言是所有生物的物质载体以及其衍生的残体,包括木材加工及森林废弃物、农业废弃物、水生植物、油料植物、城市和工业有机废弃物、动植物粪便等。生物质能是蕴藏在生物质中的能量,是绿色植物通过叶绿素将太阳能转化为化学能而储存在生物质内部的能量。生物质能的利用主要有直接燃烧、热化学转换和生物化学转换 3 种途径,其中生物质直接燃烧技术和生物化学转化技术是广泛使用的成熟技术。薪柴是人类历史以来一直为人类所利用的最原始能源形式。生物质能因其来源稳定、储量丰富而一直被世界青睐,目前世界生物质能占世界总能耗的 15%,是最具潜力的新能源。生物质能中生物质生物化学转化技术——生物质沼气化,由于其转化条件温和,产气稳定,成为今天绿色低碳能源利用的典范。

1. 生物质沼气化技术

1776 年,意大利科学家沃尔塔(Alexander Volta)发现沼泽盐碱湿地(salt mesh)里腐烂的生物质发酵后会从沼泽地水底冒出一连串的气泡,通过分析,测

第1章 绪 论

定气体的主要成分为甲烷和二氧化碳。由于这种可燃气体产生于沼泽地,故俗称"沼气"。1859 年,"发酵之父"法国科学家 L. Pasteur 用著名的 Pasteur 实验,证明发酵现象是微小生命体进行的化学反应。其后人们对沼气的定义为:沼气是一些有机物质,在一定的温度、湿度、pH 值条件下,经微生物作用(发酵)而产生的可燃性气体。它一般包含:50%~80%(体积分数)甲烷、20%~40%二氧化碳、小于 5%的氮气、小于 1%的氢气、小于 0.4%的氧气与 0.1%~3%硫化氢等气体。1875 年,俄国学者 Popofr 在河泥中加入纤维素,利用微生物发酵产生甲烷,进一步证明了甲烷发酵是一个生物质微生物转化过程,这引起了人们广泛的兴趣。同时生物质甲烷发酵的过程在自然界广泛存在,海洋内的生物质发酵后向大气释放沼气,如在大西洋发现 570 个沼气喷射口;地面的湿地、农田内的生物质发酵后每年向大气释放甲烷约 5.15 亿 t,其中 12%来自水稻田。

1896 年,英国在一个小城市里建起了世界第一座沼气池,用来处理生活污水处理过程所产生的污泥,污泥厌氧发酵产生的沼气可以照明一条街道。1900 年,印度建造了以人类粪便为原料的沼气池。1914 年,美国大约有 75 个城市建立沼气池。1927 年德国开始用沼气发电。1936 年,H. A. Barker 发现沼气发酵分为产酸和分解酸两个阶段产生甲烷,推动了沼气发酵的机理性研究。1940 年,澳大利亚设计了连续搅拌的厌氧消化池,改善了厌氧污泥与废水的混合,提高了处理效率。1950 年,美国 R. E. Hungate 教授开发了厌氧技术,沼气池也由开始时的简单化粪池发展到高速消化器。1967 年布赖恩特分离纯化了沼气发酵微生物中的产氢产乙酸菌和产甲烷菌,人们对沼气发酵的微生物学原理开始有了正确的认识。1969 年,厌氧技术出现了突破性的进展,Young 和 McCarty 发明了厌氧滤池。1979 年,荷兰农业大学环境系 Lettinga 等成功研制升流式厌氧污泥床(UASB),这是厌氧发酵产甲烷技术的重大突破。这些新工艺使可溶性原料在池内发酵的时间大大缩短。1927 年,德国利用沼气发电,并用冷却发电机组的热水来为沼气池保温,保证其发酵温度。1948 年,在德国 Odenwald 小镇装备了第一个沼气发电设备,沼气发电上网也受到了政府的广泛支持和鼓励。1996 年起,丹麦建成了 18 个集中厌氧发酵产甲烷工程,其生物质沼气化应用朝着规模化、集中化方向发展。2007 年,英国建立了甲烷自动化工厂。英国利用人和动物粪便产生的各种有机质厌氧发酵产生甲烷,可以替代整个英国 25%的煤气消耗量。苏格兰还设计出一种小型甲烷发动机,可供村庄、农场和家庭使用。英国利用垃圾为原料实现了沼气发电,加利福尼亚州已经在 12 个大型奶牛场建立了沼气发电装置,这种沼气发电是指利用生物发酵奶牛场排泄物生成沼气,再利用沼气发电。

我国生物质沼气化建设起步于20世纪70年代,已有50多年的发展史,经历了4个阶段。第1阶段(1973—1983年):促进农村民生发展与技术瓶颈回落;第2阶段(1984—1991年):调整与重视沼气技术研发;第3阶段(1992—1998年):回升与效益凸现;第4阶段(1999年至今):全面技术提升与高速发展。第1阶段的10年间,政府为了解决村镇人民生活能源短缺,同时为了消纳村镇产生的生产、生活废弃物(粪肥、生物质),在全国范围推广一体化简单的沼气池,1976年形成了全国性的高潮,当年统计推广256.7万户。缺乏坚实成熟的技术基础和支持,以及管理不善等造成数量上的高速发展后的停滞和回落阶段,从1976年的700多万户回落到1982年的400万户。第2阶段的8年间,为调整阶段,此阶段注重沼气技术研发。第3阶段的6年间,为沼气应用回升发展阶段。由于第2阶段技术提升与示范工程的带动作用,如户用高效沼气池技术、南方恭城模式、北方"四位一体"模式等沼气与生态建设有机结合,沼气工程建设的综合效益日益明显。第4阶段:1999年,农业部总结了北方"四位一体"、南方"猪—沼—果"、西北"五配套"等卓有成效的沼气能源生态建设经验,提出了"能源环保工程"和"生态家园富民工程"计划,于2001年为取得小型农村沼气公益项目的村镇每年补助1亿元的经费支持,2002年村沼气工程获得农村基建2亿元支持,2003年村沼气工程获得农村基础设施国债资金10亿元的支持,使我国村镇沼气建设进入了一个全新的阶段。2003年,新建户用沼气210万户,新建农村户用沼气池为20世纪中期每年新增50万户的4倍多;户沼气池保有量为1 288.9万户,是1996年保有量602万户的1倍多;年产沼气1.84亿m^3,总产沼气量达45.8亿m^3,沼气建设进入快速发展的新阶段;大中型沼气工程达到2 355处,为1996年592处的4倍,其中处理农业有机废物2 124处,处理工业有机废物231处;生活污水净化沼气池发展到13.1万处,比1996年增长2倍,年处理公厕、医院、居民楼及其他排放生活污水4.6亿t。

2. 生物质直接燃烧技术

生物质直接燃烧是传统的能源利用形式。1988年,世界第一座秸秆生物质燃烧电站在丹麦诞生,使生物质代替煤炭以崭新的能源形式走入了人们的生活,如今丹麦秸秆规模化发电厂已发展到130家。1991年,美国能源部提出生物发电计划,到2010年美国生物质发电装机容量达到13 000 MW,不仅如此,美国农业部和能源部于2012年11月详细制订了生物质能源资源供应链和2013—2022年生物质能发展规划,以解决生物质能开发瓶颈问题。到2017年,年产1.55亿t(干物质)生物质可以用于生物质能源,包括生物柴油、生物燃气等;2030年,将有6.8亿t(干物质)生物质用于生物质能源。德国一直致力于新能源

第1章 绪 论

的开发和利用,尤其在其放弃了核能的利用之后。早期德国在生物质能的研发利用上就走到了世界的前列。到 2002 年底,生物质能的供热量已达德国总供热量的 3.4%,供电量和燃料使用量均占全国总量的 0.8%,以固体成型燃料为原料的炉灶约占总生物质炉灶的 1/3;全国已拥有大约 100 个生物质能热力厂,总功率约达 400 MW;生产沼气设备 1 900 套,总功率高达 250 MW。

我国是一个农业大国,农村有着得天独厚的自然资源,为开发多种新能源提供了有利条件。2019 年,农村秸秆年产量约 8.7 亿 t,林木业废弃物年产量约 9 亿 t,畜禽粪便 30.5 亿 t,农产品加工副产品 1 亿 t,城市生活垃圾年产量约 1.2 亿 t。我国也积极发展生物质能利用,2022 年底,我国生物质能发电装机容量为 4 132 万 kW,已经连续 4 年位居世界第一。

1.2.4 地热能

地热能指的是地壳中储存的可使用热能,它属于可再生新能源,约 50% 的地热由地球内部放射性元素衰变产生。在地球内部温度分布中,99% 高于 1 000 ℃,所剩的 1% 中又有 99% 高于 100 ℃;在地表 100 m 下的温度介于 10~13 ℃ 之间,而后平均每下降 100 m,温度升高 3 ℃。就此推算,当深入地表约 400 m 时,即能取得最适宜人居环境的温度 22 ℃。人类对地热能的利用可追溯至上千年前。古希腊罗马到中世纪时期,人们已使用温泉治疗疾病和用于地热供暖,甚至利用地热水蒸气来加热土地,以便冬后耕作。近代地热能的开发利用:世界上其他温泉地区相继得以系统开发,用于供暖与发电领域;冰岛作为地热资源最丰富的国家,1928 年在其首都雷克亚默克建设了世界上第一座地热供热系统。1953 年,新西兰建设了怀拉基地热发电站。根据 2020 年世界地热大会的统计,2020 年直接利用地热能的国家/地区已从 1995 年的 28 个增至 88 个,截至 2020 年,全球地热直接利用折合装机容量为 1.08 亿 kW,2020 年全年全球地热发电装机达到 15 608 MW,其中,美国地热发电装机 3 714 MW,居世界首位,其次是印度尼西亚、菲律宾、土耳其和新西兰。

地热资源按赋存形式可分为热水型、地压型、干热岩型和岩浆型 4 大类;按温度高低可分为高温型(150 ℃)、中温型(90~149 ℃)和低温型(89 ℃);按成因可分为现(近)代火山型、岩浆型、断裂型、断陷盆地型和凹陷盆地型等。地热能的利用方式主要有地热发电和地热直接利用两大类。地热广泛用于发电、工业热加工、工业干燥和制冷、采暖、脱水加工、回收盐类、养殖、种植和医疗。

近年来地热资源利用出现了新趋势——浅层低温能利用,利用热泵技术开发浅层地热资源,尤其是地源热泵技术的应用,使得热源的可利用温度低至

12 ℃。我国地热资源丰富,经过30多年地热地质调查,已发现地热区3 200多处,并完成大中型地热田勘查50多处。至2020年底,根据我国央视网报道,我国地热直接利用规模为40.6 GW,全球占比38%,连续多年居世界首位;我国地热能供热制冷面积累计为13.9亿 m²,近5年年均增长率约23%。地热发电装机容量约59.6 MW,截至2020年,国内在运行的地热电站有6座:西藏的羊八井和羊易井两座地热电站,装机容量分别为26.18 MW和16 MW;四川康定地热电站,装机容量为0.28 MW;云南瑞丽地热电站,装机容量为1.6 MW;广东丰顺邓屋地热电站,装机容量为0.3 MW;河北献县地热电站,装机容量为0.2 MW。

1.2.5 水电能

水磨、水力纺纱是人类早期利用水力作为能源的典型设备。水力发电机是利用水位落差,将水所蕴含的势能转换为水轮机机械动能,最后转换为电能的装置。1878年,英格兰诺森伯兰郡,阿姆斯特朗设计研制单户用水力发电机,并为距离发电机2.5 km的克拉格赛德(Cragside)豪宅点亮了一盏弧光灯,这是水电应用的起点。1880年,纽约第一家电灯电力公司——大急流城电灯电力公司为密歇根州大急流城设计公共电力发电系统,该系统是历史上第一个连续多用户水力发电系统。1882年,美国Electric Light公司在威斯康星州福克斯河上建设了装机容量25 kW的水电站,该水电站采用爱迪生水力发电系统,点亮了威斯康星州的3个住宅。1885年,意大利建设了全球第一个商用水电站,装机容量为65 kW。水电远距离输送技术是水电从偏远的山水之间输送到村镇的重要手段,1908年福特兄弟设计的11万V的电力输送系统,翻开大规模水力发电开发利用的宏伟篇章。

水取之不尽,云水循环,清洁且生生不息,世界水资源丰富,全球可开采水资源为22.61亿 kW,水资源的特点和技术进步推动了水电的发展,目前,世界上20%的电力来自水力发电。水力发电已经是技术上成熟且成为规模的产业。日本水资源的开发已达84%,美国达到了82%,德国达到了73%,加拿大约65%。根据国际水电协会(IHA)发布的《2019全球水电发展现状报告》,2018年全球水力发电量达到了4 200 TW·h,为2005年(2 913.7 TW·h)的1.44倍。我国的水力发电自改革开放以来有了长足进步,2018年底我国水电装机容量为3.5亿 kW,发电量达到1.2万亿 kW·h,位居世界第一。

小水电主要是指低水头径流式电站,根据水头,有低水头(low head)和超低水头(very low head)的区别,欧洲小水电协会将3.0~30.0 m划分为低水头,将1.5~3.0 m划分为超低水头。装机容量也是小型和微型水电与大水电的重要指标,在我国小水电是指装机容量小于 50 MW 的水电站及其配套电网,而装机容量小于 0.5 MW 的水电站又称为村镇小水电或者微型水电站。国际上对于小水电的分类并不统一,美国和法国把装机容量小于 500 MW 的水电站定义为小水电;加拿大和英国把装机容量小于 1 000 MW 的水电站定义为小水电。小水电因其灵活、适应性强,尤其针对偏远村镇,水电力资源的开发利用极为有利,而被全世界大力发展。1999 年,欧洲 26 个国家共有小水电 17 400 座,总装机容量约为 12 300 MW。2006 年,欧盟 27 个国家共有运行小水电 21 000 座,总装机容量超过 13 000 MW。相关数据表明,我国水资源总量高达 27 958 亿 m^3,水能蕴藏量达到 6.8 亿 kW,开发潜力巨大。我国的小水电事业取得了显著的成果,约占世界小水电的一半。小水电在我国累计解决了 3 亿多人口的用电问题。2002 年,我国小水电站已有 4 万余座、年均发电量 86 亿 kW·h,装机容量 2 850 kW,均居世界首位。在我国水能资源中,小水电资源可开发量高达 1.28 亿 kW,小水电是村镇新能源的重要技术之一,也是特色小镇新能源的技术手段。

1.2.6 海洋能

海洋能是指蕴藏在海洋中的可再生能源,它包括潮汐能、波浪能、海流能、海水温差能和海水盐度差能等不同的能源形态。其中,潮汐能和波浪能是工程化应用最显著的技术。潮汐能是指太阳及月球对海水的引力作用引起的海水周期涨落所具有的能量,日为潮、夜为汐,每个月大潮两次、小潮两次,潮汐能量的大小与潮量和潮差成正比,一般海洋潮差的平均值在 0.8 m 左右,所以海洋能的能流密度比较低。但是由于海岸带结构的影响,有些地区潮差平均值可以达到 10 m 左右,例如法国的朗斯河口,最大潮差为 13.5 m,在 1959 年建设了第一个世界最大的潮汐电站,总装机容量为 24 万 kW,年发电量为 5 亿 kW·h,成为潮汐电站进入实用阶段的标志。而世界第一个潮汐电站始建于 1912 年,即德国不苏姆潮汐电站,装机容量为 5 kW。据估算,世界潮汐能理论储量为 30 亿 kW,我国潮汐能储备为 2.9 亿 kW,潮汐能是最具潜力的清洁能源。从 1972 年动工,1975 年建成的第一个潮汐电站——海山潮汐电站,到其后的江厦潮汐电站,潮汐发电在我国已经运行了 40 余年。波浪日夜不停地拍打着海岸,其所具有的动能和势能构成了波浪能。波浪能形成是风在海面吹动或大气压变化引起海水的有规律涌动,分为 3 种形式,即风浪(风的吹动形成浪,波面粗糙,周期比较短)、涌浪(风停后,或者风转向后,在原来区域内剩余的波浪,波面圆滑,周期长)、近岸浪(波浪和涌浪传递到达近岸浅海区域形成的浪)。波浪能的大小与波高的平方、波浪的周期、波面的宽度成正比。世界波浪能的理论储量为 10^9 kW,我国波浪能的理论储量为1.5亿kW，波浪能是继潮汐能之后发展最快的清洁能源。20世纪70年代末英国建立了世界波浪研究中心，1985年包括我国在内的多个国家成功研制波浪能发电站，20世纪标志性的"海蛇""海蟒"的出现将波浪能的发电效率发挥到了极致，尤其是英国Checkmate公司设计的"海蟒"采用橡胶材料，建造了长为200 m、直径为7 m的巨型发电设备，2014年投入运行，发电功率达到1 MW，拓展了波浪能应用场景。这两类海洋能是目前商业化水平最高的应用，其他类型的海洋能还处于研制阶段，海洋能的应用取决于城镇的地理位置，沿海地区的特色小镇可以优先规划海洋能的综合利用。

1.2.7 核能

自然界的物质都是由原子构成的。原子是由原子核和核外电子组成的，原子核发生裂变、聚变或者衰变所释放出的能量称为核能，又称原子核能，核电站是大规模和平利用核能的重要手段，核能是所有能源形式中能流密度最高的能源之一，核裂变反应堆所用的核燃料为U^{235}，1 kg U^{235}裂变所释放出的能量相当于2 700 t标准煤完全燃烧所放出的能量，同时没有环境污染物和碳排放，因此核能被列入新能源。人类于20世纪50年代开始核电的开发利用，1951年美国首次成功地利用核能发电后，开启了核能和平利用的新篇章。苏联、美国等国家或组织争先发展核电，第一代核电机组是在试验性和原型堆的基础上建立起来的。沸水堆、压水堆、重水堆、气冷堆等不同类型的堆型相继问世，核电单堆功率达到30万kW以上，第一代机组的发展和利用印证了核电的安全性、可行性和经济性。1954年，苏联建成世界上第一座装机容量为5 MW（电）的石墨沸水微堆核电站。1960年，美国、英国、法国等5个国家建成20座核电站，装机容量为1 279 MW（电）。由于核浓缩技术的发展，到1966年，核能发电的成本已低于火力发电的成本，核能发电真正迈入实用阶段。1970年，日本第一个沸水反应堆（BWR）"敦贺发电场1号机"和第一个压水反应堆（PWR）"美浜发电站1号机"开始运转，推动了轻水反应堆的发展。1978年，全世界22个国家和地区在运行的30 MW（电）以上的核电站反应堆已达200多座，总装机容量已达107 776 MW（电）。20世纪80年代因化石能源短缺问题日益突出，核能发电的发展更快。到1991年，全世界近30个国家和地区建成的核电机组为423个，总容量为3.275亿kW，其发电量约占全世界总发电量的16%，堆型也由一代堆发展为更为安全的二代堆。1984年，我国自主研发设计的秦山核电站破土动工，标志着我国核电事业的起步。但是切尔诺贝利核事故，尤其是2011年的日本福岛核事故向人们敲响了核安全的警钟，人们开始探索更为安全、经济的堆型，提出了第三代和第四代核反应堆,同时由于碳减排的巨大压力,更安全的核电小堆、微堆技术持续发展,微堆的热电一体化能源供应也为小城镇能源建设提供了一条崭新的途径。

1.3 特色小镇

1.3.1 特色小镇的由来

1898年,埃比尼泽·霍华德(Ebenezer Howard)在《明日!一条通往真正改革的和平之路》中提出"田园城市"的概念。霍华德认为高度城市化带来许多问题尤其是环境问题,高度城市化结构本身很难解决这些问题,应当寻求一种全新的空间结构形式以适应人类对生态环境优化的需求,"田园城市"或称为田园小镇是一种理想化的、全新的城市发展模型。小镇的规模和人口规模固定在一个生态友好的范围内,小镇被绿色环绕,工业区域位于小镇的边缘,还有方便的环形交通相伴,促进小镇与城市之间的物质、人员流动。这种被霍华德称为绿色"田园城市"的空间结构形式,被普遍认为是西方小镇结构及理论的雏形。

1915年,泰勒在此基础上提出卫星城的概念。卫星城是指建立在大城市外围的、分散建设的星罗棋布小镇,这些小镇具有完善的公共设施和充足的就业岗位,环境宜居,能够有效纾解城市的生态压力。1919年,卫星城概念在英国韦林予以实施,并赋予韦林"卫星城"这个名称。自此,延伸出了诸多基于田园小镇、卫星城的小镇规划理论研究,代表性的理论有城乡二元结构理论。美国经济学家刘易斯认为,剩余劳动力等生产要素在城乡间自由流动造成了城乡空间的二元结构,这种二元结构导致小城镇自然分化,少部分发展成为大中城市,大部分仍是基层农村的服务中心,并趋向卫星城的发展模型。随后,拉尼斯(G. Ranis)和费景汉(J. H. Fei)对刘易斯的二元结构模型进行了优化,用一种动态的视角研究农业和工业均衡增长的二元结构理论。该理论指出城乡二元结构是导致发展中国家发展不平衡的主要原因,而农业是一个国家经济发展的基础,城镇化是促进人口转移分流的主要途径。托达罗则在其《人口流动、失业和发展:两部门分析》等一系列论文中重新阐述了二元结构理论。托达罗认为,伴随经济的快速发展,发展中国家的失业问题越来越严重,城市的大批劳动力找不到工作,越来越多的农民又想涌入城市。这种城市与农村间人口流动不协调的问题成为城市发展的最大障碍。单纯依靠大城市的发展解决不了面临的经济和社会问题,必须同时发展农村经济,并且应该是由"城尾村头"的小镇来承担,应大力发展小镇。

1935年，莱特在《广亩城市：一个新的社区规划》中提出"广亩城市"理论，莱特认为城市化是没有前途的生存模式，城市不久便会走向凋亡，并呼吁人们回到农业时代。在他的理论中，每位居民都拥有至少 4 046.85 m^2 的土地，包括住宅、学校、工厂、娱乐场所甚至宗教在内的每一个实体建筑物都要被包围在绿带里面。广亩城市理论也是反对过度建设大城市尤其是超大城市，它提出借助现代化的公共快速交通系统将城市化整为零，分散成生态友好、绿色环绕的特色小镇。

1943年，芬兰建筑师沙里宁提出"有机疏散论"。受"田园城市"理论的影响，沙里宁提出的城市结构改良模型是有机疏散的空间结构模型，其目的是缓解由于城市功能过度集中而产生的环境拥挤、环境恶化、社会混乱等问题，致力于为人们提供一个兼具城乡二者优点的城市生活环境。有机疏散论不同于田园城市，其并不是通过在大城市周边建立新城来疏散城市功能，而是通过精心规划，重组城市功能，将城市中心区解构成多个"半独立"城镇的方法，实现多中心发展，以此来达到有机疏散城市的目的。这些"半独立"的城镇接收从城市中心疏散出来的人口，并为人们提供工作岗位，同时通过建设生活设施等方式，将居民的日常生活和工作集中在一个不大的范围内，并提倡步行，以此来缓解由通勤引起的城市交通拥堵问题。而这些"半独立"城镇与城市中心之间的距离并不远，并通过快速交通相连接。有机疏散论还认为，不管是重工业还是轻工业都应该从城市中疏散出去，布置到城市外围。工业疏散后腾出的空地则可用于布置绿化等城市开敞空间，以及为城市行政管理人员等在城市中心工作的人们提供住所。城市各中心之间通过绿地和大道隔开，每一个在中心工作生活的人都可以在自然的怀抱下享受到舒适的城市生活。有机疏散论在第二次世界大战后被欧美各国广泛采用，并实践在其新城建设、旧城改造等中。但需要注意的是，由于城市情况各不相同，沙里宁并未对疏散区域的空间距离做出明确的规定。

1979年，城市与区域经济学家米尔顿桑托斯在 *The Shared Space* 一书中提出分享空间理论。该理论认为现代化的过程就是创新从发达国家向欠发达国家的转移，因此形成了欠发达国家城市经济的分享空间结构。该理论强调中小城镇在发展中具有重要地位，原因是中小城镇中的"低级循环"比重较大，与农村的联系更为紧密，也是大城市与乡村联系的重要节点。如果缺少这些中小城镇，则大城市产业与乡村产业因经济活动内容、产品、规模、资金、技术等方面的巨大差异而无法形成投入产出链条，出现经济关联断裂，无法形成大城市资源要素向外扩散的通道。因此，小城镇对于区域发展具有十分重要的纽带作用。

1993年，康斯特勒在《无地的地理学》一书中首次提出"新城市主义"（new-

第1章 绪 论

urbanism)思想,成为20世纪90年代以来,西方国家小城镇规划最重要的方向。康斯特勒严厉指责了第二次世界大战以来美国松散而不受节制的小镇发展模式所引发的巨大环境和社会问题,他尝试通过规划来改造目前因为工业化、现代化所造成的城市庞大无度、内城衰落、城市结构瓦解、文脉断裂、人与人关系隔膜、生态环境不可持续等一系列增长危机。由此,国外研究从重视城镇的集聚、载体、产业和增长等问题,转向研究小城镇可持续发展,尤其是生态友好的小镇的发展。

可见国外虽然没有明确的"特色小镇"概念,但是有大量有关小镇规划的理论研究,其均成为特色小镇规划和空间构造及新能源规划的依据。

村镇作为连接农村和大中城市的枢纽,不断地与周边生态环境进行物质流、能量流和信息流的交换以维持其正常运转,具有城市与环境系统的开放性。村镇已逐步成为农村产业的集聚区、农村劳动力转移的承接区和农村人口的集中区。原始村镇的主要功能是农业生产,主要区域是广大农村,主要居民是农民,生产农产品是首要任务,村镇的功能定位决定了应优先利用新型可再生能源,保护生态环境来实现可持续发展。

我国村镇建设规划与发展经历了3个阶段:第1阶段是以增加生产和市场粮食供应为特征的发展阶段,村镇的建设规划均以开荒种地、扩大耕地面积、提高农产品的产量为主,这一阶段的主要能源形式聚焦于农村的秸秆等可以就地取材和利用的生物质;第2阶段是着重解决村镇贫困为特征的发展阶段,村镇的建设规划以特色农业、特色农产品生产为核心,以提高农产品价格为导向,因特色农产品的加工而对能源的需求增加,小水电、煤炭部分取代生物质,成为高效的能源形式渗透进村镇;第3阶段是以调整优化村镇结构、促进特色农业为主的调整阶段,村镇的建设规划表现为促进农业结构调整,火电、水电成为主要的能源形式,生物质的能源形式基本被取代。之前农村政策和建设规划还停留在提高农产品产量上;从2003年开始,我国建立了农产品4项补贴和支持价格的政策体系。这一政策体系较好地保护了农民的利益,调动了农民的生产积极性,对我国粮食生产获得11连增发挥了重要保障作用。

2013年12月,中央城镇化工作会议在北京举行。会议提出5大亮点:美丽城镇,一张蓝图干到底,把城市放在大自然中,记得住乡愁,慎砍树、不填湖、少拆房。习近平总书记在会上做重要讲话:宁要绿水青山,不要金山银山;好山好水也是生产力。

2014年10月,在参观杭州西湖区云栖小镇时,时任浙江省省长李强提出:"让杭州多一个美丽的特色小镇,天上多飘几朵创新'彩云'。"这是"特色小镇"概念首次被提及。

2015年,中财办主任、国家发展改革委副主任刘鹤一行深入调研浙江特色小镇建设情况,刘鹤表示:浙江特色小镇建设是在经济发展新常态下发展模式的有益探索,符合经济规律,注重形成满足市场需求的比较优势和供给能力。这是"敢为人先、特别能创业精神"的又一次体现。

2015年8月11日,国务院办公厅关于进一步促进旅游投资和消费的若干意见中指出:大力发展特色旅游城镇。推动新型城镇化建设与现代旅游产业发展有机结合,到2020年建设一批集观光、休闲、度假、养生、购物等功能于一体的全国特色旅游城镇和特色景观旅游名镇。

2015年11月,中央扶贫开发工作会议上,习近平总书记提出:坚决打赢脱贫攻坚战。我国农业发展进入了第2阶段,即解决村镇贫困阶段。发展的阶段性特征决定了发展农业经济也同样是以牺牲生态环境为代价。

2015年,质检总局、国家标准委发布 GB/T 32000—2015《美丽乡村建设指南》,指出在美丽乡村建设过程中,应科学使用并逐步减少木、草、秸秆、竹等传统燃料的直接使用,推广使用电能、太阳能、风能、沼气、天然气等清洁能源,使用清洁能源的农户数比例≥70%。

2016年,《国务院关于深入推进新型城镇化建设的若干意见》中提出:加快培育中小城市和特色小城镇。因地制宜、突出特色、创新机制、充分发挥市场主体作用,推动小城镇发展与疏解大城市中心城区功能相结合、与特色产业发展相结合、与服务"三农"相结合。发展具有特色优势的休闲旅游、商贸物流、信息产业、先进制造、民俗文化传承、科技教育等魅力小镇,带动农业现代化和农民就近城镇化。

2016年7月1日,《住房城乡建设部、国家发展改革委、财政部关于开展特色小镇培育工作的通知》决定:在全国范围开展特色小镇培育工作,并明确提出,到2020年,培育1000个左右各具特色、富有活力的休闲旅游、商贸物流、现代制造、教育科技、传统文化、美丽宜居等特色小镇。

2017年3月5日,第十二届全国人民代表大会第五次会议审议通过的《政府工作报告》中指出,2017年重点工作任务是:扎实推进新型城镇化,支持中小城市和特色小城镇发展,推动一批具备条件的县和特大镇有序设市;深入推进农业供给侧结构性改革,推动农业现代化与新型城镇化互促互进;推进农业结构调整,支持主产区发展农产品精深加工,发展观光农业、休闲农业,拓展产业链价值链,打造农村一二三产业融合发展新格局;推动服务业模式创新和跨界融合,发展医养结合、文化创意等新兴消费,大力发展乡村、休闲、全域旅游。

第1章 绪 论

2017年,《住房城乡建设部、国家发展改革委、财政部关于开展特色小镇培育工作的通知》明确提出:通过培育特色鲜明、产业发展、绿色生态、美丽宜居的特色小镇,探索小镇建设健康发展之路,促进经济转型升级,推动新型城镇化和新农村建设。

至此,特色小镇成为美丽乡村建设的一种新模式,是农村经济建设的一个新阶段,是社会主义新农村的一种体现形式。

特色小镇是指依赖某一特色产业和特色环境因素(如地域特色、生态特色、文化特色等),打造的具有明确产业定位、文化内涵、旅游特征和一定社区功能的综合开发项目。

"特色小镇","特"指的是小镇要有特色,要有"一招鲜",特色小镇在建设过程中要规避城市建设中风格趋同的现象。大中型城市,因其城市功能发挥的需要、建设城市效率的要求,以及其城市规划的多变性和多期性,难以统一规划的风格而整体体现出该城市的特点。但特色小镇有所不同,其需要彰显出特色,以吸引瞩目,而小镇风貌正是特色小镇突出特色的一大途径,也是最为直观的方式。同时,特色小镇的建设面积和规划面积都有限,因此统一风貌特点,外观上凸显小镇特色,也有实现的可能性。"色"指的是小镇的外观形态较为动人和缤纷,即特色小镇要有宜人的风貌与宜居的环境。特色小镇的最终目标是要形成一个围绕特色产业,同时发展旅游,彰显地方文化,拥有一定居民的小镇生活区域。因此作为一个生活区,小镇要为当地的居民提供舒适的生活环境;作为一个风景区,小镇也要提供一个能吸引游客前来观光、休闲的环境。"小"指的是规模,与大城市的大规模建设相对,小镇的面积一般控制在 10 km² 以内,人口控制在 3 万人~5 万人的规模,而其虽然小,但小而美、小而专。"镇"与"村"相对,尽管其规模有限,但是其具有与其规模相对应的城镇化的生活、生产条件。作为城镇,特色小镇所能提供的城镇服务质量与大中型城市相比不能大打折扣。

因此,特色小镇概念中最为关键的是"特"字,其"特"在形态(独特的小镇风貌+错落的空间结构)、"特"在产业(特色产业+旅游产业)、"特"在功能(产业功能+文化功能+旅游功能+社区功能)、"特"在机制(以政府为引导、以企业为主体的市场化开发运营机制)。

1.3.2 特色小镇的基本特征

首先,在规模上,要求特色小镇的规划空间要集中连片,规划面积控制在 3~5 km²(不大于 10 km²),建设面积控制在 1 km² 左右,建设面积不能超出规划面积的 50%,居住人口控制在 3 万人~5 万人。而这仅是特色小镇的共性,很多特色小镇,尤其是旅游聚焦型、旅游＋产业型的特色小镇,因其地形地势的结构或发展旅游特色的需要,往往面积不止 10 km²,甚至要远远超过 10 km²。形态上,它可以是建制镇,也可以是风景区、综合体等。

1. 特色小镇是一个产业的空间载体

特色小镇在空间上是产业载体,因此,特色小镇的建设须与支撑其发展的特色产业的规划统筹相结合。有别于一般用地粗放、居住、服务等功能不够完善的各类产业园区,特色小镇在产业发展方向上更多地以新兴产业、第三产业为导向。

同时,特色小镇以居民为主体,强调的是特色产业与新型城镇化、城乡统筹的结合,是一种产业与城镇建设有机互动的发展模式,其讲求综合产业建设、社区居住和生活服务等空间上的功能,而使整体上显得协调及和谐,营造浓郁的生活氛围。

2. 特色小镇的特点

可持续发展、生态宜居是特色小镇的重要特点,是特色小镇存在的基础。因此,特色小镇应具备以下特征,并依据这些特征规划、打造、建设特色小镇。

(1)绿色环境,能源清洁,保护耕地,集约发展。

特色小镇在建设过程中,一方面对生态保护有一定的要求,另一方面需要有一定的耕地面积为小镇的居民提供第一产业的产品供给,故需要保护耕地,限制过度的开发,而在限定的区域内进行集约的产业发展。

(2)特色产业,构筑支撑体系。

特色小镇,首先"特"在产业,其吸引城乡居民到小镇就业、定居,吸引外地游客到小镇观光、休闲的首要条件就是要开发出足够鲜明、足以吸引人的产业,从而制造就业机会,进而吸引居民与游客,使之产生生活和生产各方面的需求,推动小镇各方面的建设。

(3)统筹城乡,内引外联。

特色小镇虽然独特,但不独立,其设置和发展的初衷是推动新型城镇化的开展,一方面承接城市过剩产业和人口,另一方面吸引农村人口城镇化,并带动农村的发展。因此小镇的建设需要联动城乡。

(4)完善基础设施,改善人居环境。

小镇为发挥其生活功能,必须有完善的基础设施的支持和适合居民居住的生活环境的提供,缺乏这两大条件,小镇就很难形成吸引人群定居的基础,从而无法构成"镇"的概念。

(5)传承文化,展现特色风貌。

特色小镇的特征可以用"产""城""人""文"4个字来形容,"产""城""人"3大特点在特色小镇建设中的落实要求在上述(2)~(4)已经进行了简述。至于"文",指的是特色小镇基于小镇历史沉淀的物质元素和非物质理念与习俗,基于小镇自然景观的独特特点,通过其特色产业的打造和发展,其旅游产业的发展和宣传,其小镇风貌的规划和设计,其小镇品牌的塑造和推广而形成的地方特色精神内涵。而基于特色小镇特色文化的非物质性,其宣传与传播相较小镇的特色产品或产业产出、产业延伸而言有更快、更广的特点。因此在建设特色小镇的过程中,注重对特色小镇特色文化的传承、保护与培养,对小镇特色的宣传与推广大有裨益。

在产业上"特而强"、机制上"新而活"、功能上"聚而合"、形态上"精而美"的特色小镇,将成为创新创业高地、产业投资洼地、休闲养生福地、观光旅游胜地,打造区域经济新的增长极。

特色小镇建设是贯彻习近平总书记"认识新常态、适应新常态、引领新常态是当前和今后一个时期我国经济发展的大逻辑"重要讲话精神的关键之策,也是在新常态下推动经济转型升级、加快"两美"建设的战略举措,更是地方聚合资源并提升特色产业的新载体,谋划大项目并集聚创新要素的新平台,打造品牌并展示区域形象的新景区。

3. 特色小镇必须解决的问题

政策引领使特色小镇的建设蓬勃发展,特色小镇建设规划先行,如何在特色小镇规划中进行新能源规划与应用是特色小镇建设必须解决的问题。特色小镇建设中的新能源规划必须解决以下问题。

(1)规划先行,科学发展。通过制订能源总体规划,科学确定特色小镇的能源消费性质、规模与新能源发展方向,通过经济结构升级,发展方式优化,实现又好又快发展。

(2)统筹村镇,和谐新能源规划与发展。按照村镇城乡统筹发展的要求,推进城乡新能源基础设施一体化建设,资源环境一体化保护,生态、产业、文化和社会建设一体化推进,实现城乡协调发展。

(3)生态优先,新能源持续增长。处理好村镇的新能源开发建设和生态环境保护与优化的关系,与周边区域的自然环境协调发展。

(4)生态主导,健康宜居。突出山林特色、滨水景区等旅游特色,着力改善人居环境。

(5)新能源产业带动,以产促农,发展高端、绿色、生态型工业,带动传统农业的优化升级。

特色小镇的建设符合《乡村振兴战略规划(2018—2022年)》,而且特色小镇是实现村镇经济转型、村镇振兴的重要手段。同时在特色小镇规划建设中推广新能源应用,是绿色生态、美丽宜居的保障。总之,特色小镇新能源规划与应用是研究、探索符合我国乡村振兴的新技术、新方法,适应国家乡村振兴战略规划的要求。

推动实现村镇新能源的规划与应用,不仅是特色小镇建设中应有之义,也是实现党的十九大报告所提出的"加快生态文明体制改革,建设美丽中国"新目标不可或缺的重要内容。

人类对新能源的认识是一个从消极到积极、从线性到系统、从被动到自觉的过程。受认识水平的限制,村镇能源问题尤其是新能源经历了忽视、边缘化、重视和重新认识的过程。党的十八大提出美丽乡村建设和特色小镇建设,党的十九大提出乡村振兴战略,推动乡村从一维的经济繁荣走向三维的复合生态系统的繁荣,逆转新能源应用凋敝的趋势,恢复村镇的人文景观活力。特色小镇振兴战略的提出将从技术、文化、思想和体制几方面重新调整社会生产关系、生活方式、新能源应用意识和能源秩序。

1.3.3 特色小镇新能源规划

能源规划是依据一定时期的国民经济和社会发展规划,预测相应的能源需求,从而对能源的结构、开发、生产、转换、使用和分配等各个环节做出的统筹安排。能源规划的主要内容包括:能源供需现状调查分析;能源需求预测,包括需求量与需求结构(部门结构、空间结构和品种结构)预测;能源供应方案的设计、评价与优化。能源规划的步骤:首先提出多个方案;其次从供需平衡状况、经济效益(尤其是投资)、环境效益等方面对各方案做出评价;最后提出若干优化或满意的方案,并进行方案检验与决策。在能源规划中,要正确处理能源与经济、能源与环境、局部与整体、近期与远期、需求与可能的关系,统筹兼顾,合理布置,保证能源建设有秩序、有步骤地同国民经济发展相协调,保证各种能源在数量上和构成上同国民经济和社会发展的需要相适应。能源规划是站在全局高度筹划和指导国家及区域能源可持续发展、保障能源安全的总体方略,是制定各区域、各层级新能源规划和能源政策的基本依据。

新能源规划是能源规划的重要组成部分。新能源规划应当结合区域能源发展的总目标,确定新能源发展的目标、新能源结构、新能源在能源指标体系中的构成、新能源实施重点、新能源替代措施、保证体系等基本内容。特色小镇新能源

第1章 绪 论

规划是为了推动新能源的应用,实现低碳减排指标而实施特色小镇建设的阶段性新能源配置的具体行动方案,应当对规划期内新能源开发利用的指导思想、基本原则、发展目标和控制指标、阶段性任务加以明确,同时应当对特色小镇建设规划、特色产业布局、重点项目确定、政策措施的制定及其他重要事项进行引导和协调。特色小镇新能源规划属于区域能源规划类型,其核心工作:其一,与当地总体规划、产业规划、生态规划相结合,多规合一,新能源规划才有基础、有价值、有前瞻性;其二,深入分析产业用能特点和产业链特点,形成物质流、能源流的梯级流动,更节能,更环保;其三,要深入调查小镇区域内的综合新能源资源,包括新能源资源的时间分布、空间分布,新能资源作为能源的品质、丰富程度和可利用程度,是否可以成为主流能源和替代能源,还是只能作为补充能源和调峰能源;其四,结合当地的气象、气候条件、能源需求和生态环境规划的环境容量,对小镇区域能源资源及资源开发环境影响进行综合评价;其五,选择最适宜开发和利用的新能源,在满足当地能源需求的前提下,实现新能源的替代和补充,实现能源效益和环境利益的最大化。特色小镇的能源作为支撑小镇经济社会正常运转的重要物质基础之一,在特色小镇生产力发展高度集聚化、小镇服务联系和小镇功能日益多样化、小镇管理趋于一体化、小镇在区域范围以及国民经济发展中的地位和作用越来越突出的总体发展趋势下,能源自身作用的变化也具有一定的规律性,并对小镇社会经济的发展有巨大的推动和制约影响。能源作为小镇运行的重要物质基础,是驱动社会经济发展的动力源,是社会生产和社会生活正常运行的"血液"。新能源对特色小镇社会生活也有直接影响,如小镇居民生存条件和生活水平的改善、各种文化娱乐活动的开展,都受到新能源规划与应用中各个环节的影响。相关研究成果显示,人均能耗指标(尤其是新能源替代指标)与生态环境的改善、生活品质提高密切相关,新能源的应用会优化小城镇生活。能源在为小城镇生活带来改变的同时,其供给的品种、质量及消费使用方式,也是造成小镇特定人工生态小气候和小环境的重要根源。小城镇能源消费的高度集中所排放的 CO_2 正是导致小城镇"热岛"形成的主要因素。传统能源在生产、加工、输送、消费中所排放的大量各类废弃物,会对小镇及周边区域的生态环境产生根本影响。开展新能源规划就是要对实施新能源替代传统能源,"新能源"生产、使用、管理、保证的各个环节进行科学合理的安排,落实新能源战略,确定新能源发展的指导思想,指导特色小镇建设中的特色产业发展及空间分布,保障小镇社会生产和人民生活的正常运行,使特色小镇的各项功能充分发挥,促使特色小镇经济效益得以实现,同时协调电力、供热、新能源规划的关系,合理建设城镇基础设施,保证特色小镇特色产业快速健康发展。

1.4 国外特色小镇新能源规划应用案例

1.4.1 德国弗莱堡生态小镇

弗莱堡市(Freiburg)位于德国西南边陲,与法国和瑞士相邻,面积153 km²,德莱萨姆河从小城流过,弗莱堡市每年日照时长大约有1 800 h,是德国最温暖、阳光最充足的城市之一。弗莱堡行政区是巴登－符腾堡州(Baden-Württemberg,下文简称"巴符州")的4个行政区之一,其首府弗莱堡市人口约22万。作为德国城市绿色运动的先驱,弗莱堡市从政府到公众都高度重视自然环境保护,通过城市规划、新能源规划与应用、公众参与、产业升级、政策引导等一系列措施,推动了城市的绿色能源进程和绿色产业的发展,2012年弗莱堡市获得由权威的"德国可持续发展奖"首次向城镇颁发的奖项——"德国可持续发展大城市奖",以表彰其在可持续发展、清洁能源应用方面做出的贡献。弗莱堡市40余年来坚持以环境为发展导向,在可持续清洁能源发展的道路上积累了许多经验,探索了保护自然环境、改善生活质量同时培育绿色能源产业的发展模式,并将新能源的规划与应用研究和实践范围扩大到交通、基因技术和化学应用等多元结合的领域。德国特色生态小镇新能源的规划与应用成为值得学习和借鉴的案例。

弗莱堡市新能源运动起源于1970年的群众性反核运动。尤其在1986年,切尔诺贝利核事故发生后不久,弗莱堡市议会即通过决议,逐步废止核电,并制定了面向未来的能源供应规划,该规划建立在节能、提高能源利用率和发展可再生能源3大支柱之上。1996年,弗莱堡市议会制定了至2010年CO_2减排25%的目标,并于2007年将该目标修订为至2030年CO_2减排40%,充分表明了弗莱堡市建设新型低碳能源城市的决心。由图1.3可见从1992年到2018年弗莱堡市人均CO_2排放量从1992年的人均11.76 t/a,下降为7.41 t/a,下降了37%。通过一系列措施,弗莱堡市的能源消耗和废气排放明显减少,核电的比重也由原来的60%降至5%以下。此外,从2011年起,生态电已被作为标准能源提供给个人用户,超过50%的城市用电来源于热电联产方式。2014年,弗莱堡市议会还通过决议:到2030年CO_2减排50%;到2050年,弗莱堡市将建成碳中和城市,能源100%使用可再生能源。

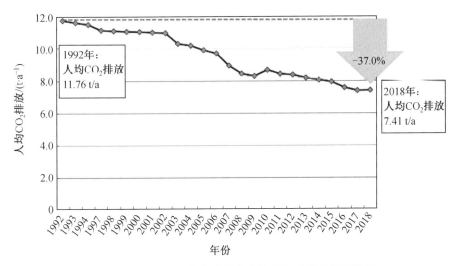

图 1.3　1992—2018 年弗莱堡市人均 CO_2 减排线性下降图

1. 小镇新能源运动

1975 年，环保人士游行抗议在弗莱堡市近郊维尔建核电站。

1979 年，弗莱堡市第一幢太阳能公寓建成并投入使用。

1981 年，弗劳恩霍夫太阳能系统研究所（Fraunhofer Institute for Solar Energy Systems, ISE）在弗莱堡市成立。

1990 年，建成生态示范城区——沃邦（Vauban）社区。

1996 年，弗莱堡市议会签署了《奥尔堡章程》，由此把制定地方可持续发展行动纲要作为该市的职责。

2000 年，全世界规模最大的太阳能展会"Intersolar"在弗莱堡市举办。

2012 年，弗莱堡市获得"德国可持续发展大城市奖"。

图 1.4 所示为弗莱堡市特色新能源规划效果图。

2. 小城镇生态社区建设

沃邦社区是旧工厂改造的生态示范社区，是知名度最高的新能源及生态保护范例。该社区与市中心相邻，原为法国占领军兵营，面积约 40 hm²，居民 5 500 人左右，以新能源、环保意识浓厚著称。区内房屋多为集体建造，且法律规定必须采用节能建造方式。区内约 170 个住房单元为被动式节能屋，能耗低于 15 kW·h/m²。大部分房屋可实现能源收支平衡，还有 70 个以太阳能供电、供热的正能源屋。采用可再生能源社区热电联产站供热及大量利用太阳能成为该区大多数居民的建房准则。生态屋顶、垂直绿化和生态节能成为社区建设的

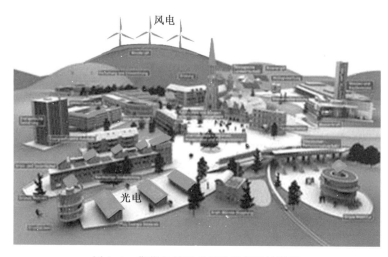

图 1.4　弗莱堡市特色新能源规划效果图

亮点。

社区热电联产站采用生物质作为原料(图 1.5),采用热泵及储能技术为附近的居民供热并为 700 户居民提供电力。

图 1.5　木屑生物质热电联产站

魏因加滕西区(Weingarten)建设有德国第一座被动节能公寓。公寓是一座 1968 年建造的 16 层高、建筑面积 9 000 m² 、混凝土框架结构建筑,在德国联邦和巴符州建设部的资助下(总费用约 1 340 万欧元),该建筑被整修为德国第一座符合被动节能标准的高层公寓,建筑围护结构上全部新增了保温设计,实现了居住空间的完全包覆。建筑外墙包含 20 cm 厚的保温层($U=0.15$ W/(m²·K)),建筑屋顶包含 40 cm 厚的保温层($U=0.19$ W/(m²·K)),地下室顶部包含 20 cm

厚的保温层($U = 0.15$ W/(m^2·K))。窗户全改换为三玻塑钢窗($U = 0.7$ W/(m^2·K)),同时也加强了建筑气密性。建筑屋顶设置太阳能光伏阵列,其输出功率峰值可达 24 kW;改造后经测试该公寓的采暖能耗由 65 kW·h/(m^2·a)降至 15 kW·h/(m^2·a),远低于德国的平均水平。

古劳特马腾区(Gutleutmatten)的建设充分吸取了沃邦社区的经验。自 1992 年起,弗莱堡市的新建筑需按照《弗莱堡高能效房屋建造标准》(Freiburg Energy-efficient Housing Standard)建造。弗莱堡市针对建筑前期规划中的气候保护探索出一套新方法,包括太阳能的最优利用、研究多种能源供应方案、遵守弗莱堡建造标准等,并在古劳特马腾区建设过程中进行了运用。此外,该区还是全联邦范围内首个尝试利用太阳能和热电联产方式实现近端供热的试点项目。

哈斯拉赫(Haslach)节能社区在弗莱堡市中心西南部,是以英国规划大师霍华德的"花园城市"理论为基础建设的。这片由联排住宅房和大型家庭式花园所组成的住宅区是重点文物保护单位和哈斯拉赫区的标志性建筑。为打造节能示范社区,哈斯拉赫城区将对拥有近百年历史的居民楼进行节能和能源改造。

在新能源利用方面,弗莱堡市的新能源社区中利用最多的是太阳能。该市利用其得天独厚的日照时间长的优势,大面积安装太阳能发电装置,将很多建筑打造成小型的太阳能"发电厂",是名副其实的阳光城市。其中,在住宅建筑中,最出名的是 1995 年由罗尔夫·迪希(Rolf Disch)设计的太阳社区和耗资约 160 万欧元打造的向阳屋(Heliotrope);太阳能社区内的建筑均为 3 层建筑,共 58 栋。整个社区的住宅采用模数化、标准化结构装配形式装配而成,并鼓励住户进行创造性二次设计,因此整个社区的建筑外墙材质及颜色既多样又和谐。整个社区的太阳能集热器均布置在屋顶上(图 1.6),南面向阳的坡屋顶比北面的大很多,集热器大幅度延长并凸出墙的外立面,形成遮阳板设计,深蓝色的集热器与暖色的红黄墙体形成了鲜明的对比。

图 1.6 弗莱堡市太阳能屋顶设计及社区全景

向阳屋更是独具匠心。该建筑外观仿生向日葵(图1.7、图1.8),向日葵住宅的首层由钢筋混凝土浇筑作为整座建筑的结构基座,其外围包含了 75 m² 的办公区域,中心则安置有带动上部建筑旋转的机械装置的滚动轴承。而其塔楼部分全为可再生的木制构件,并均在工厂通过 CNC 技术由计算机切割预制完成。14 m 高的木构核心筒与机械装置相连,好似大树的主干支撑着上部建筑,并带动上部建筑旋转。正常情况下,向日葵住宅随着太阳运行,每小时旋转 15°,因此一天中建筑室内景观随自转而变换。在向日葵住宅的屋顶上有一片由 60 块太阳能光伏板组成的"太阳之帆",总面积为 54 m²,其高峰时输出功率可达 6.6 kW,建成以来平均每天可发电 20 kW·h。"太阳之帆"的支承基座包含独立的机械旋转装置,不受建筑自转影响,进行垂直-水平双轴旋转,以跟随太阳位置与高度角,使其比一般固定式的太阳能板多吸收 30%~40% 的太阳能。太阳能发电站与公共电网连接,剩余的光伏电能可以用固定的价格回卖给弗莱堡

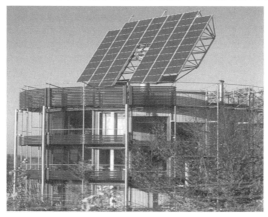

图 1.7 向日葵建筑

图 1.8 绕中心轴旋转的向日葵建筑

市电力公司,而当日照不足时,公共电网可以随时提供电力保障。向日葵住宅的全年发电总量为 9 000 kW·h,是其全年所需电力消耗的 5 倍之多。不仅如此,其建筑外侧围绕建筑外走廊的栏杆是一根根的太阳能真空集热管(图 1.9),总计 34.5 m²,其高效吸收太阳能,可满足室内的热水与热能需求。

图 1.9　热管环廊

艾希尔布克能源山(Energy Hill Eichelbuck)既是实现废弃物多重循环利用的能源转换站,也是弗莱堡市最大的新能源基地。位于弗莱堡市北部的艾希尔布克,一直是全市的垃圾填埋场,2005 年,政府为了保护环境,停止了该垃圾场的垃圾填埋作业,当时它已是座高达 55 m 的"垃圾山"。根据弗莱堡市垃圾生态能源经济政策和弗莱堡市生态发展理念,2007—2020 年,利用了 14 年的建设周期,将当年的"垃圾山"成功转型为"新型能源山",该山区域建设了光伏发电、沼气制备、生物炭转化等多种清洁能源设施。

图 1.10(a)所示是垃圾山向阳面布置的太阳能板能源群,该群太阳能板的输出功率为 2.5 MW,可满足约 1 000 户居民的日常生活用电。同时垃圾填埋场多年填埋的垃圾经厌氧发酵产生的沼气被雷特拉(Reterra)沼气厂收集,合并雷特拉沼气厂每年利用其分类回收的 40 000 t 生活垃圾产生的沼气生物能源进行沼气发电,为 3 000 住户提供电能,其沼气发电产生的余热为 9 000 住户提供热能。

图 1.10(b)所示是位于山顶的新能源展示教育中心,集生态环保、新能源利用的教育展示于一身。建筑占地面积为 130 m²,视野开阔,建筑小巧,最大限度地将被动式能源房(图 1.11)的各种环境和能源要素进行了最直观的设计和充分展示,堪称"主动与被动式新能源完美结合建筑"。它把主动的采暖和制冷能耗尽量降到最低,更多地利用建筑自身的热量收支平衡"被动"地进行采暖和制冷。它拥有最连续的保温层、被动式外窗系统、连续的气密性、无热桥设计、带热回收功能的通风系统。其屋面的太阳能板和朝阳面的三面窗体成为该建筑的核心主

图 1.10　艾希尔布克能源山太阳能板及教育中心

动能源来源,屋面太阳能板为建筑物提供电能,三面窗体设计充分利用太阳光为建筑物提供热能。

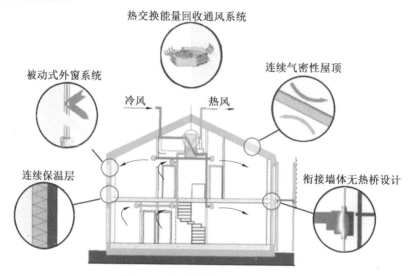

图 1.11　被动式能源房设计理念

斯图林根(Stühlinger)市政厅是世界上第一个实现"能源盈余"的公共建筑(图1.12、图1.13),该建筑将政府原有的16个行政区集中到这一个办公大楼中,减少了办公过程的交通能耗和CO_2排放。该建筑在降低自身能耗的同时,所产生的富余清洁能源还可供给城市的电网系统。大楼屋顶、立面的墙壁四周覆盖了约800块光伏板,光伏板发电系统不仅可以产生电能,立面纵向排布的光伏板

第1章 绪 论

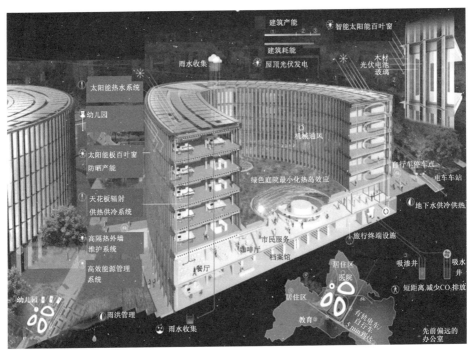

图1.12 斯图林根市政厅新能源布置图

图1.13 斯图林根市政厅太阳能板窗户

还能够优化室内采光质量;这部分太阳能产生的电能远高于大楼的能耗。

太阳能热水系统为大厦的厨房提供热水,同时可以为自行车骑行者提供淋浴热水;地下水系统夏季为大厦制冷,冬季还可以利用地源热泵系统为大厦供热;在市政厅工作的职员可以感受到自然通风的舒适感,建筑周围的绿地景观还能降低热岛效应。

除了太阳能,风能是弗莱堡市优选的可再生能源。市中心附近有 6 个转轮直径达 70 m,高度达 133 m 的风轮,年风力发电总量达 1 200 万 kW·h,可满足 5 400 户家庭的用电需求。同时,弗莱堡市也在积极利用其他绿色能源,例如水电站每年的水力发电量可达到 1 500~2 000 kW·h。

1.4.2 英国托特尼斯(Totnes)小镇

英国托特尼斯(Totnes)小镇以"转型城镇发源地"的美名闻名于世(图 1.14)。托特尼斯小镇坐落于英国西南部德文郡达特河畔,是达特河(River Dart)入海口的三角洲地带的古老小镇,达特河的上游是国家公园达特莫尔山,下游是达特河入海口。山水之间,赋予它优美的自然风光,整座小镇绿意盎然。公元 907 年,该镇建成了第一座城堡,如今这个城堡已成为英国的历史文化遗产。小镇是一个 8 200 多人的家园。

图 1.14 英国托特尼斯(Totnes)小镇

小镇是历经资源开采到资源枯竭的典型小镇。早期的小镇拥有丰富的锡矿资源,锡矿开采聚集成镇,但不断开采直至矿产枯竭、河流污染、河道淤堵,经济全球化的冲击使企业破产、经济低迷,年轻人纷纷离开。小镇开始思考转型,当地人罗布·霍普金斯(Rob Hopkins)是托特尼斯小镇转型最重要的发起人,他把小镇带上了"立足社区、减少石油能源消耗、发展新能源和特色经济"的道路。他在《转型与想象》报告中指出小城镇转型最重要的是"想象力",尤其是对新能源的想象力。

2003年,霍普金斯接触到"石油峰值"这一概念时,开始意识到减少人类对石油的依赖迫在眉睫,开发利用可再生能源是小镇发展的必由之路。他在给爱尔兰肯赛尔继续教育进修学院的学生们上课时,教授了如何在肯赛尔开展可持续的生活方式,还与学生们合作创立了一个"能源下降行动计划"。霍普金斯的学生将这份计划命名为"变革镇"。"变革镇"实际上就是由社区居民自发创建的一个"无油化"绿色社区。霍普金斯认为,如果将来石油耗尽了,而替代能源也没有出现,民众的衣食住行可能都要靠自给自足,因此,要实现"无油化",最关键要先"能源本土化"。2006年,霍普金斯与当地的一个伙伴成立了名为"转型城镇托特尼斯"(Transition Town Totnes, TTT)的组织,努力推行社区能源转型,凝聚共识建设"无油镇"。他们在镇外的达特河上,建设一个小型水力发电站,部分代替石油,是在小镇资源调查的基础上建立的第一个新能源设施。为保证三文鱼和海豹的洄游通道,这里没有截断河流来建设大坝,而是留出河道,建了一座很小型的发电站。

在托特尼斯小镇,家家户户屋顶架设太阳能板(图1.15),甚至镇市政厅的屋面上也装有75块太阳能板(图1.16),太阳能成为他们的石油替代能源利用的主要形式。

图1.15 家庭太阳能板供电

通过建设"可食用花园"共享本地蔬菜,解决了托特尼斯小镇的蔬菜来源于远距离大型超市的问题。这种远距离供给常消耗大量化石燃料,针对这一问题,小镇尝试发展另一套农产品供给系统,鼓励民众加入耕种体系,别出心裁地提倡"花园共享"计划,呼吁居民拿出多余的可耕地参与蔬菜种植,分享给街坊邻里。当地政府也开放一些公共空间给居民种植水果与蔬菜。

英国优秀的园艺传统,加上西南部的良好气候,使得镇上到处是"可食用花园"(图1.17)。花园里种植了可以采摘食用的蔬菜,既有美化作用,又使居民体验到自己种植、收获、品尝的乐趣。

图 1.16　市政厅太阳能屋顶

图 1.17　可食用花园

社区循环经济减少了废弃物，一些新的业态随之产生，如以本地食材为原料的新餐厅，这是城镇转型很重要的一环，即再循环经济项目。这个项目创造了更多的就业机会，提振了当地经济。当地著名的新狮啤酒屋是典型的成功案例。这家啤酒屋目前每周可生产 45 桶啤酒，它的生产模式是非常典型的社区经济：蘑菇养殖户使用咖啡店的咖啡渣种蘑菇，啤酒屋用蘑菇厂的边角余料酿造出具有独特蘑菇风味的啤酒，在社区内销售。而投资种植蘑菇设备、生产啤酒的就是社区内的居民。这样的循环经济模式促成社区居民相互支持，形成了具有生态韧性的共生关系，产生的垃圾更少。

1.4.3　日本新能源小镇藤泽

20 世纪 90 年代以后，受全球气候变化和《京都议定书》签订影响，低碳、生态环保的能源结构价值引起日本人关注，可再生能源也逐渐成为日本能源的重要构成部分。在这个过程中,日本制定和实施了"阳光计划"、"月光计划"、"新阳光计划"、3E(能源供给稳定性、经济效率性、环境适应性)平衡能源计划以及多次的能源基本计划等多项能源领域的开发利用战略和计划,推动了其能源结构的演变。2011年东日本大地震、东京电力福岛第一核电站事故以后,核能的利用出现波动和萎缩,能源开发利用的安全性也引起了广泛关注。日本特色小镇源于日本农村经济的高速发展,是以工业导入农村、农村一村一厂或多厂的形式来扩展农村非农化,吸收地方农村剩余劳动力。因此农业和农村非农化是提高农业生产率、实现农业生产现代化的杠杆。农村与农业的作用,除了是食物的生产基地与农民居住的地方外,日本政府还强烈要求把农业作为国民的休闲场所。为适应这一需要,地方政府把农村、农业、山、水、森林组成一个综合的大自然娱乐休养场所及体系,农业作为第三产业化中的服务业已经开始形成。这一背景以及国际盛行的田园城市、智慧城市计划的推动,有了藤泽智慧城,其位于日本神奈川县藤泽市的南部,占地面积约19万 m^2。在智慧新能源小镇诞生前,这里曾是日本松下电器集团一家黑白电视机工厂的所在地,藤泽智慧城既有点像科幻电影里的技术小镇,又有点像理想之城乌托邦。

在小镇入口处,太阳能光伏板和绿化带并排铺设,新能源及绿色生态景象扑面而来(图1.18)。进入城区后,新能源电动汽车静悄悄地驶过,太阳能交通信号灯闪烁着不同颜色的灯光,还能发出如布谷鸟鸣叫般的清脆声音。道路旁是清一色的灰白小楼,楼顶上铺满了深色的光伏板(图1.19),街道两侧也见缝插针布置上了太阳能板(图1.20),商店和饭馆的门口则立着颜色鲜艳的遮阳伞。可以说,藤泽智慧城既是一座集住宅、商场、诊所、托儿所、养老设施于一体的综合城市,又是一个融合绿色能源、节能设施、能耗管理等先进技术的智慧样板。在这

图1.18 小镇入口的太阳能建设设施

里,除了技术给人们带来便利,人们还能随时随地感受到新能源、绿色和环保。

图1.19　屋面太阳能板分为集热和太阳能电池板

图1.20　街道两侧布置的太阳能板

"生态＋智慧能源"是这个小镇的建设目标,"既统一,又独立"的新能源系统就是智慧城的亮点。所谓独立,是指这里的每个独立建筑都配备光伏板,每栋建筑上的光伏装机容量为2.5 kW左右,整个小镇总共安装约3 MW的太阳能电池板,正常情况下可以满足居民的日常生活需要。考虑到日本地震等灾害多发,智慧新能源小镇为住户家安装了大型蓄电池。平时太阳能转化成的电能会部分储存在蓄电池中,一旦因自然灾害或其他原因无法发电,蓄电池能为住户提供3天所需的基本电量。所谓统一,是指每户人家连接着城市的智能电网,大电网会根据每个住户的实时需要供电。如果出现用不完的多余电量,住户则可将其卖给电力公司;在光伏发电不足时,住户也能随时从电力公司购电。

至今小镇的二氧化碳排放量已经比20世纪90年代末下降了75%。这一成果的背后,除了绿色能源的有效利用,还与公共建筑的节能措施密切相关。在这里,街道和房屋的布局有利于自然风的流动,人们可以借助附近海上来的清凉空气降温。同时,街灯都安装了感应器,无人经过时,街灯进入节能照明状态,当检测到有行人经过时,街灯则会自动增加照明亮度。充足太阳能储能和能效管理系统,让智慧城实现了最大限度的节能减排。

1.4.4 瑞典哈马碧湖城

1993年5月,瑞典议会通过关于面向生态循环的发展行动纲领的"生态循环"法案(政府法案1992/93:180);2003年5月,瑞典政府又提出关于无毒且资源有效的"生态效率社会"法案(政府法案2002/03:117),这两部法律制定了瑞典建立生态循环新能源社会的目标、战略和政策。由此,瑞典的生态友好小镇、新能源社区建设蔚然成风,成为建立可持续的社会经济体系的有效途径。

哈马碧湖城(Hammarby Sjöstad)是位于瑞典斯德哥尔摩市中心东部的"世界绿色环保小镇",面积250 hm^2,是一个由旧工业用地改造成的居住及其他功能用地的混合开发区域。哈马碧湖城背山望水,南部有连绵山丘、北侧有哈马碧湖(Hammaryby Sjö)、中部还有Sickla运河穿过城区。哈马碧湖城是斯德哥尔摩市中心的环境友好现代市区,是世界上可持续城市发展的最高典范之一。哈马碧湖城的规划总体上可以分为围绕着哈马碧湖及其河道的西北B、南A、东北C 3个区域,每个区域又分别以各自的中心公园向四周展开。图书馆、商店和为社区服务的办公机构被分置在整个城区的交通重点上。

1990年斯德哥尔摩市规划局绘就了哈马碧湖城的第一张蓝图,目标是把一个老工业区和港区改造成新的环境与生态现代社区。2015年建成后,哈马碧湖城拥有11 000套住房,可供25 000人居住,至今生活和工作在这里的总人数约为35 000人。以生态为中心的一体化规划,尤其是清洁新能源替代规划是该区域取得成功的关键。在开发过程的各个阶段所涉及的各级管理机构和部门制定了详细的绿色能源设计理念、生态循环设计理念和低碳运行模式,其宗旨是创造基于可持续资源使用的居住环境,能源消费和废弃物产量最小化,同时实现资源节约、循环和再生利用最大化。

斯德哥尔摩市水务公司、富腾(Fortum)热电公司和斯德哥尔摩市废弃物管理局联合设计了一个可再生能源的生态循环模式(图1.21),确保整个哈马碧湖城的能量有机循环,称为"哈马碧模式"。这一模式是连接全部环境计划的一根绿线,将能源、供排水和废弃物综合管理等各种技术供应系统集成起来。哈马碧湖城采用了绿色能源供应与使用的新技术,建造实用的废弃物自动处理能源化系统。

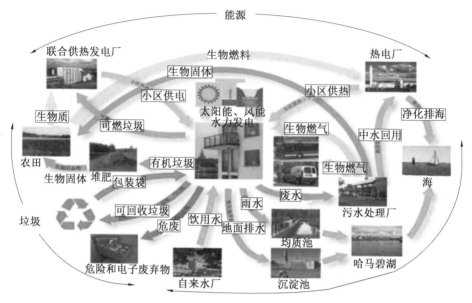

图1.21　清洁可再生能源模型

哈马碧湖城的建筑、技术装置和交通都有严格的环境要求。整个环境规划的目标是双倍生态友好,与20世纪90年代早期的建成区相比,环境总影响要降低50%。采用可持续和可再生的能源,包括可再生燃料、沼气、废热再利用和降低建筑物能源消费。在规划和设计上,社区集中供热与废气系统连接;社区集中供热与热能提取系统连接;全部热供应都来源于废弃能源或以可再生能源为基础;哈马碧湖城的重要热能之一是利用污水源热泵技术回收污水中的能源,以及城市有机垃圾、市政污泥、固体废弃物焚烧回收的能源,这一部分能源占该区居民生产生活所需热能源的50%(包括冬季供热、夏季供冷、生活热水等)。

2005—2010年,按质量计算,废弃物首选回收再利用,不可以回收再利用的全部生活废弃物的99%用于焚烧回收能源。在坚持废弃物首选回收利用政策下,生活废弃物数量减少15%;填埋处置的家庭大件废弃物数量降低10%;产生的危险废弃物数量降低50%。

2010年,按质量计算,80%的食物废弃物、厨余垃圾进行生物处理,通过厌氧发酵工艺产生沼气能源,发酵后的沼渣、沼液作为肥料用于农业生产。

2010年后,按质量计算,建设阶段产生的全部废弃物仅有10%进行填埋处置。

第1章 绪　论

　　固体废弃物回收再利用及能源化利用推动了居民源头对废弃物的准确分类,为此政府给每个家庭发放用于分装厨余垃圾的可生物降解垃圾袋。城市垃圾箱贴着分类标贴(图1.22),居民把分好类的垃圾倒进垃圾箱,垃圾分为可回收利用材料、食物废弃物、大件废弃物和危险废弃物。同时,这些垃圾箱与地下垃圾输送管(图1.23)相连接,负责收集输运垃圾,利用真空抽取方式将垃圾送达处理端,这种垃圾输运方式与传统废弃物管理运输方式相比,区域内废弃物和再生材料的运输重载车辆减少了40%,相当于运输所用的化石燃料汽油(柴油)减少了40%。

图1.22　垃圾分类箱

图1.23　地下垃圾输送管

　　哈马碧湖城将厕所排出的废水和厨余垃圾、有机生活垃圾通过厌氧发酵工艺产生沼气,沼气回用到厨房作为能源利用。对于这种将垃圾、废水能源化利用的模式,哈马碧人提出了一个很形象的口号:From Toilet to Omelet(从厕所到煎蛋卷)。

　　2020年,哈马碧湖城每年处置48万t垃圾;每天用于焚烧发电的垃圾为60 t,每年2.19万t;每天从废弃物中回收的热量为100 MW,电能50 MW。

在哈马碧湖城,太阳能是首选的清洁可再生能源,区域建筑物的墙面和屋顶安装太阳能电池板将太阳能转换为电能,1 m^2 的太阳能电池板大约提供 $100 \text{ kW} \cdot \text{h/a}$,相当于 3 m^2 住宅面积所需的家庭用电;屋顶上还安装了太阳能热水器,利用太阳热量生产热水,为建筑物提供热水供应,可满足年热水所需的 50% 热量。

总之,综合国外小镇新能源的规划与应用模式,太阳能、生物质能、风能、水力发电在小镇新能源及可再生能源的规划和应用中成为首选;而水力发电、地热能、海洋能则会依据地域资源情况针对性选择。这也成为我国发展特色小镇的新能源和可再生能源值得借鉴的模式。本书重点围绕发展特色小镇太阳能、生物质能、风能进行介绍。

第 2 章

特色小镇新能源规划

本章简要分析特色小镇新能源规划的对象、目的和意义,指出特色小镇新能源规划要遵循协调性的原则,要与特色小镇的建设规划、区域规划、产业规划相协调,要符合区域节能减排目标和指标;特色小镇新能源规划目标的设定要体现能源目标、新能源区域特色发展目标和特色产业目标;详细阐述了特色小镇新能源规划的内容、方法、技术路线和能源需求预测的具体方法;确定了特色小镇新能源规划的指标体系。

第 2 章　特色小镇新能源规划

2.1　特色小镇新能源规划方法

2.1.1　特色小镇新能源规划

人类可持续发展的需求结束了人类"粗犷开发"利用化石能源的时代，进入了开发利用低碳、环保新能源的时代。新能源规划就是人类为了协调人与自然资源的关系、人与环境的关系，使资源可持续、人与环境和谐共生而采取的活动。

为了实现能源的可持续，能源利用过程的低环境污染，1980 年联合国召开的"联合国新能源和可再生能源会议"对新能源进行了明确定义：以新技术和新材料为基础，使传统的可再生能源得到现代化的开发和利用，用取之不尽、周而复始的可再生能源取代资源有限、对环境有污染的化石能源，重点开发太阳能、风能、生物质能、潮汐能、地热能、氢能和核能等。1987 年世界环境与发展委员会在《我们共同的未来》报告中提出"可持续发展"的概念，即满足当代人的需求，又不危及后代人满足其需求能力的发展这一永续利用、持续发展的思想。从新能源和可持续发展的理念看，传统能源尤其化石能源是稀缺的、有限的，环境的纳污能力是有限的，人类在开发利用能源的过程中必须秉承低碳、清洁可再生。

新能源规划就是在对能源生产消费的历史和现状数据进行调查、分析、研究的基础上，依据国民经济和社会发展目标对能源的需求，兼顾资源和环境的制约，制定的新能源替代传统能源或作为补充能源的具体计划。

特色小镇新能源规划是对"特色小镇的社会－经济－能源－环境"这个复杂的系统进行的新能源补充和替代计划，是在充分梳理特色小镇规划区域的新能源资源条件下，充分调查资源的时间空间分布，新能源资源的品位、质量、丰富度和可利用程度，结合当地的气候条件、能源需求和环境容量，对特色小镇区域内的新能源资源进行评价后，选择最适宜开发和利用的新能源，在满足当地能源需求的前提下，进行新能源的替代和补充，实现能源效益和环境利益的最大化。同时特色小镇由于其空间面积有限，因此特色小镇的新能源规划又属于区域能源规划的范畴,相当于区域能源规划的一个特殊类型。

(1)特色小镇新能源规划研究的对象:研究对象为"特色小镇的社会－经济－能源－环境"这个复杂的系统,它符合特色小镇的产业发展需求。

(2)特色小镇新能源规划的目标:使特色小镇的复杂系统协调发展、良性循环,以保持最佳的发展态势,进行新能源替代或者补充计划。

(3)特色小镇新能源规划的依据:针对特色小镇的社会经济发展需求分析,依据其环境容量、资源容量和可持续发展的需求进行综合规划。

(4)特色小镇新能源规划的主要内容:针对特色小镇这一特定目标,在符合当代的技术、经济发展水平和能力的基础上,充分和因地制宜地制定新能源利用、替代、补充行动计划和指标体系。

(5)特色小镇新能源规划的作用:

①促进特色小镇环境、经济的可持续发展。

②合理利用特色小镇区域特色资源,合理分配能源,保证资源的可持续发展。

③合理排污,减少污染物排放总量,约束能源企业的排污行为。

④通过特色小镇清洁新能源的替代和利用获得最佳的生态环境效益。

⑤实现特色小镇能源环境的总目标。

2.1.2 新能源规划的协调性

1.新能源规划与特色小镇特色产业布局相协调

新能源规划目前还在初期阶段,可供参考借鉴的完善案例较少,新能源规划特别是结合小镇尤其是特色小镇规划的研究在我国刚刚起步,目前也仅在生态型旅游特色小镇、产业链完备、低能耗型特色小镇中进行了专项新能源规划;对于能源结构复杂、高能耗的工业特色小镇、特殊产业特色小镇还没有开展新能源专项规划和成熟的新能源规划案例,大多数特色小镇新能源规划工作基本处于空白。在部分开展新能源规划的特色小镇中,大部分也是在宏观层面的新能源概念规划,更多地强调新能源作为补充能源而非替代能源进行规划,在保证能源供需平衡的同时适当补充新能源,实现污染物及碳减排,以低碳减排为目标的新能源替代规划,缺乏具体技术支持和政策引导,特别是与特色小镇的总体规划缺乏一致性甚至脱节,无法形成技术可行的新能源规划方案,难以解决和特色小镇规划各阶段的协调和融合,可操作性较差。现有的新能源规划编制案例尚不具备普遍的指导和借鉴意义。

第2章 特色小镇新能源规划

2. 新能源规划与特色小镇专项规划相协调

各项新能源专项规划的编制相互独立,缺乏统一协调。特色小镇建设和规划中牵涉的各项新能源规划的编制都是相互独立的,多是从电力、热力、燃气等方面分别编制,从单方面或专业角度对本部门内的所辖能源从负荷预测、能源建设、传输配给等方面进行规划安排,而在整个特色小镇总能源的供需平衡、能源结构的合理组成、能源供应的保障措施及空间布局、新能源配套替代形式、能源消费方式和能源节约等方面没有涉及,缺乏新能源在各环节的协调统一。这样的新能源规划模式只能片面地配合特色小镇建设规划的能源需求,无法从根本上对特色小镇新能源规划进行指导;对特色小镇各阶段发展中能源条件的影响因素进行良性反馈,从根本上无法真正实现特色小镇可持续的新能源发展。

3. 新能源规划与特色小镇规划建设的具体数据相匹配

新能源规划是一项较为复杂的工作,涉及的数据指标众多,包括基本的地理气候条件、用地、人口、特色产业建设数据、环境承载资料和专业的新能源资源评价、能源平衡、能源需求预测、新能源替代优化等方面的数据资料。这些资料的计量和统计往往不以新能源规划的需要为前提,而是按不同需要和统计口径记录,有时同一类资料中的数据就会产生较大的差异。这就需要在新能源规划中进行必要的数据处理和梳理,去伪存真,科学利用,进而为新能源规划的合理编制提供良好的前期资料基础。

4. 新能源规划与节能减排目标相协调

新能源规划必须围绕减排指标促进节能减排,确保新能源在开发、转换、加工、储运过程中不产生环境污染,满足特色小镇绿色发展的需求。

5. 多部门协调促进新能源规划

新能源规划没有统一的部门负责,小镇新能源规划中各个环节相关的部门有很多,在能源生产环节有工业与信息化部(局)、能源生产企业等;在能源输送环节有电网公司、能源输送企业、交通部门等;在能源消费环节有供电局、供热公司、燃气公司、环保部门等;在新能源开发中除了上述部门参与外还有科技研发机构等的加入。从上可见新能源是大系统多部门参与共同构建的完整体系,然而在这个庞大的系统中缺乏一个中枢主导或协调的相关机构,在各区域各层级往往欠缺沟通,致使这个系统无法发挥其最优效能,这也是制约新能源规划的重要因素,因此多部门协调是推动特色小镇新能源规划的有力措施。

2.1.3 特色小镇新能源区划

1. 特色小镇新能源区划

(1) 单项区划法。

单项区划是对太阳能、风能和生物质能进行单独区划,其任务一般为确定能源的丰富程度,即利用特定的指标对能源进行资源储量统计,满足某区域能源的需求则为丰富,反之则为贫瘠。例如对太阳能资源潜力进行评价,可选用年太阳辐射总量进行太阳能丰富程度评价;对风能资源进行评价,可选用平均风速或风功率密度进行风能发电等级评价;对生物质能进行评价,可选用秸秆资源量、禽畜粪便资源量、人均秸秆资源量和人均禽畜粪便资源量进行评价。但由于某些能源资源存在不稳定与分散的供应问题,因此不能只使用单一指标进行资源评价。例如年太阳辐射总量仅能表达太阳能资源的丰富程度,但由于太阳能存在不稳定性,故不能仅仅依靠太阳能丰富程度来进行评价,还需选用太阳能稳定性指标来评价太阳能的稳定程度。多指标评价可以更加全面和准确地对能源资源进行评价,提出更好的开发利用方案。

(2) 综合区划法。

综合区划是对某一区域多种能源资源的整体区划,其任务是确定该地区能源的丰富程度和确定区域内各能源分布的丰富程度。该方法需要确定区域内的各种能源总量和分布,例如该区域中有太阳能、风能、生物质能等的分布,属于资源丰富区,但各能源在区域内的分布不同,存在多种分布情况,例如太阳能丰富－风能丰富－生物质能贫瘠,或太阳能一般－风能较贫瘠－生物质能丰富等。

2. 特色小镇新能源区划原则

特色小镇进行新能源区划时需遵循以下原则。

(1) 小镇区域完整性原则。

小镇区域内的能源和资源一般具有地域差异性,区划时应考虑地理位置、气候条件和行政界限等因素,遵循其区划和管理的方法,不能随意分割完整的区域。

(2) 镇域各个分区之间相关性原则。

小镇镇域内部具有一定的相似性和相关性,镇域内规划区与区之间则存在差异性。进行新能源资源区划时,应求同存异,将相关性区进行归类,不相关性区进行分类。

(3) 镇域各个新能源分区之间共轭性原则(又称为空间连续性原则)。

镇域的区应保留新能源应用的个体性和连续性,区不可任意分离,但是可以相互覆盖。

(4) 镇域新能源主导能源和主导型因素原则。

小镇能源资源种类众多,而每种能源受多种因素影响,需针对主导能源、主导型产业和区域进行分析。特色小镇的主导能源受资源的制约,如太阳能资源受纬度、海拔、气候等因素的影响,纬度越低,海拔越高,太阳能资源越丰富。所以在对太阳能资源进行区划时,需抓住影响太阳能资源的主要影响因素,综合分析评价太阳能资源。

(5) 镇域可持续发展原则。

小镇区域主导特色产业的发展和生态建设,需要科学合理地规划,选择适宜的新能源进行开发和利用,节能减排,以满足小镇的整体发展,实现特色小镇的可持续发展。

2.2 特色小镇新能源规划目标

2.2.1 新能源规划的目标

1. 特色小镇新能源规划目标

以煤电为主的传统能源已远远不能满足特色小镇的建设和发展目标,不能满足低碳环保的能源价值取向,小镇的能源规划及应用必须进行创新和转型,开发利用新型清洁可再生能源,才能保障特色小镇的稳步发展和特色小镇人民生产水平的不断提高。在新能源技术、大数据、物联网技术和碳减排压力的共同推动下,推进和提高新能源的替代和补充率已经成为特色小镇能源规划与应用的有效途径。这些大的背景决定了特色小镇新能源规划的目标:以新能源为主要的替代和补充能源,以智慧型能源管理为手段,按3个新能源层次(替代、补充、智慧管理)特色小镇能源规划方法,分需求类型进行多层次规划,以特性融合的方式,实现新能源资源调查分析—能源需求分析—新能源规划方案制定的规划方法,促进新能源的应用和低碳环保。

2. 特色小镇的新能源区域特色目标

特色小镇的规划要突出其产业特色、区域特色、资源特色、生态友好,因此也决定了其能源规划的特殊性。

特色小镇位于村镇或城乡接合部，区域新能源种类众多，未开发的可利用资源量巨大，具有非常大的开发潜力。首先，依托农业的发展，会产生大量的秸秆和薪柴资源；其次，村镇畜牧业相对发达，会产生大量的粪便资源可供转化利用，因此生物质能资源非常丰富；另外区域水资源丰度，太阳能、风能、地热能等资源的储备特点，都体现着小镇能源的区域特色，尤其是滨海小镇，海洋能的利用以及海上风能的利用，都是新能源规划的热点。

3. 特色小镇的产业特色目标

特色小镇的产业特色不仅使小镇的能源需求增加，而且特色产业的副产品、产业链下游的可回收资源，都可以成为小镇的特色新能源。例如：西塘镇"生态＋旅游＋文化"生态旅游特色小镇、归谷"人才＋科技＋企业＋项目"特色小镇、大云镇"巧克力工业＋旅游"巧克力甜蜜特色小镇、干窑镇"机器人产业＋文化＋人才"机器人特色小镇、嘉善县"技术创新＋设施改造＋产业升级"创新产业特色小镇、吕四仙"渔业生产＋海洋生态＋海洋生活""三生"合一渔业特色小镇。这些特色产业形成了特色的物质流和能量流，也为新能源的应用形成了产业基础和应用场景。

根据特色小镇特色产业建设规划、小镇资源环境特点制定切实可行的新能源替代和补充目标，实现节能减排的同时促进特色小镇经济的发展。

新能源规划的目标是规划的核心内容，既配合特色小镇特色产业和经济发展目标，又为能源管理指明方向，提供管理的依据；提高新能源的比例，提高能源效率，合理利用资源，减少环境污染，实现特色小镇的可持续发展，满足特色小镇经济发展和人民生活需求。

新能源规划的目标需满足以下要求。

（1）具有一般规划目标的共性，必须有时间限定和空间约束，可以计量并能反映特色小镇的实际能源消费，以及新能源在其能源总体消费中的占比。

（2）提供规划期内新能源最佳供应方案，新能源的选型、替代或补充数量。

（3）合理有效利用当地资源，尤其是小镇自有资源的合理匹配。

（4）符合节能减排指标，尤其是碳减排目标。

（5）保证目标的可行性，为此必须充分进行新能源资源调查，充分匹配小镇的能源需求、特色工业和产业布局，既要发展经济又要保护环境，小镇新能源规划需充分体现环境制约、生态友好型规划。

（6）保证目标的先进性，目标既能满足特色小镇的特色经济和社会健康发展，又能保证小镇居民正常生活所需的环境质量，同时考虑技术进步因素。

2.2.2 新能源规划目标制定需遵循的原则

(1)可持续发展原则:保护生态环境、防止污染物排放;保障资源可持续使用。

(2)整体性原则:站在特色小镇整体发展和全体人民生活改善的角度,全面规划并合理配置新能源。

(3)长期性原则:新能源规划在时间上应有长远考虑,以长期规划为主,先做长期规划再做近期规划。

(4)可行性原则:科学合理配置新能源、替代补充常规能源,使规划方案切实可行。

(5)优化原则:小城镇对能源依赖性高,能源中断影响较大,在新能源规划上需确保安全稳定、可持续,保证配置方案的最优化。避免单一能源,多渠道的能源配置是能源安全的保证。

(6)小镇能源特色原则:深入挖掘光、风、水、生物质等自然资源与能源特点,把小镇空间布局结构与新能源结构结合起来,构筑环境优美、富有特色的新能源配套特色小镇,并加强镇村建设,保护良好的自然生态景观,改善人居环境。

(7)远期发展与近期建设相结合原则:新能源规划的实施是一个长期、动态的建设过程,远期发展要与近期建设相结合,充分考虑该镇的现状条件,统一规划、分步实施,合理确定各期的建设目标和任务,确保新能源规划方案具有可操作性。

2.3 新能源规划的基本内容

2.3.1 规划重点和内容

新能源规划是从能源协调发展、供需平衡的角度出发,对城镇新能源发展战略、功能定位、产业发展与新能源协调、城镇空间组织与整合、生态建设与环境保护、城镇特色风貌、综合交通体系与基础设施建设等做重点调整,进而全面带动社会经济和城镇建设的发展。

1. 能源体系规划

(1)能源总量需求预测。

(2)平衡能源供求关系(包括能源需求总量和所能提供的能源品种),并进一步优化能源消费结构。

(3)确定能源供应保障措施和能源设施空间布局规划。
(4)制定节能政策及提出节能技术措施。
(5)落实能源安全的保障措施。

2. 新能源供电补充专项规划

(1)预测小镇电力需求负荷。
(2)确定电力提供的主要源(国家电网、局域太阳能、水电)。

3. 小镇燃气新能源补充规划

(1)预测小镇燃气需求负荷。
(2)确定小镇气源种类。

4. 新能源供热替代规划

(1)预测小镇居民及企业热负荷需求。
(2)确定小镇热源及供热方式。
(3)确定小镇供热的新能源类型和规模。
(4)布置城市供热干线管网。

2.3.2 技术路线

特色小镇新能源规划的背景:小镇的地理位置、自然资源与风貌、生态环境、确定上位编制;小镇新能源规划包含对未来能源需求预测、国家政府地区的相关政策解读,分析上位规划、国家规划、地区规划与本次规划的相关性,对相关规划等进行系统分析与研究,探讨在生态环境承载条件下适合区域与自身资源特点的新能源目标定位和新能源发展战略思想。小镇新能源规划要结合相关产业,研究镇域产业、能源结构、新能源体系、生态保护等内容,研究镇区新能源空间布局规划重点内容,寻找适合特色小镇发展的新能源实施路径,合理确定新能源统筹发展和建设实施。

2.3.3 能源需求预测

针对指标体系框架中的不同指标开展能源需求预测,并通过合理预测指导能源及小镇规划工作,是新能源规划编制中重要的一环。通过对近期、中期、远期(通常为近、远期)的能源需求预测,指导特色小镇基础设施建设、特色产业及用地布局,完善能源结构,优化能源消费。目前,在特色小镇规划中与能源相关的规划内容仅限于市政基础设施规划,较为单一地按照规划用地及人口等相关指标对能源需求进行预测,从而分别确定特色小镇中电力、供热、燃气等能源的

第 2 章 特色小镇新能源规划

分类需求总量。这种预测方法较为简单,虽能大体反映各类能源的需求情况,但所研究的能源种类不全面,缺乏特色小镇特色产业发展、生态与环境保护、资源与能源条件及新能源开发利用等条件对能源需求的反馈影响。

1. 影响能源需求预测的主要因素

在新能源规划的指标框架中,能源需求预测应分别从以下几个方面进行考虑。

(1)土地规模与人口数量。

特色小镇与传统的小城镇不同,特色小镇的土地规模和人口数量在特色小镇建设之初就是准确规划、明确定义的,并且在特色小镇发展过程中,土地规模基本保持不变,虽然人口数量会有一定的波动甚至增加,但仍然可以作为衡量小镇能源配置的重要指标,根据土地规模及人口数量对能源需求的预测就能够反映出特色小镇对能源总量需求的情况。

(2)特色小镇特色产业主导能源需求。

不同地域、不同资源基础的特色小镇具有完全不同的用能需求,特色小镇因为具有特色产业而成就特色,其特色产业决定了其用能的特点和规模。产业是特色小镇经济发展的主导,产业类型、规模及发展方向也必然决定了特色小镇对能源的需求特点和总量。对于由第二产业作为主导的特色小镇,其能源需求和能源结构必将和由第三产业作为主导产业的特色有很大不同。即使同为第二产业为主导的特色小镇,其第二产业类型不同也会对特色小镇的能源提出不同的需求。产业主导了特色小镇的新能源需求特色和总量。

(3)生态及环境保护是特色小镇的核心。

特色小镇在建设之初就把生态宜居作为重要的建设目标,因此在特色小镇规划和建设过程中,生态及环境保护是特色小镇建设的核心问题。杜绝采用品位较低、污染较大的一次能源,合理配置以电能为主的二次能源,积极扩大新型清洁可再生能源,这样才能在满足特色小镇总体能源需求的同时保证特色小镇环境质量和生态宜居的总体需求。

(4)新能源政策及新能源开发利用是特色小镇的标志。

新能源政策及新能源开发利用是特色小镇区别于传统乡镇的重要标志。新能源政策的引导对特色小镇能源结构的调整有重要意义,新能源在总体能源中所占比例必须大幅提高。其中新能源汽车替代传统交通工具,规划建设配套充电桩,在特色小镇中就是典型案例。混合动力车和纯电动车甚至自行车出行是特色小镇的交通的新模式。

2. 能源需求预测的主要方法

(1) 负荷密度法。

负荷密度法是根据规划区内不同功能用地面积及相应的能耗负荷密度或年能耗量密度,预测规划期能耗负荷或年能耗量的方法。能耗负荷密度是能耗负荷除以用地面积;年能耗量密度为年能耗量除以用地面积。规划区按用地分类可分为工业地区、农业用地、镇域用地等。工业用地又可分为重工业用地、轻工业用地和轻重工业混合用地。农业用地又可分为自流灌溉用地和机灌用地。镇域用地又可分为商业用地、文化科教用地、政府机关用地、旅游用地、居民住宅用地和各类混合功能用地。在社会经济及镇化发展的不同阶段,各类用地具有不同的能耗特点、用能方式和能耗负荷密度。城镇和工业用地能耗负荷密度较高,农业和畜牧业用地能耗负荷密度较低。随着经济的发展、社会的进步和人民生活水平的提高,商业用地能耗负荷密度和居民住宅用地能耗负荷密度有较大的增长。研究分析规划内各类用地能耗历史统计资料,根据各类用地今后的发展程度,可以预测出规划期内各类用地相应的能耗负荷密度,从而计算出规划期内的能耗负荷及年能源需求总量。

(2) 人均指标法。

人均指标为一个自然周期内(1年内)综合区域能耗与用能人数的比值,单位为 kg 标准煤/人,包括人均煤耗指标、人均用电指标、人均热指标、人均用气量指标、人均(户均)汽柴油用量指标。

(3) 弹性系数法。

能源弹性系数是反映能源消费增长率与国民经济增长率之间比例关系的量,表达式为:能源弹性系数=年平均能源消费增长率/年平均国民经济增长率。由于能源弹性系数主要是反映能源消费与国民经济发展的统计规律,所以弹性系数法只适合在国民经济及能源发展较为稳定的范围内使用。

(4) 单耗法。

单耗法是根据生产单位产品的产量或产值所需的能耗量和规划期生产的产品产量或产值来预测能源需求总量的方法,一般分为产量单耗法和产值单耗法两种预测方法。尽管科学理论及生产技术的发展非常迅速,然而在一定时期内,一些产品的生产技术和工艺不会发生大的变化,相对保持稳定,因而生产单位产品的产量或产值所需消耗的能量具有相对的稳定性。相对稳定的产品用能单耗乘以规划期所生产的产品产量或产值,就可以预测出该产品在规划期内对能源的总需求量。许多国家普遍应用单耗法对工业部门能源需求进行预测,特别是产量单耗法被广泛采用。单耗法预测能耗量的准确性取决于所采用的产品产量

(产值)单耗及规划期内对该行业产品产量(产值)预测的准确性。如对产品产量的预测能够较为准确,选用产量单耗法往往比采用产值单耗法更为可靠。选用单耗法对行业能耗进行预测时,需要对规划期内该行业中各类产品生产的技术工艺等条件进行深入调查和研究,在生产工艺和技术没有发生大的变化情况下,可以根据产量(产值)单耗的历史统计资料,考虑工艺水平和技术条件的一定变化,对单耗值进行适当的修正;当生产工艺未来可能发生较大变化时,要根据新的生产技术条件和工艺水平对单耗进行调整。

(5)数学模型预测法。

①神经网络分析法。神经网络分析法在数学预测、模式识别与分类、识别滤波、自动控制等方面已展示了其非凡的优越性。神经网络是从神经心理学和认识科学研究及成果出发,应用数学方法发展起来的一种并行分布模式处理系统,具有高度并行计算能力、自学能力和容错能力。神经网络由一个输入层、若干个中间隐含层和一个输出层组成。神经网络分析法通过机器学习,能够从未知模式的大量复杂数据中发现其规律。神经网络分析法克服了传统分析过程的复杂性及选择适当模型函数形式的困难,它是一种自然的非线性建模过程,无须分清存在何种非线性关系,给趋势建模与数据分析带来极大的方便。

②灰色预测法。灰色预测是对灰色系统做出的预测。灰色系统是白色系统和黑盒子系统的中间过渡带,其具体含义是:如果一个系统被称为白色系统,则全部信息都是已知的;而黑盒子系统中全部信息都是未知的;部分信息是已知的,另一部分信息是未知的,这个系统就是一个灰色系统。一般认为,社会系统、经济系统、生态系统都属于灰色系统。在能源预测系统中,影响能源需求和使用的因素很多,其中有部分因素为已知,但仍有相当多的未知因素,因此对能源需求系统的预测可以采用灰色预测法。灰色预测的类型包括数列预测、灾变预测、系统预测、拓扑预测等。灰色预测是对已知的信息和未知的信息或不确定的信息系统进行的预测,有一定的方向变化,是与时间相关的灰色过程的预测。虽然预测过程中出现的现象是随机的、混乱的,但同时也是有序的,在一点范围内的,所以这样的数据集合具有潜在的规律性,灰色预测就是利用潜在规律性建立灰色预测模型,进而开展灰色系统的预测。灰色预测通过甄别系统内各因素间的发展趋势差异的程度,也就是开展关联分析,同时对原始系统数据进行生成分析来寻找系统中的变动规律,得出的数据序列具有较强的规律性,在这之后设立对应的微分方程模型,以此预测系统将来发展状况的趋势。用相同时间段内所得到的预测对象反应特征的一系列数值构造预测模型,用这个模型可以预测未来的某段时间或某个时刻的特征值,同样也可以预测出达到某特征值所需的时间。

神经网络分析法及灰色预测法仅是众多数学模型预测法中较有代表性的两种,用数学模型的方法进行能源需求的预测在一定时期内通常较为准确,但由于主干数据的收集及预测时间等问题多在各相关专业领域采用,在小镇规划中新能源规划层面还较少采用,然而随着新能源问题对小镇规划工作影响的增大,相关能源专业协调性的提高,新能源规划方法进一步发展和完善,采用数学模型进行能源预测的方法必将被更多地采用。

2.3.4 新能源替代补充规划

在实际工作中,人们构建指标体系,进行新能源需求预测的工作都是为社会经济发展中对能源终端消费服务而开展的,城镇新能源的终端消费按使用类型主要分为工业能源消费新能源替代、基础设施能源消费新能源替代型和居民生活能源消费新能源补充;按供给类型主要分为电力能源消费、热力能源消费和交通能源消费。在新能源规划中着重从能源供给的角度探讨新能源的终端消费,以建立完整的新能源供需结构。

1. 电力新能源补充消费

电力是小镇不可缺少的能源,是清洁环保的二次能源,具有传输速度快、可较方便进行其他形式用能转变、不能大量储存的特点。电能在企业生产、居民生活、社会运转等方面都不可替代。在新能源规划中,电力新能源的消费主要关注新能源补充,填谷平峰,在保证电力供应质量及可靠性的基础上发展新能源,使新能源成为重要的电力能源补充。对电力供给的容量的要求就是满足年电力最大负荷的需求,合理选择电源供电能力,如电源为电厂,就应合理确定电厂发电机组能力;如为电源变电站,就应合理确定变电站变压器台数、单台变压器容量及长距离电源进线的线径等。对于电力供给质量,就要求科学选择电压等级,尽量减少电能传输的损失消耗;确定电源(电厂、电源变电站)位置,满足电能供给的供电半径要求。在电力供给的可靠性方面,就要求建设坚强智能的供电网络和制订高效科学的负荷转接方案,根据容载比及电力负荷预测情况,在具有前瞻性和经济性的要求下,逐级确定用户变电站的容量选择(各等级变电站占地、变压器容量,不同电压等级供电距离,容载比等)。不同消费终端对电力能源的要求也是不同的。

2. 热力能源消费新能源作为替代性能源

热能也是二次能源,在小镇发展中,其对热力能源的需求因其所在地域及产业发展的不同而差异较大,工业用热和居民生活用热是热能消费的主要客户。

在我国,以秦岭一淮河为界划分的南北方区域中,冬季北方地区的居民用热是热力能源消耗的主要方面,而在南方地区通常是没有居民用热需求的。同样,小镇的主导产业也对热力能源消费有重大影响,通常以工业,特别是重工业为主导产业的小镇,工业用热是热力能源消费的重要因素;而以第三产业,如旅游业为主导产业的小镇,在热力能源消费方面就没有明显的需求。新能源生物质能、太阳能、风能作为热力能源消费的重要替代形式,在热能规划中需做重点分析规划。在热能的消费中,根据热能的需求预测,主要考虑热源的规模、品位,热能的传输及温度损失,热能的梯级利用及综合利用等。在新能源规划中,要考虑产业类型,在区域及资源储量丰富的前提下,确定热源种类(如热电厂、区域锅炉房)规模及品位(如燃煤、燃沼气或燃油等);依据消费终端对温度、供热面积等热指标的要求,综合未来可能的热用户的需要,适度确定供热管网结构及管径;在热能生产及消费阶段实现梯级利用和综合利用,实现高温到低温,工业到民用,单一供热到供热、热电及冷热电三联供的多梯度、全方位的热能消费。

3. 小镇特色新能源评价

国家发展改革委于 2011 年 3 月发布《产业结构调整指导目录(2011 年本)》,新能源成为新增鼓励类产业的关键词。未来新能源获得鼓励政策支持后将得到快速发展,也同时鼓励限制类产业改善生产方式和提高生产技术,从而带动能源的优化与节能工作的开展,推动低碳经济的发展。新能源的各种形式都是直接或者间接地来自于太阳或地球内部深处所产生的热能,包括太阳能、风能、生物质能、地热能、核聚变能、水能和海洋能以及由可再生能源衍生出来的生物燃料和氢所产生的能量。也可以说,新能源包括各种可再生能源和核能。随着社会的发展,废弃物的资源化利用也可看作是新能源技术的一种新形式。相对于传统能源,新能源普遍具有污染少、储量大的特点,对于解决当今世界严重的环境污染问题和资源(特别是化石能源)枯竭问题具有重要意义。我国的新能源起步较早,新能源发展具有新能源储量丰富,太阳能、风能、生物能、潮汐能、地热能等种类多,可开发潜力大;太阳能等新能源的技术研发水平处于世界前列;国内市场广阔,新能源发展的利益驱动性强等显著优势。同时也应清醒地认识到国家对能源行业采取扶持政策,没有放开市场的自由竞争机制,缺乏改进动力;推广新能源的成本高,需要周期长;与新能源相关基础学科薄弱,研发水平低;经济结构不合理,产业结构落后,产能低,对开发新能源缺乏必要的资金支持;人口基数大,人均占有量少等是制约新能源发展的突出问题。但新能源的开发利用的大趋势仍必将主导能源优化前进的脚步。在新能源开发的同时,节能技术的广泛使用是能源可持续发展的另一条必由之路。通过工业节能、建筑物节能、交通节能等方面,促进社会能源的全面节约利用。结合小镇的建设发展,采用分布式新能源+储能就地消化的供能模式,为新能源的利用提供有效途径。

4. 小镇新能源替代或补充规划的可行性方案分析

(1)微网供电取代大网供电模型。

微网供电取代大网供电,形成分布式新能源的供电格局,可以降低能耗,高度融合当地的新能源。特色小镇的供电系统应结合当地的新能源储备和开发条件,主要开发以分布式光伏发电、风能、燃气冷热电系统为主的分布式发电系统,结合储能系统,建设户用级、区域级的微电网系统。户级光储微电网中户级光储、风储微电网、水力微电网是最大化分布式光伏发电系统就地消纳的有效方式,不仅能充分消纳分布式光伏发电,还能提高系统供电的可靠性和能源的利用率。户级微电网系统一般配置 $3\sim5$ kW 的分布式光伏发电系统,$5\sim10$ kW·h 的户用储能设备及相匹配的储能逆变器和系统架构。储能逆变器独立管理光伏出力、储能充放、负荷投切和并网切换。光、风、水微电网系统在并网模式下可掌管家庭能量的经济运行,在离网模式下负责家庭用户的供电及其电能质量,并网和离网模式可无缝切换。储能逆变器通过无线通信方式,接入云端管理平台,可由远程平台实现运行维护监视。

特色小镇规划建设的微电网为并网型微电网,既可与外部大电网联网运行,也可以在电网发生故障或需要时自动切换至离网运行模式,通过能量管理系统对微电网内的分布式电源和储能系统进行统一控制和调度,维持重要负荷的供电。为保证新能源及可再生能源基本实现就近上网、就地消纳,微电网与外网电量的交换不可超过 50%。特色小镇微电网的建设应分期分步实施,前期主要为分布式电源的规划建设,各分布式电源均接入电网现有及规划中的变电站,不存在与电网重复建设问题。当区域内用电负荷与分布式电源达到一定规模后,逐步将负荷稳定、电源建设比较完备的区域配电网按照微电网的要求进行加强和改造,配置微电网运行所需设备,建立和完善微电网运行模式。

(2)多能互补优化微网新能源供能系统。

特色小镇的容积率偏低,地块分散,穿插绿地,建设大型集中供冷供热系统,管网敷设距离长,管损大,成本偏高。因此小镇的供冷供热系统应按照"适度超前,分期实施"的原则开展规划建设,重点解决地块内的局域网-微网供冷供热问题,在不同区域因地制宜地选取适合的冷热源系统,如生物质沼气供热、沼气燃气、气冷热电三联供、太阳能热管等。对特色小镇不同形式的用能建筑,采用不同的供热供冷系统,形成多能互补的新能源供能形式。

(3)智慧能源。

基于互联网＋的智慧能源的能源管理和调控形式,是针对特色小镇的最优能源匹配规划和管理模式,是对多能互补的能源微网与大网之间互补互动最好的调控方式,是特色小镇首选的能源管理模式。

5. 新能源规划与专项规划相协调

(1)替代补充电力能源与电网规划相协调。

新能源作为替代和补充能源,与小镇电网电力供应专项规划相协调,形成以传统能源为基础,新能源为补充;合理调峰补谷,降低对电网的冲击。

(2)替代燃气供应与燃气规划相协调。

用生物质沼气替代工业天然气,与工业天然气规划专项相协调,形成低碳模式的燃气局域网供应系统,沼气替代天然气,安全性更高。

(3)替代燃煤供热与供热工程规划相协调。

太阳能热管、污水源热泵、低品质能源余热回收与集中供热规划相协调,解决北方地区冬季供热问题,甚至发展微型供热堆,解决冬季供热产生的环境问题。

2.4　新能源规划中的指标体系

在小城镇新能源规划中首先明确新能源指标体系,由指标可以具体反映新能源应用中涉及的各元素或现象背后的数量概念以及具体数值,能源数据指标如实和全面地反映了小城镇新能源的现状和特点,可据此诊断出现状问题,进而提出解决方案或方向。因此,新能源规划中的指标体系应在下列原则的基础上建立。

(1)准确性原则。

所选指标应能反映出新能源中有代表性的特点以及不同能源类别间的差别;各类指标的组成应具有层次结构和逻辑关系;简明适度,减少不必要的工作量。

(2)可行性原则。

所选指标的数据来源要求真实可靠,一般应采用官方公开的统计数据,并且统计口径、统计方法及统计中的数据处理方法也应尽量一致。这样的基础数据应用于新能源规划才具有可行性和可靠性。

(3)可比较性原则。

所选指标应满足新能源在同一时期内各研究区域间的横向比较需求,同时也应满足独立研究区域一定时期内的纵向比较要求。

在上述原则指导下,为了清晰、简明地勾勒出特色小镇新能源的概况及特征,指标体系框架中构建了新能源资源稳定性、新能源供应规模、新能源替代传统能源比例和新能源可持续性以及新能源实现的减排指标等5个主题。其中,新能源资源稳定性表现为资源调查的结果,体现新能源资源储备总量和可开发性;新能源供应规模直接表现出了小镇新能源替代补充传统煤炭资源的规模;新能源替代传统能源比例反映了新能源的利用效率和使用水平;新能源的可持续性反映了新能源是否能够满足特色小镇可持续发展要求的程度,而在新能源可持续发展的主题中,政策导向和支持因素又是最重要的驱动因素之一;新能源实现的减排指标:大气排放指标、固废指标、碳减排指标,新能源规划指标体系中的减排指标是小镇尤其是特色小镇及美丽乡村建设的重要指标。

在指标体系框架主题的统领下,指标体系还包括2级主题及具体指标。特色小镇新能源规划指标体系见表2.1。

表2.1 特色小镇新能源规划指标体系

类型	序号	项目	指标/属性	规划年值
能源资源指标	1	水资源 可能源化指标(丰度值)	核心/主导/补充资源	资源总量
	2	风资源 可能源化指标(丰度值)	核心/主导/补充资源	—
	3	太阳能资源 可能源化指标(丰度值)	核心/主导/补充资源	—
	4	生物质资源 可能源化指标(丰度值)	核心/主导/补充资源	—
新能源利用指标	1	新能源占化石能源比例/%		⩾25
	2	单位GDP碳排放量/(t·万元$^{-1}$)	—	⩽1.6
	3	新能源建筑比例/%	—	100
	4	太阳能在新能源中的占比	—	—
	5	生物质能占比	—	—
	6	风能占比	—	—

续表 2.1

类型	序号	项目	指标/属性	规划年值
新能源利用指标	7	水力能源占比	—	—
	8	其他新能源占比	—	—
	9	单位GDP能耗/(t标准煤·万元$^{-1}$)	—	≤0.80
	10	碳减排指标	—	—
生态环境指标	1	大气污染物排放指标	SO_2、NO_x、PM10、PM2.5	—
	2	空气质量优良天数指标/天	—	325
	3	水环境功能区达标指标	BOD、COD、氨氮、TP、TSS	四类以上水质
	4	工业废弃物综合利用率/%	—	100
	5	环境噪声达标率/%	—	100
	6	公园绿地覆盖率/%	—	40
	7	农业秸秆资源化率/%	—	90
	8	牲畜粪便资源化率/%	—	90
	9	农业废弃物回收率/%	—	80
	10	农业化肥降低率	—	—
	11	农业农药使用减少率	—	—

第 3 章

特色小镇新能源储备

本章指出村镇的资源储备是特色小镇新能源规划的前提和条件,强调了新能源资源调查、分析评价是特色小镇新能源规划的重要步骤;详细综述了我国村镇新能源重要资源:生物质的来源、分类、化学组成及特殊类型的生物质禽畜粪便的组成成分;介绍了我国太阳能、风能的分布特点,水资源的资源储备及分布特点等;同时详细论述了以这些重要的新能源资源为基础的新能源应用的成熟技术:生物质沼气化技术及沼气存储净化技术;介绍了太阳能光电技术,包括太阳能光伏系统的组成及光伏系统规划方法;介绍了太阳能光热利用技术,包括太阳能光热系统的规划,太阳能热水器技术和太阳能温室技术;并简要介绍了风电技术和小水电技术,为特色小镇新能源规划及应用提供了技术保障。

第 3 章 特色小镇新能源储备

3.1 特色小镇新能源资源基础

村镇是特色小镇建设的基础,特色小镇是社会主义新农村及美丽乡村建设的有效途径之一,村镇的资源储备是特色小镇新能源规划的前提和条件。

3.1.1 生物质能源资源

1. 生物质来源与分类

我国作为一个农业大国,可利用的生物质资源非常丰富。2019 年,我国产生可以作为生物质的有机废弃物近 44 亿 t。其中,畜禽粪便约为 30.5 亿 t,农作物秸秆约为 8.7 亿 t,两项约占总量的 90%。生活垃圾和人粪尿约 2.5 亿 t,肉类加工废弃物 5 000 万 t~6 500 万 t,饼粕等约 2 500 万 t。它们主要来自林业废弃物、农业废弃物(包括能源植物)、生活污水、工业有机废水、村镇固体废物(市政污泥)、畜禽粪便等。河南、山东、黑龙江、吉林、四川等省生物质秸秆资源居全国前五,生物质资源蕴藏量占全国比重约为 35%;山东、河南、湖南、四川等省禽畜粪资源占全国比重约为 40%;西藏、四川、云南、黑龙江、内蒙古、吉林六省及自治区林木资源剩余物占全国比重为 88%;广东、山东、黑龙江、湖北、江苏等省为有机生活垃圾前五省份,有机生活垃圾占生物质资源比重超过 35%。同时生物质资源的结构表现为:畜粪>作物秸秆>林业剩余物>城市有机垃圾。

生物质资源主要分为以下 6 类。

(1)农作物类:主要包括产生淀粉的甘薯、木薯、玉米、小麦、水稻、高粱、番薯等;产生糖类的甘蔗、甜菜、果实等;农业生产过程中的剩余物,如农作物秸秆(玉米秸、麦秸、稻草、棉秆)等。

(2)林作物类:主要包括森林生长和林业生产过程中的林木生物质,如多种树木(白杨、悬铃木等)、薪炭林;森林抚育和间伐作业中的碎散木材、残留树枝、树叶和木屑等;加工生产过程中的锯末、截头等;林业副产品的壳、果核等。专门用于生产生物燃料的能源植物,如麻风树、黄连木等也包含在其中。

(3)水生藻类:主要包括海洋性的马尾藻、巨藻、石莼等;淡水生的布袋草、浮萍等;微藻类的螺旋藻、绿藻等。

(4)可以提炼石油的植物类:主要包括橡胶树、蓝珊瑚、桉树、葡萄牙草等。

(5)光合成微生物:主要包括硫细菌、非硫细菌等。

(6)各种工农业有机废弃物:主要包括禽畜粪便、生活垃圾、工业有机废水、生活污水、市政污泥等。

2. 生物质的化学组成

不同来源生物质的化学成分不尽相同,但主要元素都为碳、氢、氧、氮等4种元素,合计占95%以上。碳的占比最高,一般在50%左右;其次为氧,占比一般超过40%,两者合计占90%以上(表3.1)。农作物秸秆的主要化学元素组成:$w(碳)=40\%\sim50\%$、$w(氢)=5\%\sim6\%$、$w(氧)=43\%\sim50\%$、$w(氮)=0.65\%\sim1.1\%$、$w(硫)=0.1\%\sim0.2\%$,完全燃烧后,$w(灰分)=3\%\sim5\%$、$w(磷)=1.55\%\sim2.5\%$、$w(钾)=11\%\sim20\%$;薪柴化学元素组成:$w(碳)=49.5\%$、$w(氢)=6.5\%$、$w(氧)=43\%$、$w(氮)=1\%$,完全燃烧后,$w(灰分)<1\%$,另有少量钾和其他微量元素。

表3.1 部分生物质主要元素的元素百分比　　　　　　　　　　%

种类	碳	氢	氧	氮
杉木	52.8	6.3	40.5	0.1
麦秸	49.04	6.06	42.7	0.36
稻草	48.87	5.84	44.38	0.74
稻壳	46.2	6.1	45	2.58
玉米芯	48.4	5.5	44.3	0.3
高粱秸秆	48.63	6.08	44.92	0.36

农林类的生物质是由多种复杂的高分子有机化合物组成的复合体,主要含有纤维素、半纤维素、木质素、淀粉、蛋白质、脂质、水分、灰分等,其中纤维素和半纤维素由碳水化合物组成,木质素则是由碳水化合物通过一系列生物化学反应合成的。碳水化合物通常称为糖类,是绿色植物通过光合作用合成的,由碳、氢和氧3种元素组成,所含氢氧的比例为二比一,和水一样,所以称为碳水化合物。碳水化合物一般分为单糖、低聚糖和多糖3类。地球上生物质总量中葡萄糖聚合物占50%以上,是储存太阳能和支持生命活动的重要化学物质。纤维素是最

丰富的天然有机物,是由葡萄糖组成的大分子多糖,分子式为$(C_6H_{10}O_5)_n$,白色物质,不溶于水及一般有机溶剂,无还原性,是植物细胞壁的主要成分。棉花的纤维素含量最高,接近100%(质量分数),而一般木材的纤维素也能占40%~50%。此外,麻、麦秆、稻草、甘蔗渣等都是纤维素的丰富来源。半纤维素是由几种不同类型单糖组成的异质多聚体,是木糖、甘露糖、葡萄糖等构成的一类多糖化合物,不同植物中半纤维素的含量、结构不同。半纤维素大量存在于植物的木质化部分,如秸秆、种皮、坚果壳及玉米穗等,其含量依植物种类、部位和老幼程度而有所不同。木质素是由聚合的芳香醇构成的复杂有机聚合物,存在于植物细胞壁中,主要作用是通过形成交织网来硬化细胞壁,起抗压作用。木质素在植物界中的含量仅次于纤维素和半纤维素,广泛分布于具有维管束的羊齿植物以上的高等植物中,是裸子植物和被子植物所特有的化学成分。木质素在木材中的质量分数为20%~40%,在禾本科植物中木质素质量分数一般为11%~28%(表3.2)。

表3.2　生物质纤维素、半纤维素等含量(质量分数)　　　　　　　　　%

种类	纤维素	半纤维素	木质素
玉米秸秆	35~39	28~29	16~21
水稻秸秆	32~34	17.6~18	26~28
高粱秸秆	27	25	11
甘蔗渣	32~48	19~24	23~32
木材	42~56	21~30	20~40

3. 畜禽粪便营养成分

(1)牛粪。

牛粪的成分主要是纤维素、半纤维素、蛋白质及分解产物和各种无机盐。牛粪粪质细密,粪中含水量高,空气不易流通,粪中有机物难分解,厌氧发酵较慢,属冷性有机肥。施用牛粪能使土壤疏松、易于耕作,对改良黏土有良好的效果。按照全国有机肥品质分级标准划分,牛粪属三级,养分含量中等。牛粪尿(鲜样)养分含量(质量分数)见表3.3,牛粪产量:30 kg/(头·天)。

表 3.3　牛粪尿(鲜样)养分含量(质量分数)　　　　　　　　%

种类	水分	有机物	N	P	K	S	Ca	Mg
牛粪	74.3	14.9	0.38	0.1	0.23	0.31	1.84	0.47
牛尿	94.4	2.8	0.50	0.017	0.50	0.04	0.06	0.05
尿粪混合物	79.5	7.8	0.35	0.082	0.35	0.07	0.40	0.10

(2)猪粪。

猪粪的成分主要是纤维素、半纤维素、木质素,还含有蛋白质、粗脂肪、有机酸、多种无机盐,并含有较多的氨化微生物,厌氧发酵后形成的腐殖质含量高。它形成的总腐殖质含量占 25.9%,比羊粪形成的总腐殖质含量高 1.19%,比牛粪的高 2.18%,施用后能增加土壤的保肥保水性能。猪粪质地细、后劲长,适用于各种土壤和作物,具有良好的改土培肥作用。一般猪粪尿养分含量(质量分数)见表 3.4,猪粪产量:1.5~2 kg/(头·天)。

表 3.4　猪粪尿养分含量(质量分数)　　　　　　　　%

种类	水分	有机物	N	P	K	S	Ca	Mg
猪粪	68.7	18.3	0.38	0.24	0.29	0.31	0.49	0.22
猪尿	94.4	0.8	0.50	0.02	0.16	0.04	0.01	0.01
尿粪混合物	85.4	3.8	0.35	0.07	0.17	0.07	0.30	0.01

(3)鸡粪。

鸡以谷物、小虫为饲料,饮水少,故肥分浓厚,随着配合饲料的推广,有许多微量元素泄留于粪中,因此,鸡粪中的养分含量较其他畜禽高。鸡粪类养分含量(质量分数)见表 3.5。

表 3.5　鸡粪类养分含量(质量分数)　　　　　　　　%

种类	水分	有机物	N	P	K	CO_2	Mg_2O
蛋鸡类粪	63.7	14.9	1.76	2.75	1.39	0.31	0.73
肉鸡类粪	40.4	2.8	2.38	2.65	1.76	0.04	0.46

(4)羊粪。

羊粪质细密而干燥,发热量比牛粪大,属热性肥料。羊粪中氮、铜、锰、硼、钼、钙、镁等营养元素的含量都较高,羊尿中氮、钾含量比其他牲畜尿高,其氮素形态主要是尿素态氮,质量分数在 55% 左右,容易分解,是粪尿类养分较高的品种之一。羊粪适合各类土壤和各种作物,不仅给农作物提供营养成分,而且对增加土壤有机质,促进土壤保水、保肥和通气性都有良好的作用。按全国标准划分,羊粪属于二级。羊粪养分含量(质量分数)见表3.6。

表3.6 羊粪养分含量(质量分数) %

种类	水分	有机物	N	P	K	S	Ca	Mg
羊粪	50.7	32.3	1.01	0.22	0.53	0.15	1.31	0.25

(5)畜禽粪便产量预测。

畜禽养殖所排放污染物主要为粪便、没有消化的伴生物和添加物。畜禽固体废物产生量可以通过下式进行估算和预测:

$$W = \sum_{i=1}^{n} \alpha_i X_i + \sum_{j=1}^{m} k_j Y_j \qquad (3.1)$$

式中 W —— 畜禽固体废物产生量,t/a;

X_i —— 不同种类畜禽每年饲养数,头/a;

α_i —— 不同种类畜禽每头每年产生粪尿量系数;

Y_j —— 所使用不同种类饲料添加剂量,t/a;

k_j —— 不同饲料添加剂残余率系数。

畜禽日排放污染物系数见表3.7。

表3.7 畜禽日排放污染物系数

种类	粪便/kg	尿/kg	粪尿总量/kg
生猪/头	1.38	2.12	3.5
奶牛/头	30	15	45
肉牛/头	15	8	23
羊/只	1.5	0.5	2
鸡/只	—		0.10

4. 特色小镇生活垃圾、剩余污泥、餐厨垃圾和厨余垃圾

(1)生活垃圾。小镇因为人口数量少,生活和消费习惯不同于城市,所以生活垃圾以厨余垃圾为主,产量少,人均 0.652 kg/(人·天)(表3.8)。生活垃圾结构简单,有毒有害物质少,垃圾分类处置相比城市更为容易,因此垃圾分类是小镇生活垃圾处置的有效途径。

表 3.8　某小镇垃圾构成成分（质量分数）　　　　　　　　　　　%

厨余垃圾	纸类	纺织品	木屑类	砖瓦灰土	金属类	玻璃	橡胶类	其他
40.21	12.44	3.69	11.55	11.7	3.2	6.15	9.68	1.38

（2）剩余污泥。活性污泥法是村镇污水处理厂的典型工艺和成熟技术。伴随着污水处理过程会产生大量的剩余污泥，依据 2009 年印发的《城镇污水厂污泥处置及污染防治技术政策（试行）》，对剩余污泥的定义为污水处理过程中产生的固态或者半固态物质，不包括格栅渣、浮渣、沉砂。一般城镇污水厂产生的剩余污泥的含水率为 90%～95%，脱水后含水率为 80%，湿污泥的产量为处理污水量的 10% 左右，这是由于污泥絮体颗粒呈胶状结构且拥有高度亲水性，易与水分子以不同的形式结合使得污泥中部分水分难以脱除，最终导致简单脱水后的污泥仍具有较高的含水率（70%～80%）。污泥的有机质含量高，一般为 45%～50%（表 3.9），同时还含有丰富 N、P 等营养物质，为污泥资源化回用提供了有利条件。

表 3.9　污水厂剩余污泥营养成分（质量分数）　　　　　　　　　　　%

有机质	总氮（TN）	总磷（TP）	重金属
45～50	2～5	3～7	—

（3）餐厨垃圾和厨余垃圾。根据 CJJ 1984—2012《餐厨垃圾处理技术规范》对餐厨垃圾的定义，餐厨垃圾是指餐馆、饭店、单位食堂等饮食剩余物以及后厨加工过程产生的废弃物的总称，厨余垃圾是指家庭日常生活中丢弃的果蔬及食物下脚料、剩饭菜、果皮等易腐烂的有机垃圾的总称。小城镇餐厨垃圾和厨余垃圾成分分析（干物质）见表 3.10。

表 3.10　小城镇餐厨垃圾和厨余垃圾成分分析（干物质）

	含水率/%	蛋白质/%	总油脂/%	盐分/%	灰分/%	pH
餐厨垃圾	66～83	12.4～32.6	4.6～3.9	0.5～2.3	0.6～5.8	4.4～5.83
厨余垃圾	TOC/$(g \cdot kg^{-1})$	人均产量/$[kg \cdot (人 \cdot 次)^{-1}]$	热值/$(kJ \cdot kg^{-1})$			
	360～379	0.32～0.59	2 928～3 200			

从小城镇的餐厨垃圾成分可以发现：垃圾含水率高，不利于直接焚烧和填埋

处理,填埋会产生大量的渗滤液,易污染环境;同时餐厨垃圾有机质含量高,有利于厌氧发酵制备沼气和堆肥利用,虽然包含油脂和盐类,但是含量低不影响厌氧工艺进行。

因此小城镇餐厨垃圾、剩余污泥可以合并其他的生物质进行能源化(沼气)回用,以有效解决餐厨垃圾和剩余污泥的去向问题。

3.1.2 太阳能资源及分布特点

1. 太阳能

太阳能一般是指太阳光的辐射能量,是表征太阳辐射的一个重要参数,太阳辐射包括直射辐射和散射辐射。太阳直射辐射是指未改变照射方向,直接到达地球表面的太阳辐射。太阳直射辐射遇到大气中的气体分子、尘埃等产生散射,以漫射形式到达地球表面。利用太阳能时,散射辐射是一种不容忽视的重要成分。散射辐射占总辐射的比例在晴天时为 $10\%\sim15\%$,该比例随着云量的增加而加大,全阴天条件下,其比例可以达到 100%。

太阳辐射的重要传播方式是太阳光,太阳光不仅包含可见光,还包含不可见光,可见光称为白光。太阳光谱(图3.1)包括紫外光区(波长小于 $0.4~\mu m$)、可见光区(波长为 $0.4\sim0.76~\mu m$)、红外光区(波长大于 $0.76~\mu m$)。到达地面的主要为可见光(占比 46.43%)和红外光(占比 45.54%),紫外光占比很小,大约为 8.03%。

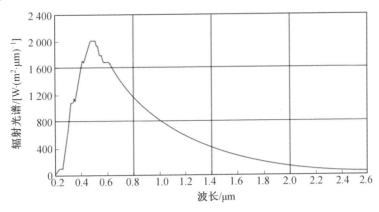

图 3.1 太阳光谱图

每一个谱段所具有的能量不同,太阳光谱能量值见表3.11。

表 3.11　太阳光谱能量值

谱段	紫外光	可见光	红外光
波长范围/μm	0~0.4	0.4~0.76	0.76~∞
能量占比/%	8.03	46.43	45.54
相应范围的辐照度/(W·m^{-2})	95	640	618
对物质的作用	很活跃,易发生强烈的化学反应,对植物有害	不活跃,对植物生长有利,被吸收后可以转化为热	被吸收后转化为热,可以杀菌

太阳能能量通过以下物理量进行表征：

①辐射通量：太阳以辐射形式发射出的功率称为辐射功率,也称为辐射通量,常用 Φ 表示,单位为 W。

②辐照度：投射到单位面积上的辐射通量称为辐照度,常用 E 表示,单位为 W/m^2。

③曝辐射量：单位面积上接收到的辐射能称为曝辐射量,常用 H 表示,单位为 J/m^2。

直射辐射是直接来自太阳而没有改变方向的太阳辐射,可由垂直于太阳直射光线的平面所能接收到的辐射值进行测量。太阳直射辐射受大气的瑞利散射效应、气体(O_2、CO_2、臭氧)吸收影响,其中臭氧对紫外光线附近的光线吸收效应强烈,气溶胶、水汽的吸收和散射导致太阳直射辐射到达地面的能量被削弱。

散射辐射是太阳光受大气层散射影响而改变方向的太阳辐射,其主要影响因素是云层和大气颗粒物。

日照时数是指太阳光在待测地方实际照射的时数,单位为小时(h),通常指采集辐射强度大于或等于 120 W/m^2 的时间长度。日照时数是表征太阳能最常用的物理量之一,目前我国所有的气象观测站都可以对该参数进行观测。该参数仅代表日照时间的长短。该参数通常作为太阳能资源评估的重要依据。

地球的自转轴与其围绕太阳公转的轨迹面呈 66°34′的倾斜。因此,出现一年中太阳对地球的直射点在地球的南回归线与北回归线之间的周期变化。对于北半球,在春分和秋分时,太阳直射赤道；在夏至时,太阳直射北回归线；在冬至时,太阳直射南回归线。根据余弦定律,即任意平面上的辐照度同该平面法线与入射线之间夹角的余弦成正比,若不考虑其他因素,纬度的绝对值越大,则地表水平面接收到的年总辐射量越多。海拔对地球表面接收到的太阳总辐射量的影响首先体现在由海拔差异引起的云量变化上;若在晴空无云的条件下,海拔的变化对地表接收到的辐射影响体现在大气透明度系数上,海拔越高,大气透明度系数越大,地表接收到的太阳总辐射量越多。

大气气象条件对地表水平面接收到的总辐射量的影响因子主要有云量、气溶胶、水汽和大气分子、沙尘、雾霾等。云层是太阳光在大气中衰减和产生散射的一个重要原因,积云或处于低空体积较大的云层能够非常有效地阻止太阳光,卷云或稀薄的高处云层对阳光的阻挡不是很强烈。

根据不同波长范围能量的大小及其稳定程度,太阳辐照度可划分为常定辐射和异常辐射。常定辐射包括可见光部分、近紫外线部分和近红外线部分 3 个波段的辐射,是太阳辐射的主要部分。常定辐射在地球大气层的上界,由于不受大气的影响,太阳辐射能有一个比较恒定的数值,这个数值就称为太阳常数。常定辐射能量大而稳定,占太阳辐射能量的 90% 左右。在平均日地距离处,大气层外垂直于辐射传播方向的单位面积上的太阳辐射照度,用 G 表示,即 $G = 1\ 353\ \text{W/m}^2$。根据太阳辐射总量的分布状况,依据 QX/T 89—2008《太阳能资源评估方法》,通常将我国的太阳能资源带划分为 4 类地区(表 3.12)。

表 3.12 日照辐射强度表

太阳能资源带符号	太阳能资源带	年总辐射量/(kW·h·m^{-2})	全年日照时数/h	日照百分率/%	代表省区市
Ⅰ	太阳能资源丰富地区	>1 700	3 200~3 300	>75	宁夏、甘肃、新疆东部、青海、西藏
Ⅱ	太阳能资源较丰富地区	1 500~1 700	3 000~3 200	70~75	河北、山西、内蒙古
Ⅲ	太阳能资源可利用地区	1 200~1 500	2 200~3 000	60~70	北京、山东、河南、云南、陕西、甘肃、广东、湖南、湖北、浙江、江苏、安徽、黑龙江
Ⅳ	太阳能资源贫乏地区	<1 200	1 400~2 000	<60	四川、贵州、江西及广西

我国太阳能自然资源储存量丰富,年总辐射量范围在 3 340～8 700 MJ/(m^2·a)之间,其中Ⅰ、Ⅱ、Ⅲ类地区是我国太阳能资源比较丰富的地区,面积很大,占全国总面积的67%以上,这些地区包括新疆、西藏、甘肃、山东、辽宁和海南岛东部等。也就是说,我国约2/3国土的太阳年总辐射量接近或超过6 000 MJ/(m^2·a),尤其是华北、西北的广大地区,日照充足,为利用太阳能提供了有利的条件。我国太阳能辐照强度最高的区域为青藏高原,青藏高原纬度低,大气层透明度高,平均日照时间长,因而具有得天独厚的太阳能资源优势。我国太阳能资源分布特点如下:对于太阳能年总辐射量来说,东部地区比西部地区低,除新疆和西藏外,南部比北部低。因为我国南方大部分地区降雨量比较大,所以在北纬35°左右,随着纬度的增加,太阳能资源辐照量越大,分布范围越广。因此可以得出结论,随着地理变化,太阳能具有不同的分布。

依据太阳辐射估算模型和太阳能资源评估,形成了不同地区太阳能辐射数据库,这为充分利用太阳能资源提供了科学依据和基础数据。太阳辐射长期数据来源主要有两个方面:气象部门发布的当地地面气象辐射观测站的观测数据和基于卫星遥感反演的地面辐射数据库。也可以查询中国建筑热环境分析专用气象数据集,该数据集提供了全国270个气象站的建筑热环境分析专用气象数据,主要包括根据观测资料整理出的设计用室外气象参数和逐时气象参数,以及270个气象站的典型气象年的逐时总辐射、直射辐射数据。

2. 太阳能利用方式

(1)光热利用。

光热利用的基本原理是将太阳辐射能收集起来,并通过与工质相互作用将其转换成热能加以利用。目前使用最多的太阳能集热器主要有平板集热器、真空管集热器和聚焦集热器等3种形式。根据所能达到的温度和用途的不同,把太阳能光热利用分为低温利用(<200 ℃)、中温利用(200～800 ℃)和高温利用(>800 ℃)。目前低温利用主要有太阳能热水器、太阳能干燥器、太阳能蒸馏器、太阳房、太阳能温室、太阳能空调制冷系统等;中温利用主要有太阳灶、太阳能热发电聚光集热装置等;高温利用主要有高温太阳炉等。

(2)光电利用。

利用太阳能发电又称为光伏效应,利用太阳能发电的方式有多种,目前产业化技术主要有以下两种。

①光—热—电转换。光—热—电转换即利用太阳辐射所产生的热能发电。一般是用太阳能集热器将所吸收的热能转换为工质的蒸汽,然后由蒸汽驱动气轮机带动发电机发电。前一过程为光—热转换,后一过程为热—电转换。

②光—电转换。光—电转换原理是利用光伏效应太阳能电池板将太阳辐射能直接转换为电能,这也是目前光—电转换技术中最为成熟和大规模推广的技术。

(3)光化学利用。

光化学利用是一种利用太阳辐射能直接分解水制氢的光—化学转换方式。

(4)光生物利用。

光生物利用是通过植物的光合作用将太阳能转换成为生物质的过程。目前主要有速生林(如薪炭林)、油料作物(生物柴油农场)和藻类培养。

在特色小镇规划中大规模利用的主要为光热转换技术和直接光电转化技术,本书将重点围绕这两种转化技术及其应用进行介绍。

3.1.3　风能资源储备

我国位于亚洲大陆东南,濒临太平洋西岸,季风强盛,夏季风来自热带太平洋的东南风和来自赤道附近印度洋的西南风。东南季风的影响范围遍及我国东南大部分地区。此外,东南沿海常受台风影响,从海洋吹向大陆,形成经常性的海陆风。冬季风来自西伯利亚或北冰洋,多受冷高压带的控制,每年冬季伊始,直到次年春夏之交,冬季风在华北达 7 个月,东北长达 9 个月。青藏高原则受高空气流的影响,冬春季盛行偏西风,夏季多东南风。

根据历年气象资料统计,我国风能资源的分布及其特点如下。

(1)东南沿海及附近岛为我国最大风能资源区,如福建、浙江省等地的年平均风速多在 7 m/s 以上,这些地区又是我国著名的渔场,也是规划利用的海上风电场首选地区。

(2)内蒙古和甘肃走廊为风功率密度较大区。这一带终年常在西北风控制下,且又是西伯利亚寒潮南下首当其冲的地方,风能资源较为丰富。

(3)黑龙江和吉林东部及辽东、山东半岛沿海也属于风能丰富地区,如山东省长岛地区,年平均风速在 6~7 m/s 及 7 m/s 以上,而且这些地区是我国重要的农、渔业区,在建设农业、渔业特色小镇时可以选择规划风电新能源。

(4)青藏高原及西北、华北的风能资源丰富,其中青藏高原属最大风能资源区。

由上可见,我国相当大的地区有丰富的风能资源,特别是形成"风口"的地方,都是理想的风力发电基地。但上述风能资源丰富的地区,多为交通不便、偏僻的农牧渔区,也正是电网难以遍及的地方。因此,开发利用这些地区的风力资源,将给农牧渔业生产和人民生活带来好处,具有重要的现实意义和开发的经济价值。

我国风资源较为丰富，全国风功率密度为 100 W/m²，风能总储量为 1.6×10^5 MW。风能资源总体分为陆地风能和海洋风能，风能利用及资源评估主要集中于陆地。我国陆地 10 m 高度层风能资源理论蕴藏量为 43.5 亿 kW，技术可开发量为 2.97 亿 kW；海洋能在 5～25 m 水深线近海、海平面以上 50 m 高度层可装机容量为 2 亿 kW；陆地 50 m、70 m、100 m 高空的技术可开发量分别为 20 亿 kW、26 亿 kW、34 亿 kW，与排名第一的美国风能蕴藏量相当。

风功率密度、累计有效利用时间是评估不同高度层风能资源的有效指标。全国陆地风能主要分布地区的风能指标（表 3.13）如下。

（1）内蒙古和甘肃北部等集中连片的风能资源丰富区，风功率密度大，核心区域大于 200 W/m²，有效利用时间大于 5 000 h，分布范围广泛。

（2）东北地区为风能资源较丰富区，核心区风功率密度大于 200 W/m²，有效利用时间大于 3 000 h。

（3）青藏高原、三北地区等为风能资源可利用区。

上述 3 类风能资源区以外的其他区域为风能资源贫乏区，风功率密度低，有效利用时间短。

表 3.13 风能区划分标准

指标	丰富区	较丰富区	可利用区	贫乏区
年有效风功率密度/(W·m⁻²)	≥200	200～150	150～50	≤50
年风速大于 3 m/s 的累计小时数/h	≥5 000	5 000～4 000	4 000～2 000	≤2 000
占全国面积/%	8	18	50	24

3.1.4 水资源

我国水力资源丰富，2005 年《全国水力资源复查成果》显示，我国水力资源技术可开发的发电量为 24 740 亿 kW·h，至 2004 年底已开发发电量为 3 310 亿 kW·h。我国河流众多，地形和降雨量等差异导致水资源分布极不均衡。总体上西多东少，西南地区水力资源可开发量最为丰富，占全国总量的 72.85%，华东地区仅占 3%。分省而言，我国水力资源可开发量最为丰富的 4 个省份或自治区依次为四川、西藏、云南和湖北，预计年发电量分别为 6 121.59 亿 kW·h、5 759.69 亿 kW·h、4 918.81 亿 kW·h 和 1 386.31 亿 kW·h，分别占全国总量的 24.7%、23.3%、19.9% 和 5.6%。

我国水力资源分布特点如下。

(1) 水力资源丰富,但地域分布不均,主要分布在西南部地区,区域内经济发展较为落后,而经济发达省份水资源相对贫瘠,用电负荷中心与生产中心不相匹配。

(2) 水资源时间分布不均,受季风气候影响,我国河流在丰水期和枯水期的径流量差异大,年际差异同样较为明显。

(3) 水力资源主要分布在大江、大河的流域内,便于集中开发和管理。

3.2 特色小镇新能源技术

3.2.1 生物质沼气化技术

1. 沼气

沼气是有机物质在厌氧条件下,经过微生物的发酵作用而生成的一种混合气体。意大利物理学家 A. 沃尔塔于 1776 年发现沼泽地冒出的气泡用火柴可以点燃,这就是自然界天然产生的沼气。由于这种气体最先是在沼泽中发现的,所以他把它称为沼气。1916 年俄国人 В. П. 奥梅良斯基分离出了第一株甲烷菌(但不是纯种)。我国于 1980 年首次分离出甲烷八叠球菌。目前世界上已分离出的甲烷菌种近 20 株。

沼气源于厌氧发酵工艺,厌氧发酵是指微生物与空气隔绝条件下,对有机物进行生物降解,使其转化成为小分子的过程,这一过程产生的气态物质就是沼气。1860 年,法国人 L. 穆拉基于这个原理将一个简易的沉淀池改造成世界上第一个沼气发生器。1925 年德国和 1926 年美国对这个沼气池进行了改造,建成具有加热和沼气收集装置的消化池,也是现代大型和中型沼气池的原型。世界能源危机也推动了沼气技术的发展,1955 年高速厌氧消化工艺出现,它突破传统的工艺流程,使单池容积产气量(产气率=沼气体积/容积)在中温条件下,由原来的 0.7~1.5 提高到 4~8,停留时间也由原来的 15~45 天缩短到几天。

沼气由 50%~80%(体积分数)甲烷(CH_4)、20%~40%二氧化碳(CO_2)、0%~5%氮气(N_2)、小于 1%的氢气(H_2)、小于 0.4%的氧气(O_2)、0.1%~3%硫化氢(H_2S)、1%~3%水分,少量的硅氧烷、芳香族与卤族化合物等组成,由于沼气含少量的 H_2S 而略带臭味。

沼气的主要成分甲烷是一种理想的气体燃料,它无色无味,与适量空气混合后即可燃烧。每立方米纯甲烷的热值为 34 000 kJ,每立方米沼气的发热量为 20 800~23 600 kJ。即 1 m^3 沼气完全燃烧后,能产生相当于 0.7 kg 无烟煤提供的热量。与其他燃气相比,其抗爆性能较好,是一种很好的清洁燃料。甲烷与沼气的主要性质见表3.14。

沼气、沼液与沼渣是厌氧发酵过程中的主要产物,也称为"三沼","三沼"是村镇生物质资源化的重要途径,其中沼气可以作为新能源清洁能源,替代煤炭,改善村镇生态环境;沼液可以作为液体肥料;沼渣可以作为固体肥料,替代化肥助力生态农业。

表3.14 甲烷与沼气的主要性质

性质	CH_4	标准沼气(CH_4含60%,CO_2含40%)
体积分数/%	54~80	100
热值/(kJ·L^{-1})	35.82	21.52
爆炸范围(与空气混合的体积分数)/%	5~15	8.33~25
密度(标准状态)/(g·L^{-1})	0.72	1.22
比重(与空气相比)	0.55	0.94
临界温度/℃	−82.5	−48.42~−25.2
临界压力/(×10^{5}Pa)	46.4	53.93~59.35
气味	无	微臭

沼气在大棚温室中的应用是沼气助力农业增产增收的重要举措,沼气在温室大棚中首先通过燃烧释放热量,提高大棚内温度,或是利用燃气灯增加光照;其次在沼气燃烧过程中会释放二氧化碳,较高浓度的二氧化碳有助于提高作物产量。研究表明,温室大棚通过沼气升温能使西红柿增产92%,使黄瓜增产40%~70%,使菜豆增产70%~80%。应用沼气升温增光主要靠点燃沼气灯或沼气炉。一盏沼气灯一夜约耗沼气0.2 m^3,释放热量4 600 kJ,增加光通量400 lm。燃烧1 m^{3}沼气,可提高大棚内温度2~3℃,同时产生0.97 m^{3}二氧化碳,可使一个1 000 m^{3}的温室大棚达到适合作物生长要求的浓度。

2. 沼气技术原理与工艺条件

早在1906年V.Lomdansky就提出了厌氧发酵产沼气技术一段论,他认为厌氧发酵产沼气是在一个过程中完成的。1936年Baker提出二段论,将厌氧发酵产沼气过程划分为产酸阶段和产甲烷阶段,在产酸阶段(又称酸性发酵阶段),由发酵细菌把复杂有机物水解和酸化,形成脂肪酸、醇类发酵产物;在产甲烷阶段,由产甲烷菌(MPB)将第一阶段的发酵产物转化为甲烷。1967年,M.P.

Bryant 提出三段论,在二段论的基础上分化出产氢产乙酸阶段。1979 年,Zeikus 对该理论进行了丰富,提出四段论、四微生物种群学说,对每一阶段的微生物种群进行了细分,形成四阶段和四种群的厌氧发酵产沼气的理论体系(图 3.2)。该理论体系将厌氧发酵产沼气的过程分为四个阶段并包含四类菌群,即水解阶段(水解发酵菌)、酸化阶段(水解发酵菌)、产氢产乙酸阶段(产氢产乙酸菌、同型耗氢产乙酸菌)和产甲烷阶段(产甲烷菌),强调了同型产乙酸菌的作用。无论是三阶段理论,还是四阶段四种群理论,实质上都是对二段论的补充和完善,较好地揭示了厌氧发酵过程中不同代谢菌群之间相互作用、相互影响的关系,更确切地阐明了有机物厌氧发酵产沼气的复杂过程、微生物的代谢过程及其在不同阶段发挥的作用。

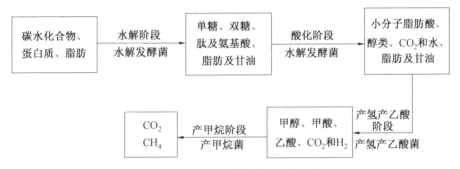

图 3.2 厌氧发酵产沼气四阶段图

(1)水解阶段。

水解阶段是厌氧发酵的第一阶段,这是一个缓慢而复杂的过程,在这一阶段里各种难溶解有机大分子在微生物细胞外酶的作用下被水解成小分子的单体或者二聚体,并完成了非溶解态到溶解态的转化,因为这一阶段的反应都需要水参加反应,所以这一阶段称为水解阶段。这一阶段主要包含蛋白类化合物、脂肪化合物和碳水化合物的水解,水解前这些大分子的有机物无法通过微生物细胞的半透膜,不能被微生物直接吸收利用,而通过微生物水解后的小分子可以被微生物吸收利用。微生物分泌的细胞外酶有很多种,如纤维素酶,由纤维素杆菌分泌;脂肪酶和肽酶等,分别由芽孢杆菌和分枝杆菌分泌。此外,有些厌氧细菌,如双歧杆菌属(*Bifidobacterium*)、链球菌属(*Streptococcus*)、丁酸弧菌属(*Butyrivibrio*)和梭菌属(*Clostridium*)等也能够分泌细胞外酶。水解阶段的主要产物有氨基酸、单糖、甘油和高级脂肪酸等。主要的水解过程如下。

$$2C_6H_{10}O_5(纤维素) + nH_2O \xrightarrow{纤维素酶} nC_{12}H_{22}O_{11}(纤维二糖) \quad (3.2)$$

$$C_{12}H_{22}O_{11}(纤维二糖) + H_2O \xrightarrow{纤维素二糖酶} 2C_6H_{12}O_6(葡萄糖) \quad (3.3)$$

$$2(C_6H_{10}O_5)_n(淀粉) + nH_2O \xrightarrow{(淀粉酶)} nC_{12}H_{22}O_{11}(麦芽糖) \quad (3.4)$$

$$C_{12}H_{22}O_{11}(麦芽糖) + H_2O \xrightarrow{(麦芽糖酶)} 2C_6H_{12}O_6(葡萄糖) \quad (3.5)$$

$$蛋白质 \xrightarrow{(蛋白酶(内肽酶))} 蛋白陈 \xrightarrow{(蛋白酶(内肽酶))} 多肽 \xrightarrow{(肽酶(外肽酶))} 氨基酸 \quad (3.6)$$

$$脂肪 \xrightarrow{(脂肪酶)} 甘油 + 脂肪酸 \quad (3.7)$$

$$甘油 \xrightarrow{(在细胞内)} 丙酮酸 \xrightarrow{(厌氧条件)} 丙酸 + 丁酸 + 琥珀酸 + 乙醇 + 乳酸 + \cdots \quad (3.8)$$

$$脂肪酸 \xrightarrow{(\beta-氧化)乙酰辅酶 A (CH_3CO-SCoA)} 乙酸等 \quad (3.9)$$

水解的速度与程度受多种因素制约,如温度、有机物的主要成分、有机物的浓度等,水解速度的动力学方程如下：

$$\rho = \frac{\rho_0}{1 + K_h \times T} \quad (3.10)$$

式中 ρ——可降解的非溶解性底物的浓度,g/L；

ρ_0——非溶解性底物的初始浓度,g/L；

K_h——水解常数,d^{-1}；

T——停留时间,d。

Henze 于 1997 年指出对于溶解性底物,在厌氧条件下水解常数 K_h 为 2～20 d^{-1}；而对于悬浮非溶解性底物,在厌氧条件下水解常数 K_h 为 0.6～1.4 d^{-1}。

(2)酸化阶段。

酸化阶段分解的对象是水解阶段产生的水溶性小分子有机物,将其转化为以挥发性脂肪酸和醇为主的末端产物(甲酸、乙酸、丙酸、丁酸、戊酸、己酸、乳酸、乙醇等),同时合成新的细胞物质。根据发酵末端产物的不同,该阶段主要有乙醇型发酵、丁酸型发酵和丙酸型发酵 3 种类型。乙醇型发酵的末端产物主要有乙醇、乙酸、H_2 和 CO_2；丁酸型发酵的末端产物主要有丁酸和乙酸,还有少量的 H_2、CO_2 和丙酸；丙酸型发酵的末端产物主要有丙酸、乙酸以及少量戊酸。由于丙酸型发酵的产物不易被下一阶段细菌和产甲烷菌分解利用,会导致系统中累积大量的丙酸,影响发酵过程,因此实际中经常需要通过控制反应的 pH 值来避免这种发酵类型的产生。此外,当发酵的有机物含有大量畜禽粪便等固体有机物时,酸化阶段还可能存在乳酸发酵和混合酸发酵。前者末端产物主要有乳酸、乙酸和乙醇；而后者末端产物主要有甲酸、乙酸、乳酸、乙醇和 H_2/CO_2 等。在所有发酵类型所产生的末端产物中,乙酸和 CO_2 是甲烷转化主要的底物。末端产物的组成不仅取决于发酵底物的种类,还与降解条件及参与的微生物有关,如第一阶段产生的单糖在不同的细菌作用下能分别转化为乙醇、乙酸以及丙酸酯等物质。另外,该阶段的有机底物既能作为电子受体,也能作为电子供体。有机小分子在发酵细菌的细胞内被转化成相应的产物后便被分泌到细胞外,与此同时,这些细菌也利用部分产物生成新的细胞物质。因此,未经过酸化处理时经常会有更多的污泥产生。葡萄糖发酵酸化过程如下。

$$CH_3COCOO^- + 2NADH + 2H^+ \longrightarrow 2CH_3CH_2 \quad (3.11)$$

$$C_6H_{12}O_6 + 4H_2O + 2NAD^+ \longrightarrow 2CH_3COO^- + 2NADH + 2H_2 + 6H^+ \quad (3.12)$$

$$C_6H_{12}O_6 + 4H_2O + 2NAD^+ \longrightarrow CH_3COCOO^- + 2NADH + 2H_2 + 6H^+ \quad (3.13)$$

$$C_6H_{12}O_6 + 2NADH \longrightarrow CH_3COCOO^- + 2H_2O + 2NAD^+ \quad (3.14)$$

$$C_6H_{12}O_6 + H_2O \longrightarrow CH_3COCOO^- + 2H_2 + 3H^+ \quad (3.15)$$

$$C_6H_{12}O_6 + 2H_2O + 2NADH \longrightarrow 2CH_3COCOOH + 2HCO_3^- + 2NAD^+ + 2H_2 \quad (3.16)$$

$$C_6H_{12}O_6 \longrightarrow CH_3COCOO^- + 2H^+ \quad (3.17)$$

(3)产氢产乙酸阶段。

产氢产乙酸菌进一步利用第二阶段产生的丙酸、丁酸等产生更小分子的乙酸、水、二氧化碳和氢,同时同型耗氢产乙酸菌还能将二氧化碳和水合成乙酸,其反应过程如下。

$$CH_3CHOHCOO^-(乳酸) + 2H_2O \longrightarrow CH_3COO^- + HCO_3^- + H^+ + 2H_2 \quad (3.18)$$

$$CH_3CH_2OH(乙醇) + 2H_2O \longrightarrow CH_3COO^- + H^+ + 2H_2 \quad (3.19)$$

$$CH_3CH_2COO^-(丙酸) + 2H_2O \longrightarrow 2CH_3COO^- + H^+ + 2H_2 \quad (3.20)$$

$$CH_3CH_2CH_2COO^-(丁酸) + 2H_2O \longrightarrow CH_3COO^- + HCO_3^- + H^+ + 3H_2 \quad (3.21)$$

$$4CH_3OH(甲醇) + 2CO_2 \longrightarrow 3CH_3COOH + 2H_2O \quad (3.22)$$

(4)产甲烷阶段。

产甲烷阶段是产甲烷菌将乙酸、甲酸、碳酸、氢气、甲胺及甲醇等小分子有机酸、醇等转化为甲烷、二氧化碳和细胞物质的过程。其实质是产甲烷菌利用细胞内一系列特殊的酶和辅酶将 CO_2 或甲基化合物中的甲基通过一系列的生化反应还原成 CH_4。产甲烷菌能利用的底物种类非常有限,根据利用底物的不同,可以将该阶段分为3类:还原 CO_2 途径、乙酸途径、甲基营养途径。还原 CO_2 途径是

以 H_2 或甲酸作为主要的电子供体还原 CO_2 产生 CH_4，是广泛存在的一种产 CH_4 途径；乙酸途径是乙酸被裂解产生甲基基团和羧基基团后，后者被氧化产生 CO_2 和电子供体 H_2 用于还原前者产 CH_4，这一途径是自然界产生甲烷的主要途径，但仅甲烷八叠球菌属（Methanosarcina）和甲烷鬃菌属（Methanothrix）能够利用乙酸生成甲烷，它们又被称作乙酸营养型产甲烷菌；甲基营养途径是电子供体还原简单甲基化合物（如甲醇、甲酸、甲硫醇、甲基胺等）的甲基基团产 CH_4，电子供体一方面来自外界提供的 H_2（代谢模式为氢依赖型），另一方面来自氧化甲基化合物自身产生的还原当量（代谢模式为甲基营养型），其中，后者是大多数甲基营养途径产甲烷菌的代谢模式，该途径在自然界中存在较少，仅甲烷八叠球菌科（Methanosarcinaceae）和甲烷球形菌属（Methanosphaera）等少数产甲烷菌能够利用甲基化合物。3 种途径最终都形成甲基辅酶 M($CH_3-S-CoM$)，其在两种甲基辅酶 M 还原酶（Mcr），即甲基辅酶 M 还原酶Ⅰ（Mcr Ⅰ）和还原酶Ⅱ（Mcr Ⅱ）的催化下，以辅酶 B($HS-CoB$) 为直接的电子供体还原 $CH_3-S-CoM$，最终形成 CH_4。Mcr 由 3 个亚基和辅酶 F430 组成，是产甲烷菌所特有的一种酶，也是产 CH_4 代谢中的关键功能酶。其主要反应如下。

$$CH_3COOH \longrightarrow CH_4 + CO_2 \tag{3.23}$$

$$CO_2 + 4H_2 \longrightarrow CH_4 + CO_2 \tag{3.24}$$

$$HCOOH(甲酸) + 3H_2 \longrightarrow CH_4 + CO_2 \tag{3.25}$$

$$CH_3OH(甲醇) + H_2 \longrightarrow CH_4 + CO_2 \tag{3.26}$$

$$CH_3NH_2(甲胺) + 2H_2O \longrightarrow 3CH_4 + CO_2 + 4NH_4^+ \tag{3.27}$$

在这一过程中 30% 的甲烷来自产甲烷菌利用氢还原二氧化碳，70% 来自甲烷菌分解有机酸、醇。因此乙酸（盐）是在产甲烷过程中最重要的物质，乙酸代谢产甲烷也是最重要的途径。

在厌氧发酵过程中，各个阶段之间并没有明显的界限，有时是同时进行的，如在连续厌氧发酵工艺中，新投入的物料量（生物质）占比总量很少，不会引起整个系统 pH 的太大变化。因此，在产酸过程中，产甲烷菌的代谢也同时进行。其中，前 3 个阶段（水解、酸化和产氢产乙酸）主要涉及物料分解和产氢产酸，不产生甲烷，通常被称为不产甲烷阶段。它将复杂有机物转化成产甲烷必要的物质，是产甲烷的基础和先决条件。第 4 个阶段才为产甲烷阶段。但一般要求两个阶段之间有一定物质平衡性，才能保证厌氧发酵系统长期稳定地运行。

3. 发酵产沼气微生物

发酵产沼气是一个复杂的生物化学反应的过程，其发生和发展是微生物生命活动的结果。发酵产沼气微生物通常具有以下几个特点。

(1) 分布广泛:在厌氧环境(沼气池、厌氧处理系统等)和一些极端环境(海底沉积物、冰川、沼泽等)中常分布着多种微生物。

(2) 繁殖快,代谢能力强:有些产酸菌每 20 min 甚至更短就能繁殖一代。

(3) 适应性强:由于其分布在厌氧和极端环境中,决定了其有极强的适应能力,有的细菌在 60 ℃时还能很好地发挥功效。

发酵产沼气微生物种类繁多,目前已知的有几千种,包括细菌、古菌、真菌、病毒和原生物,细菌和古菌的种类最多。细菌包括拟杆菌门(Bacteroidete)、厚壁菌门(Firmicutes)、变形菌门(Proteobacteria)和螺旋体门(Spirochaetes)等 20 余门;古菌包括广古菌门(Euryarchaeota)、初古菌门(Korar-chaeota)、纳古菌门(Nanoarchaeota)、泉古菌门(Crenarchaeota)、奇古菌门(Thaumarchaeota) 5 个门和甲烷杆菌纲(Methanobacteria)、甲烷微菌纲(Metha-nomicrobia)等多个纲及 OP8、TM6、EM3、WS3、GP4 等多个未培养的类群(潜在的门或纲)。随着研究的深入和技术手段的改进,新微生物的种类还在不断增加。沼气发酵系统中,不同微生物类群通过各自的代谢途径起着不同的物质转化作用,其中,5 大类菌群微生物构成了一条食物链:水解发酵菌(水解细菌、发酵产酸细菌)、产氢产乙酸菌、同型耗氢产乙酸菌、食氢产甲烷菌、食乙酸产甲烷菌。前 3 类是厌氧或兼性厌氧的细菌,主要在沼气发酵的前 3 个阶段中发挥作用,统称为不产甲烷菌;后 2 类是严格厌氧的古菌,统称为产甲烷菌。

(1) 不产甲烷菌。

① 水解细菌。水解细菌是能够将复杂有机物水解为可溶性物质的一类微生物。大多数水解细菌为异养型,对环境的变化有较强的适应性。通常根据作用的底物来分类,包括蛋白质分解菌、纤维素分解菌、脂肪分解菌、淀粉分解菌、半纤维素分解菌等。蛋白质分解菌多为拟杆菌属(*Bacteroides*)和梭菌属,前者主要存在于瘤胃中;后者则主要存在于各种消化器中,常见的有腐败梭菌(Clostridium putrificum)、热腐败梭菌(Clostridium thermo putrificum)和恶臭梭菌(Clostridium paraputri putrificum)等。腐败菌属(*Putrificum*)分解蛋白质的能力非常强,且能够产生恶臭。纤维素分解菌种类最多,常见的包括产琥珀酸拟杆菌(Bacteroides succinogenes)、解纤维素醋弧菌(Acetivbro cellulolyticus)、溶纸莎草梭菌(Clostridium papyrosolvens)、溶纤维素拟杆菌(Bacteroides cellulosolvens)、纤维素梭菌(Clostridium cellulovorans)、普鲁契氏梭状芽孢杆菌(Closoidium populeti)及梭状芽孢杆菌(Clostridium steycora J. iium)等。脂肪分解菌都含有脂肪酶,如丁酸弧菌属和厌氧弧菌属(*Anaerovibrio*),前者能脱去半乳糖脂和磷脂的酰基,最常见的为溶纤维丁酸弧

菌（Butyrivibrio fibrisolvens），其磷脂酶 A 能水解卵磷脂产生游离的磷脂，磷脂又在溶血磷脂酶作用下生成甘油和脂肪酸；后者能水解甘油三酯，其模式菌株（Anaerovibrio）水解甘油三酯的能力非常强，但不能水解磷脂和半乳糖脂。

② 发酵产酸细菌。发酵产酸细菌是能够将水解阶段产生的小分子物质转化为挥发性脂肪酸的微生物。其包括多种类型，如链球菌科（Streptococcaceae）、梭菌科（Clostridiaceae）、毛螺菌科（Lachnospiraceae）和芽孢乳杆菌科（SporoIacto-bacillaceae）等。通常情况下，参与不同发酵类型的优势微生物类群不同，如乙醇型发酵主要有酿酒酵母属（Saccharomyces）等；丁酸型发酵以梭菌属和丁酸杆菌属（Butyribacterium）为主；丙酸型发酵以丙酸杆菌属（Propionibacterium）和梭菌属为主；乳酸发酵主要有乳酸杆菌属（Lactobacillus）、链球菌属和片球菌属（Pediococcus）等；混合酸发酵则主要有埃希氏菌属（Escherichia）、肠杆菌属（Enterobacter）、克雷伯氏菌属（Klebsiella）、假单胞菌属（Pseudomonas）、芽孢杆菌属（Bacillus）及志贺氏菌属（Schigella）等。不仅不同发酵类型下优势类群不同，有时同一种发酵类型细菌，当底物不同时，优势类群也会发生变化，如同样是乙醇型发酵细菌，底物中乙醇含量很高而乙酸浓度很低时，优势类群为拟杆菌属。因此，处于变化状态的沼气发酵系统，其酸化阶段各代谢产物的比例会随着优势微生物类群的变化而发生变化。

③ 产氢产乙酸菌。产氢产乙酸菌是能够降解酸化阶段生成的醇类和挥发性脂肪酸等小分子物质，产生 H_2、CO_2 和乙酸等物质，并产生能源合成自身细胞的一类厌氧细菌。这是一类绝对依赖中间氢转移进行其代谢活动的化能异养菌，包括脱硫弧菌属（Desulfovibio）、梭菌属、醋杆菌属（Acetobacte）、互营生孢菌属（Syntrophospora）、优杆菌属（Eubacterium）、互营杆菌属（Syntrophobacter）、瘤胃球菌属（Rwninococcus）、互营单胞菌属（Syntrophomonas）、鼠孢菌属（Sporomusa）、暗杆菌属（Pelobacter）及互营嗜热菌属（Syntrophothermus）等。其中，脱硫弧菌属和梭菌属比较常见。同时，丁酸降解菌和丙酸降解菌是常见的产氢产乙酸菌，前者的降解是经典的 D—氧化途径，代表菌株为沃氏共养单胞菌（Syntrophmonas wolfei）；后者则通过甲基丙二酰途径，将丙酸氧化为乙酸和 CO_2，代表菌株为沃氏共养杆菌（Syntrophobacter wolinii）。此外，还有沃氏醋酸杆菌（Acetobacterium woodii）和乙酸梭菌（Clostridiumacetieum），为专性产氢产乙酸菌。

④ 同型耗氢产乙酸菌。同型耗氢产乙酸菌也称同型产乙酸菌，是一类既能代谢 CO_2 自养生活，又能代谢糖异养生活的混合营养型细菌。它们能够通过乙酰 CoA 途径将 H_2/CO_2 转化为乙酸，且代谢能力强、底物范围广，在全球碳循环

过程中发挥着非常重要的作用,是一种极具发展潜力的工业微生物。目前已分离到的同型产乙酸菌有 100 多株,分属醋杆菌属、醋香肠菌属(Acetitomacuhon)、醋丝菌属(Acetonema)、梭菌属、全噬菌属(Holophaga)、穆尔氏菌属(Moorella)、互营球菌属(Syntrophococcus)、产醋杆菌属(Oxobucter)、瘤胃球菌属及丁达尔氏菌属(Tindallia)等 22 个属。其中醋杆菌属和梭菌属出现最为频繁,常见的代表菌株有 Clostridium aceticum、Acetobacteium woodii、Acetobacter xylinum 和 clostriolium thermoacidophilus 等。这些菌株大多数都能够形成孢子,有些具有连接鞭毛,这些特性便于它们在原始环境生存。同型产乙酸菌在形态、生理特性和基因水平等方面具有很大差异。它们的进化多样性决定了其功能的多样性,其可利用多种电子供体和受体,能够催化多种氧化还原反应,达到碳循环和其他生物循环的契合点。

(2)产甲烷菌。

产甲烷菌在沼气发酵过程中能将有机物转化为 CH_4,即以 CH_4 作为无氧呼吸终产物的微生物。它是完成厌氧消化食物链中最后一道"工序"的成员,也是沼气发酵微生物的核心。因此,其种类、数量和活性通常决定沼气的产量。产甲烷菌是自养型生物,能利用环境中的化学能,因而目前发现了许多无机物进入其细胞所需的通道蛋白。产甲烷菌是目前发现的唯一能固氮的古菌。这类典型古菌 CH_4 的合成也是需要多种酶(较为独特的酶和细胞膜内的复合酶)参与的复杂途径。根据合成 CH_4 利用基质的不同,可将产甲烷菌分成 3 种类型:氢营养型、乙酸营养型和甲基营养型。氢营养型包括产甲烷菌属(Methanogenizon)、甲烷短杆菌属(Methanobrevibacter)、甲烷螺菌属(Methanospirillum)和甲烷粒菌属(Methanocorpusculum)等;乙酸营养型包括甲烷八叠球菌属和甲烷鬃菌属;甲基营养型则包括甲烷球形菌属等。通常情况下,一种产甲烷菌只具有一种 CH_4 合成途径。但甲烷八叠球菌属由于具有多细胞结构,同时拥有 3 种 C1~C14 合成途径,而且至少可以利用 9 种 C1~C14 合成的底物。产甲烷菌与细菌的区别在于:细胞壁没有典型的肽聚糖骨架结构;生长不受青霉素的抑制;细胞内无细胞色素 C,但有 CoM(专一性转甲基的载体)和 CoF4201541。CoM 是其他细菌没有的,而 CoF4201541 是参与甲烷代谢途径的关键辅因子。因其能在 420 nm 下发出蓝绿色荧光,常根据这个光谱学特征利用荧光显微镜来鉴定产甲烷菌。与其他细菌不同,产甲烷菌不管利用何种底物,其代谢的终产物主要都是 CH_4 和 CO_2。研究人员在分离鉴定产甲烷菌时,经常利用该特征来确定目的微生物是否为产甲烷菌。产甲烷菌存在原核和真核细胞所共有的糖代谢、氨基酸代谢和核苷酸代谢,但一些基本的酶还没有被确定。产甲烷菌的形态多样,有球状、杆状、螺旋状和八叠球状等,根据这些形态特征,可将其分为甲烷球菌属、甲烷杆菌属、甲烷螺菌属和甲烷八叠球菌属等。尽管形态各异,但具有以下共同生理特性。

①对 O_2 极度敏感(接触到 O_2 时生长就会受到抑制,甚至死亡),生长环境要求严格厌氧。

②食物简单,依靠 CO_2、H_2、甲酸、乙酸等其他发酵细菌分解后的物质生长。

③生长温度范围非常广(0~110 ℃),在 20 MPa 的高压下甚至可达 122 ℃。

④适宜生存在 pH 中性或偏碱性条件(pH=6~8)下,范围比较窄,极少数可在 pH 低至 4.8 左右还能生长,少数最适生长 pH 可达 9.5。

⑤生长极其缓慢,繁殖困难:人工培养时,有的繁殖时间在 10 d 以上,自然生长下时间更长。

比起不产甲烷菌,目前已知的产甲烷菌数量较少,仅分离出 200 多株,分属 7 个目,包括甲烷微菌目(Methanomicrobiales)、甲烷杆菌目(Methanobacteriales)、甲烷球菌目(Methanococcales)、甲烷八叠球菌目(Methanosarcinales)、甲烷火菌目(Methanopyrales)、甲烷胞菌目(Methanocellales)和甲烷马赛球菌目(Methanomassiliicoccales)。

(3)产甲烷菌与不产甲烷菌的相互关系。

一个稳定的沼气发酵系统中,不产甲烷菌和产甲烷菌之间处于一种平衡状态:相互联系、相互依赖、相互影响、相互制约。

① 不产甲烷菌为产甲烷菌提供生长和行使功能必要的基质,后者又为前者解除生化反应的反馈抑制,对发酵系统中有机物的降解起质子调节、电子调节和营养调节的作用。不产甲烷菌将碳水化合物、蛋白质和脂肪等复杂有机物分解为简单的 H_2、CO_2、NH_3、VFA、C_2H_5OH 等产物,为产甲烷菌提供了生长繁殖、合成细胞物质、产 CH_4 等所需的碳源、氮源、氢供体和电子供体等物质;同时,这些物质的不断生成又会抑制不产甲烷菌自身的发酵过程,如产物有机酸和 H_2 的积累都会抑制不产甲烷菌的继续生长。稳定的沼气发酵系统中,产甲烷菌能够不断地利用上述产物,清除不产甲烷菌的代谢产物,这样就解除了抑制作用。另外,产甲烷菌还能够发挥以下 3 大调节功效。

a.通过氢代谢的电子调节功能,为沼气发酵系统创造热力学上的有利条件。如为产氢产乙酸菌的代谢创造适宜的热力学条件,同时提高了水解细菌降解有机物的效率。

b.由于高质子浓度会抑制产甲烷菌和产乙酸菌的氢代谢,产甲烷菌能够利用乙酸代谢的质子调节功能,除去沼气发酵系统中的有毒质子,从而确保其他微生物处于适宜的 pH 范围。

c. 某些产甲烷菌还发挥着营养调节功能,能够合成和分泌一些有机生长因子,对沼气发酵过程中其他阶段的微生物生长具有重要作用。

② 不产甲烷菌为产甲烷菌创造适宜的氧化还原电位条件,并清除有害物质。由于产甲烷菌对 O_2 极度敏感,微量的 O_2 存在可抑制其生长或导致其死亡。在沼气发酵过程中,投料时难免会有空气进入系统,危害产甲烷菌。不产甲烷菌中存在的好氧或兼性厌氧细菌,可以消耗 O_2 进行生长和代谢,逐渐降低系统中的氧化还原电位,为产甲烷菌创造了适宜的厌氧环境。在以工业废弃物为原料进行沼气发酵时,常伴有酚、氰化物和重金属离子等对产甲烷菌有毒害作用的物质。不产甲烷菌中有些细菌能分解利用上述物质,解除了对产甲烷菌的毒害。如有的细菌可以裂解苯环,有的能以氰化物作为碳源和能源进行代谢,有的能代谢产生 H_2S,能通过与重金属离子反应后生成沉淀(金属硫化物),来清除毒害作用。

③ 两者共同维持厌氧环境中适宜的 pH。在沼气发酵的初期,不产甲烷菌会分解原料中的糖和脂肪酸等有机物,产生大量有机酸和 CO_2 等物质;而 CO_2 也会部分溶于水,使体系中的 pH 下降;与此同时,产甲烷菌可以消耗酸和 CO_2 等生成 CH_4。不产甲烷菌中的氨化菌也会利用产生的 NH_3 中和部分酸,发挥氨化作用。两者的共同作用使 CO_2 和酸的浓度逐渐下降,使体系中的 pH 不需人为控制而维持在一个适宜和稳定的范围内。

4. 影响厌氧发酵产沼气的条件

随着人类对厌氧发酵工艺的深入研究,提高底物(生物质)转化率、提高甲烷产率、提高容积产气率和提高系统发酵稳定性是工程化需要的重要指标。影响沼气(甲烷)产率的因素主要有厌氧条件、温度、pH、碱度、有机负荷率、氨氮浓度等。

(1)生物质可生化性评价。

在厌氧发酵工艺中,生物质可生化性、生物质数量决定了生物质是否能够产生沼气以及沼气的产量和品质,因此厌氧发酵工艺的第一步是生物质可生化性评价。通常用总固体颗粒物(TS)、悬浮固体(SS)、挥发性固体(VS)、挥发性悬浮固体(VSS)、混合液挥发性悬浮固体浓度(MLVSS)、总有机碳(TOC)等来表达生物质数量,用化学需氧量(COD)、生化需氧量(BOD)、挥发性脂肪酸(VFA)来评价生物质可生化性。

总固体颗粒物:又称为干物质浓度,它包含可溶性固体和不可溶性固体,是指原料放在 103~105 ℃ 的烘干箱内,烘干至恒重,通常用烘干前和烘干后的质量百分比表示。

悬浮固体:是指水中不能通过滤膜的固体物质,表征水中不溶性固体的含量。利用定量滤纸过滤水样,在103~105 ℃的烘干箱内,烘干至恒重,称重而获得的质量为悬浮固体,单位为 mg/L。

挥发性固体、挥发性悬浮固体:在总固体或者总悬浮固体中,除了含有有机质外,还含有无机泥沙等,将物质在高温((550±50) ℃)的马弗炉中灼烧1 h,灼烧减重即为挥发性固体和挥发性悬浮固体,高温灼烧后的残留物称为灰分。VS与VSS用样品灼烧前后的质量差和灼烧前后的质量百分比来表示。

混合液挥发性悬浮固体浓度:混合液挥发性悬浮固体浓度是指厌氧反应池单位体积内悬浮固体中有机物的质量值,用 mg/L 来表示。

总有机碳:样品总有机碳的含量,直接表征样品中有机质的含量,用 mg/L(mg/kg)来表示。

化学需氧量:在一定条件下用强氧化剂重铬酸钾氧化水样中的有机物等还原性物质,水体中的还原性物质会被彻底氧化,所消耗氧化剂的量折合成氧的量,称为化学需氧量。化学需氧量可以准确反映水体中的还原性物质,尤其是全部有机物的量,单位为 mg/L。

生化需氧量:利用微生物降解水样中有机物,所消耗氧的量称为生化需氧量。在20 ℃,5天微生物降解有机物所消耗氧的量用 BOD_5 表示。

由于BOD能更为直接地表示样品被微生物降解所需要氧的量,也相当于可以被微生物降解的有机物的量,这个值越高,可生化性越好,所以国际用BOD与COD的比值来表征可生化性,一般比值大于0.3具有可生化性,小于0.2很难生化。

挥发性脂肪酸:甲酸、乙酸、丙酸、丁酸、戊酸等都具有挥发性,称为挥发性脂肪酸,碳原子在10以下的脂肪酸大部分为挥发性酸,随碳原子增加,挥发性和溶解性下降。挥发性酸是厌氧发酵过程中重要的中间产物,与生物质代谢和生成甲烷密切相关。

因此,生物质厌氧发酵产沼气的可行性可依据 BOD_5 与COD的比值和脂肪酸的浓度值来评价。

(2)生物量指标对产气量的影响。

污泥量:间接表达微生物的量,通常用总悬浮固体(TSS)或VSS来表征。

污泥停留时间(SRT):单位微生物量在厌氧反应器中参加反应的时间。

适宜的生物量、污泥浓度和有效的分解处理时间是保证产气量的重要条件,依据不同的生物质底物,厌氧反应器工艺条件均有所不同。污泥量的多少取决于设计的污泥负荷,即每千克厌氧污泥每天所能降解有机物的量,单位为 kgCOD/(kgVSS·d)。对有机污染物COD的分解效果与水力停留时间

(HRT)密切相关:在厌氧发酵装置内,平均停留时间(d)的计算公式为

HRT(d)=厌氧发酵装置容积(m^3)/每天进入包含有机质的水量(m^3)

对于容积一定的厌氧发酵装置,每天进水量越多,停留时间越短。

污泥产甲烷活性:是指在一定条件下,单位质量厌氧污泥产甲烷的最大速率,单位为 $m^3 CH_4/(kgVSS·d)$,它是污泥中甲烷菌的活性表征。

(3)发酵环境条件对产沼气的影响。

厌氧发酵产沼气全流程都是微生物参与的过程,它的显著特点是有机物在厌氧条件下生物质被分解成甲烷和二氧化碳,在这些过程中参与反应的四大菌群多数是厌氧、兼氧菌群,其中产甲烷菌严格厌氧,因此维持一个厌氧环境对于厌氧发酵工艺非常重要,须保持严格的密封条件。在发酵的初始阶段,无氧环境的营造主要依靠兼氧菌群消耗系统投入的生物质携带的溶解氧,这一阶段维持的氧化还原电位为 $-100 \sim 100$ mV。产甲烷菌是一种对氧分子十分敏感的微生物,在接触氧气很短的时间内就会死亡,这一阶段溶解氧浓度越低越好,维持的氧化还原电位一般为 $-300.0 \sim 600.0$ mV,环境处于无氧状态。

(4)pH 对产沼气的影响。

厌氧发酵产沼气过程中 pH 是波动的,但是始终保持在 $6.8 \sim 7.4$ 中性和微碱性环境,同时这一范围也是产甲烷菌生存的最佳 pH 范围;当 pH 小于 5.5 或大于 8 时,产甲烷菌活性受到极大抑制,难以存活。大多数水解酸化细菌、产酸菌可以在 pH 为 $5.0 \sim 8.5$ 范围生长良好,一些产酸菌在 pH 小于 5.0 仍可以生长。在正常的发酵工艺进行过程中,系统可以依靠自身调节系统的 pH,在反应初期(水解酸化阶段),大量的有机质发酵产生有机酸导致 pH 下降,但是随着有机物中蛋白质分解及氨化作用,pH 上升进而维持一个相对稳定的值。但是如果进料的浓度过高,对系统产生较大的冲击负荷,导致系统酸化,则发酵过程受到抑制,同时甲烷化过程停止,导致系统恶化。因此对进料浓度和种类的控制,以及系统 pH 的控制十分重要。

(5)温度对产沼气的影响。

温度是影响生物质厌氧发酵产沼气的重要因素,一方面厌氧反应的各个阶段都需要各类酶参与代谢反应,而微生物体内的生物酶对温度极为敏感;另一方面,温度强烈影响微生物的生长与代谢。因此在厌氧发酵产沼气工艺过程中保持稳定的系统温度非常重要,温度的细微波动都会使沼气(甲烷)产量明显下降。微生物发酵的温度范围见表 3.15。

表 3.15 微生物发酵的温度范围

微生物菌群	发酵温度范围/℃
高温菌群	45～60
中温菌群	35～45
低温菌群	15～35

如表 3.15 所示,厌氧发酵工艺根据选择发酵菌群适宜的温度范围不同分为 3 个温度工艺类型,即低温发酵、中温发酵和高温发酵。后两种温度区间的发酵工艺,沼气产量高,生物质代谢率高。低温发酵又称为常温发酵,这种发酵不需要加热保温措施,受环境影响较大,一般用于户用沼气工程。在低温发酵工艺中,产气量和产气率都随温度的上升而升高;在高温厌氧发酵工艺中,产气量和产气率不随温度的上升而上升,而是根据底物不同有最佳峰值温度点;中温发酵需要加热和保温措施维持温度稳定,其主要用于湿法发酵工艺,并且是中大型沼气工程的首选。在高温厌氧发酵工艺中,产甲烷菌的菌群数量要明显少于中温和低温厌氧发酵工艺,因此,高温厌氧发酵工艺的抗冲击性差。高温厌氧发酵菌群对温度变化极为敏感,一般情况下,高温厌氧发酵菌群要求温度波动范围为 ±3 ℃,一旦超越这个范围,菌群的活性会大幅降低,甲烷的产率也会大幅下降,因此高温厌氧发酵产沼气过程较难控制,不是工程化的首选工艺。同时无论哪个发酵温度段,都需要相对稳定的温度环境,温度的大幅上升和下降都会导致产气量明显下降。

(6)氨氮对产沼气的影响。

除了温度对厌氧发酵产甲烷工艺影响较大外,另一个影响因素是 NH_4^+-N 浓度,尤其是未离子化的 NH_3-N 对产甲烷菌有强烈的抑制作用。当发酵液中未离子化的 NH_3-N 的浓度大于 80 mg/L 时,就开始对产甲烷菌群有抑制作用。此外,氨氮对产甲烷菌群的抑制作用随温度升高而增强。一旦系统内的产甲烷菌受到氨氮抑制,活性就开始降低,系统利用有机酸合成甲烷的速率大幅下降,系统内的有机酸逐渐开始累积,致使发酵液 pH 下降,增大体系酸败风险。产甲烷菌群的最适 pH 范围在 6.5～7.8 之间,超过此范围,产甲烷菌群的活性会受到进一步抑制。

(7)微量元素(营养盐)对产沼气的影响。

在厌氧发酵过程中微生物菌群的生长繁殖离不开几种宏量元素和微量元素(营养盐)。宏量元素包括碳、氮、磷和硫,大量的试验证明微生物厌氧发酵适合的宏量元素比例大概为 C∶N∶P∶S = 600∶15∶5∶1。铁、镍、钴、硒和钨等微量元素对微生物的生长同样重要,例如能源作物秸秆单独为底物进行厌氧发酵时,适量添加以上微量元素能够有效提升甲烷产率。几乎所有微生物细菌的生长都离不开镍元素,因为它是用于合成参与甲烷发酵的辅酶 F430 细胞的组成成分。其他微量元素也都对厌氧发酵工艺有重要的作用,虽然有些元素的具体作用还不太明确。其中影响产甲烷菌的重要微量元素包括铁、钴、锌、硒、铂、镍、铜、钨,影响还原酶的重要成分包括铁、铜与铂。Fe 参与细胞氧化酶的合成,Co 能促进酶的合成,Ni 是产甲烷菌细胞中的金属成分,对于维护厌氧发酵稳定性具有重要作用。微量元素的需求浓度一般很低,在 0.05~0.06 mg/L 之间,过高浓度的微量元素会抑制厌氧发酵的进程。唯一不同的是铁元素,它的需求浓度在 1~10 g/L 之间。因此,在厌氧发酵产沼气过程中,根据发酵底物的不同,添加必要的微量元素非常重要。微量元素对混合厌氧发酵的调控作用见表 3.16。

表 3.16 微量元素对混合厌氧发酵的调控作用

元素	酶	微生物	元素功能
Fe	CO 脱氢酶 乙酰辅酶 A 合成酶 氢化酶	产甲烷菌/产乙酸菌 77 Moorella thermoacetica Desulfovibrio, Esherichia coli	Fe 在产甲烷菌的组织中含量最高;Fe 能够合成多种酶和激活多种酶的活性
Fe	NO－还原酶 亚硝酸盐还原酶 硝酸盐还原酶 转甲基酶	假单细胞反硝化细菌 78 P. rendomonar. rtntzeri P. denitrificans 产甲烷菌/产乙酸菌 81	Fe 能够形成硫化物沉淀;Fe 能够刺激胞外聚合物分泌
Co	CO 脱氢酶 类咕啉酶	产甲烷菌/产乙酸菌 82 巴氏甲烷八叠球菌 83	Co 参与合成 CO 脱氢酶,在乙酸形成过程中有重要意义;Co 是类咕啉类物质的组成成分
Ni	CO 脱氢酶 乙酰辅酶 A 合成酶 甲基辅酶合成酶脲酶 氢化酶	产甲烷菌/产乙酸菌 Moorella thermoacetica 产甲烷菌 产甲烷菌	以 CO_2 和氢为底物合成甲烷的产甲烷菌离不开 Ni;Ni 是甲基辅酶还原酶的活性酶(F430 因子)的重要组成元素;Ni 参与 CO 脱氢酶的合成;Ni 对硫酸盐还原菌具有重要作用

续表 3.16

元素	酶	微生物	元素功能
Cu	乙酰辅酶 A 合成酶 亚硝酸盐还原酶 氨氮加氧酶 超氧化物歧化酶 氢化酶	Moorella thermoacetica P. rendomonar. rtntzeri 硝化细菌 产甲烷菌 兼性厌氧菌	Cu 是超氧化物歧化酶与氢化酶的重要组成成分,氢化酶能够催化氢气的氧化或质子的还原这一可逆的化学反应;Cu 是构成产甲烷菌组织的重要元素
Zn	甲酸盐脱氢酶 超氧化物歧化酶 氢化酶	产甲烷菌 产甲烷菌 兼性厌氧菌	Zn 是多种产甲烷菌的组成成分;Zn 参与构成甲酸盐脱氢酶和超氧化物歧化酶(SOD)及氢化酶
Se	氢化酶 甲酸盐脱氢酶	产甲烷菌 产甲烷菌	Se 参与构成甲酸盐脱氢酶
Mo	甲酸盐脱氢酶 硝酸盐还原酶固氮酶 甲酸脱氢酶	产甲烷菌 P. denitrificans 甲基杆菌	Mo 参与构成甲酸盐脱氢酶;抑制硫酸盐还原菌代谢,限制硫化物生成
W	甲酸盐脱氢酶 甲基呋喃脱氢酶	产甲烷菌 产甲烷菌	W 参与构成甲酸盐脱氢酶;W 促进产甲烷菌利用 CO_2 和氢为底物合成甲烷

(8)生物质种类对产沼气的影响。

研究表明,不同种类生物质(底物)对厌氧发酵工艺影响很大,不同的生物质需要不同的厌氧停留时间,发酵过程中碳氮比、pH、碱度及氨氮浓度等对工艺的影响也各不相同,这主要取决于发酵原料(生物质)的有机组分。生物质的有机营养成分主要有蛋白质、脂类及糖类化合物。一般来讲,蛋白质在生物质中的含量相对较低,其主要作用是为微生物的代谢提供氮源,用来合成代谢过程中必要的酶类物质和自身细胞氮化合物的组成成分。而脂类与糖类化合物的含量相对较高,一般作为微生物代谢所需的能量来源和自身细胞碳骨架组成成分。蛋白质是生命的物质基础,是有机大分子,是构成细胞的基本有机物,是生命活动的主要承担者。构成蛋白质的最小结构单元为氨基酸,氨基酸之间通过脱水缩合连成肽链,肽链的长度一般在 20~200 个氨基酸不等。不同长度的氨基酸按照一定的秩序折叠成蛋白质分子。蛋白质主要是由碳、氢、氧、氮 4 种元素组成的,这些元素在蛋白质中的组成百分比分别约为 50％、7％、23％和 16％。

脂类化合物由碳、氢、氧 3 种元素组成,它是油、脂肪和类脂的总称。生物质中脂类物质主要由脂肪酸组成,包括长链脂肪酸和短链脂肪酸。其中长链脂肪酸主要是指动物油和植物油;而短链脂肪酸主要包括乙酸、丙酸、丁酸、戊酸和己酸等挥发性脂肪酸。在微生物发酵过程中,脂类物质可作为碳源和能量来源物质。有研究报道表明,生物质中粗脂肪含量越高,其挥发性物质产甲烷率越高。

糖类化合物是广泛分布在各类生物质物料中的重要有机化合物,它主要包括单糖、多糖、淀粉及木质纤维素等。其中木质纤维素又被分为半纤维素、纤维素和木质素 3 类物质。一般来讲,在沼气发酵过程中,单糖、多糖及淀粉类物质较容易被微生物分解利用,而纤维素类物质较难被利用。因此,在分析生物质组成成分对厌氧发酵产沼气的影响时,将单糖、多糖及淀粉与纤维素类物质作为两类化合物来分别分析。

生物质的有机组成主要包括淀粉、糖、蛋白质、脂肪及纤维素类物质,每一种成分的含量对其产甲烷率有直接的影响。生物质的有机组成成分如图 3.3 所示。

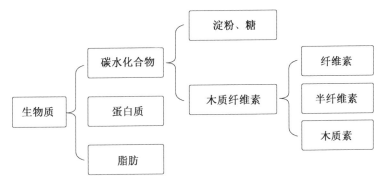

图 3.3 生物质的有机组成成分

主要有机质的理论产气量见表 3.17。

表 3.17 主要有机质的理论产气量

有机质	沼气/(m³·t⁻¹)	甲烷的体积分数/％	二氧化碳的体积分数/％
碳水化合物类	790～800	50	50
脂肪	1 200～1 250	67～68	32～33
蛋白质	700	70～71	29～30
木质素	0	0	0

在有机物中,脂肪的理论产沼气量最高,达到了 1 200～1 250 m³/t;碳水化合物和蛋白质次之,其理论产沼气量分别为 790～800 m³/t 和 700 m³/t;而木质素几乎不能被转化成沼气。

常用生物质不同发酵时间的产气量及产气率见表 3.18。

表 3.18　常用生物质不同发酵时间的产气量及产气率

生物质	各原料发酵天数及产气率/%					产气量/(m³·kg⁻¹)
	10	20	30	40	60	
猪粪	74.2	86.3	97.36	98.0	100	0.42
人粪	40.7	81.5	94.1	98.2	100	0.43
马粪	63.7	80.2	89.0	94.5	100	0.34
牛粪	34.4	74.6	86.2	92.7	100	0.30
玉米秸秆	75.9	90.7	96.3	98.1	100	0.50
麦秸	48.2	71.8	85.9	91.8	100	0.45
稻草	46.2	69.2	84.6	91.0	100	0.40
青草	75.0	93.5	97.8	98.9	100	0.44

(9)碳氮比对产沼气的影响。

厌氧发酵最适宜的碳氮比在 18～30 之间。如底物碳氮比过高,则在发酵过程中容易引发酸败的结果;反之,如碳氮比过低,则在厌氧发酵过程中容易引发氨氮抑制现象,使产甲烷菌群的代谢受到抑制。很多混合厌氧发酵试验均是以这一理论为基础而开展的。李东等研究了鸡粪与稻草混合厌氧发酵工艺,得出了当混合物料碳氮比在 17.8 时,系统产气效果最好。王菲等研究了不同碳氮比对牛粪与秸秆混合发酵产气效果的影响,确定了当混合物料碳氮比在 25 时发酵产气效果最好。Wang 等以牛粪、猪粪和小麦秆为研究对象,考察了在不同碳氮比下的产气效果,其结果表明,当混合物料的碳氮比在 25～30 之间时,厌氧发酵过程最为稳定,当碳氮比在 27 时,混合物料的产甲烷率最大。

在连续厌氧发酵过程中,以牛粪为底物的厌氧发酵 pH 稳定、产气平稳;然而以餐厨废弃物作为单一底物的厌氧发酵过程中,却常出现 pH 下降、易酸败等现象。此外,另一种常见厌氧发酵原料——玉米秸秆,其碳氮比为 45～60,而按照传统的最适碳氮比学说,秸秆的碳氮比明显偏高,表现为氮不足,需要适量补充氮源。常用生物质的碳氮比见表 3.19。

表 3.19 常用生物质的碳氮比

种类	碳元素占原料质量比/%	氮元素占原料质量比/%	碳氮比	含水率/%
猪粪	7.8	0.60	13:1	82.0
人粪	25	0.85	29:1	80.0
马粪	10	0.42	24:1	78.0
牛粪	7.3	0.29	25:1	83.0
玉米秸秆	40	0.75	53:1	20.0
麦秸	46	0.35	87:1	18.0
稻草	42	0.63	67:1	17.0
青草	14	0.54	27:1	16.0

(10)多种物料的混合发酵对产沼气的影响。

混合发酵可以起到均衡营养、合理调整碳氮比例、提高产气率的作用,可以防止体系出现氨氮抑制或酸败等风险。物料混合是生物质沼气化利用的重要途径。

(11)促进剂对产沼气的影响。

发酵产沼气促进剂是能够促进有机物分解并提高沼气产量的外源物质。它可以是多种微生物的混合制剂,也可以是无机盐等,常用的有:纤维素酶,可以增加纤维素分解,提高产气量;尿素、$CaCO_3$、活性炭粉末等,有利于调整 pH,提高产气量。一般来讲,促进剂有以下 3 种功效。

①改善微生物营养状况和生长环境。

②提供促进微生物生长繁殖的微量元素。

③加速微生物新陈代谢。

沼气池常用的促进剂有以下 4 种。

①碳酸氢铵,将其溶于水加入沼气池(用量为投料的 0.1%~0.3%)后搅动,可提高 30%左右的产气量。

②热性发酵原料,如废水,屠宰场的下脚料,酒坊、豆腐坊及粉坊等废渣,加入后可提高沼气池内温度,增加产气量。

③活性污泥,在新池的原料中拌入 20%~30%的活性污泥,能提高产气量。

④旧电池或泥炭等含有碳及 Mn 和 Zn 元素的物质。

(12)抑制剂对产沼气的影响。

所有的农药、动物类抗生素、重金属离子等都严格抑制微生物的活性,降低沼气产气量。当发酵液中的钠离子、硝酸根离子、亚硝酸根离子浓度过高时,也会产生抑制作用,如钠离子浓度在 25 000~30 000 mg/L 时,NO_3^-、NO_2^- 浓度在 100 mg/L 时。虽然 Cl^- 对发酵反应没有毒性,但是有机氯的毒性很强,毒性最强的 CH_2Cl_2、$CHCl_3$、CCl_4 等的浓度在 1 mg/kg 时就会产生很强的抑制作用。沼气发酵液中重金属化合物浓度限值见表 3.20。

表 3.20 沼气发酵液中重金属化合物浓度限值

化合物	浓度限值/(mg·kg^{-1})
$CuSO_4·5H_2O$	700(以铜计)
$CuCl_2·2H_2O$	700(以铜计)
CuS	700(以铜计)
$K_2Cr_2O_2$	500(以铬计)
Cr_2O_3	75 000(以铬计)
$HgCl_2$	2 000(以汞计)
$HgNO_3$	1 000(以汞计)

(13)搅拌对产沼气的影响。

厌氧发酵产沼气系统中原料、接种物及发酵过程形成的颗粒等,因各自粒径、比重和沉降规律的不同,在厌氧发酵装置中会出现明显分层现象,导致微生物和发酵原料分布不均匀,尤其是批量投料的反应器会自然形成分层,大量微生物聚集在装置底部,原料漂浮于装置顶部,出现自上到下的浮渣层、上清液层、活性层和沉淀层(图 3.4)。厌氧微生物只限于活性层内,其他各层由于缺少原料或不适于微生物生长,使厌氧发酵反应难以进行,这不仅使产气率大幅降低,也大幅降低了反应装置的容积利用率。搅拌使得微生物和原料生物质在反应器中保持悬浮状态,有利于微生物和生物质的密切接触,促进扩散传质,促进生化反应,促进所产生的气体分离并从反应器中释放。同时,搅拌可防止物料在反应液表面结壳,提升热传递效果。一定程度的搅拌是为厌氧微生物提供发酵底物的必要条件,但过度搅拌也会减少沼气的产生。有研究表明,在低混合程度条件下,厌氧消化性能可得到有效改善,而较高的混合程度可能会干扰厌氧消化,一般控制微生物运行速度小于 0.5 m/s。

厌氧发酵产沼气装置内的搅拌方式有机械搅拌、气体搅拌和液体搅拌 3 种。

机械搅拌是通过机械装置运转使装置内的物料按一定方向和流速进行流动以达到搅拌的目的,为了防止上层浮渣和下层底泥分层,一般设置至少上下两个潜水搅拌器。气体搅拌是将装置产生的沼气从装置底部回流进入反应装置,通过布气和气体回流以达到搅拌的目的,一般用于大型发酵装置中。液体搅拌是从厌氧发酵装置的出料口将沼液抽出,然后从底部回流进入反应装置,利用料液的流动起到搅拌的作用。机械搅拌、气体搅拌和液体搅拌对产沼气的影响:3种搅拌方式相比于未搅拌沼气产量分别提高了22%、15%和29%。畜禽粪污沼气工程一般采用机械搅拌,而秸秆体积大、易漂浮,在反应器中发酵原料浓度大,通过机械搅拌促进物料混合阻力高、能耗大,一般不采用机械搅拌。同时,Karim等研究发现气体搅拌会随着气体回流量的增加而使系统CH_4产量降低,认为气体搅拌会使空气渗入而影响厌氧发酵系统。而液体搅拌采用沼液回流搅拌不仅有助于物质的均匀分布、增加营养物质及中间代谢产物与厌氧微生物的接触时间,还有利于厌氧微生物环境稳定,促进厌氧发酵产沼气。

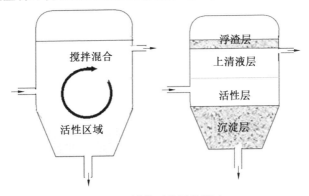

图 3.4　搅拌对分层的影响

5. 厌氧发酵产沼气工艺分类与反应装置

(1)厌氧发酵产沼气工艺分类。

厌氧发酵产沼气工艺是指原料预处理、厌氧发酵产沼气装置、气体净化的一系列工艺单元及所包含的操作步骤和过程所构成的厌氧发酵产沼气流程。这一流程因为操作方法、采用厌氧发酵产沼气装置的不同而不同,依据温度、进料方式、发酵阶段、反应器类型、容积等把厌氧发酵产沼气工艺划分成以下类型,见表3.21。

表 3.21 厌氧发酵产沼气工艺分类

分类依据	工艺类型	主要特点
发酵温度	低温	发酵温度低,产气效果差,转化效率低
	中温	发酵温度稳定,需要保温加热装置,发酵工艺稳定,产气率高,是目前的主流工艺
	高温	发酵温度高,有机质分解快,产气率高,停留时间短,有利于处理高浓度有机废物
进料方式	批序次	分批次投入原料进行发酵,产气量不均匀
	半连续发酵	启动初期投入的原料较多,当产气量下降时,开始再次进料,定期进料、补充原料,稳定产气,适用性强
	连续发酵	发酵工艺调试正常后,按设计负荷连续投入原料,产气量稳定,一般用于大中型沼气工程
发酵阶段	两相发酵	发酵产酸阶段与产沼气阶段分别在两个反应器中进行,有利于环境条件控制与调整,缩短发酵周期,便于工艺优化,甲烷含量高
	单相发酵	发酵与产沼气阶段在同一个装置中进行
反应器类型	常规厌氧反应器	无搅拌装置的简易厌氧反应池,常温运行效率低,一般为户用沼气池
	完全混合厌氧反应器(CSTR)	有搅拌装置,料液混合均匀,产气速度快,常见大中型沼气池
	推流式厌氧(HCPF)反应器	完全混合式水平推流运行沼气池,料液浓度高,许多畜禽粪便沼气池采用此工艺
	升流式厌氧污泥床(UASB)反应器	自下而上的污水流过颗粒态污泥膨胀床,无须搅拌装置,靠水力自行搅拌,是目前广泛应用的沼气装置
	内循环(IC)厌氧反应器	利用沼气在反应器内提升实现料液内循环。相当于两个UASB反应器叠加,容积负荷率高
	膨胀颗粒污泥床(EGSB)反应器	膨胀颗粒污泥床反应器是在UASB反应器的基础上提高流速,使污泥呈颗粒流化态,适用于低温、低浓度的有机废水

续表 3.21

分类依据	工艺类型	主要特点
反应器类型	折流式厌氧反应器（ABR）	利用折流板将多个推流反应器分割成多个单元，每个单元都是一个反应器，料液在推流前行的同时上下折流，提高了料液在每个单元的混合效果
	厌氧生物膜（UBF）反应器	在 UASB 反应器中加入生物载体填料，形成生物膜，提高了微生物浓度和 MRT，适用于低浓度、低 SS 的有机废水
容积	户用型	发酵容积小，操作简单，沼气以户用为主
	大中型	发酵容积大，工业化水平高，为社区、园区、小城镇提供多用途能源利用形式

(2) 厌氧发酵装置。

厌氧发酵装置是沼气工程建设的核心部分，决定了沼气工程能否顺利运行。同一发酵原料可以选择不同的发酵装置，从而实现不同的水力停留时间（HRT）、污泥停留时间（SRT）和微生物停留时间（MRT），依据前面分类逐一介绍各个反应装置。

① 常规厌氧反应器。常规厌氧反应器，也称为简易常温厌氧反应器，是早期广泛应用于农村的户用沼气装置。该反应器无搅拌装置，原料在厌氧反应器中呈自然沉淀状态，一般分为 4 层，从上到下依次为浮渣层、上清液层、活性层和沉淀层，其中厌氧反应活动旺盛的区域仅限于活性层，因而效率较低，受气候的影响，冬季运行效果差。一般有两种结构形式：水压式沼气池和浮动罩式沼气池。

a. 水压式沼气池如图 3.5 所示：该发酵池由进料口、盖板、导气管、进料管、发酵室、储气室、水压室、出料口构成，产气之前，发酵室的液面与进料管、水压室液位相同，当发酵室产生的沼气逐渐增加逸出进入储气室，储气室内压力增加，导致水压室的液面上升直至内外压力平衡。通过发酵室液面与水压室液面压差的变化实现储气和排气——储气时水压室液面上升，排气时水压室液面下降。目前户用沼气池一般是体积为 $6\sim12$ m^3 的标准沼气池，其设计可参考 GB/T 4750—2016《户用沼气池设计规范》。

b. 浮动罩式沼气池：又称为"哥巴式沼气池"，是印度农村发明的沼气池类型。它与水压式沼气池的主要区别是用钢板制的圆桶状可移动储气罩代替了储气室，浮动在发酵液之上或水套中，主体结构与水压式沼气池完全相同，唯一不

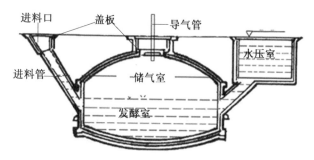

图 3.5 水压式沼气池

同的是,发酵室产生沼气后,慢慢将浮罩顶起,并依靠浮罩的自身重力,使储气室产生一定的压力,便于沼气输出。

② 完全混合厌氧反应器(CSTR)。与常规厌氧反应器不同,完全混合厌氧反应器(图 3.6)内部增加了搅拌装置,使发酵原料和微生物处于完全混合状态,保证有效的活性区遍布整个反应装置,其效率较常规发酵池高。其运行模式为恒温连续进料或者半连续进料,适合高浓度及含有大量悬浮固体颗粒物的原料,例如污水处理厂污泥厌氧发酵装置常常采用 CSTR。由于该反应器为完全混合形式,SRT=MRT=HRT,为了延长污泥停留时间,使生长缓慢的产甲烷菌有足够的停留时间,需要较长的 MRT,因此必须延长水力停留时间(HRT),一般需要 10~15 d;中温发酵负荷为 3~4 $kgCOD/(m^3 \cdot d)$,高温发酵负荷为 5~6 $kgCOD/(m^3 \cdot d)$。

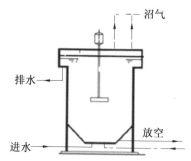

图 3.6 完全混合厌氧反应器

完全混合厌氧反应器的优点:

a.反应器内的料液和微生物分布均匀,避免了常规厌氧反应器的分层现象,有利于料液底物和微生物的有效接触。

b.反应器内温度分布均匀。

c.进入反应器内有毒有害的抑制剂能够快速扩散,降低浓度和抑制性。

d. 避免了浮渣结壳,堵塞出气、出水口。

e. 可处理包含高浓度悬浮颗粒的料液。

完全混合厌氧反应器的缺点:

a. 在 SRT、MRT 大于 HRT 的条件下运行,为了获得较长的 SRT,装置容积较大。

b. 搅拌强度有要求,能耗较高。

c. 难以保证充分均匀混合。

d. 物料会和底物及水一起排出,底物降解不完全。

③ 推流式厌氧(HCPF)反应器。推流式厌氧反应器(图 3.7)是一种长方形的非完全混合厌氧反应器,高浓度料液从一端(前端)流入,从另一端(后端)流出。原料液体在反应器内从前端到后端成推流模式运行,在前端,料液浓度高,反应以水解酸化为主,甲烷产气在从前到后的各个阶段逐级发生,在反应器内不同位置发生的生化反应有差异,微生物菌群从前到后也有很大的不同。为了保证系统内的生物量,常常需要污泥回流。同时为了提高反应器的容积利用率,从前到后设置折流挡板,料液在从前到后推流的同时形成上下折流。

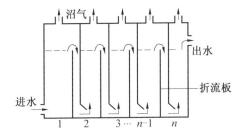

图 3.7 推流式厌氧反应器

推流式厌氧反应器最早用于酒精发酵废弃物处理,后期用于畜禽类粪便沼气工程,尤其用于牛粪厌氧发酵有良好效果。牛粪质量轻,含有很多没有消化的草秆类,不容易水解酸化,同时牛粪中的草秆容易堵塞管道,进料常常采用螺旋进料器。为了防止牛粪中包含牛舍垫料中的灰渣、细沙等颗粒物,需要预处理进行分离,防止无机颗粒物进入厌氧单元,导致沉淀出现死区。对于禽类粪便更需要预处理分离无机颗粒物。

推流式厌氧反应器的设计参数:25 ℃ 条件下,容积负荷为 3.5 gVS/(m^3·d),进料 TS 质量分数为 12.9%,水力停留时间(HRT)为 30 d,产气率为 57%,产气量为 364 L/kgVS;35 ℃ 条件下,容积负荷为 7 kgVS/(m^3·d),进料 TS 质量分数为 12.9%,水力停留时间(HRT)为 15 d,产气率为 55%,产气量为

337 L/kgVS。

推流式厌氧反应器的优点：

a. 结构简单，能耗低。

b. 适宜高浓度、高 SS 的废物处置。

c. 运行稳定。

推流式厌氧反应器的缺点：

a. 无机颗粒物易于沉淀，导致反应池容积降低。

b. 反应池容积大，效率低。

c. 结壳。

④升流式厌氧污泥床（UASB）反应器。1971 年，荷兰瓦格宁根（Wageningen）农业大学拉丁格（Lettinga）教授通过物理结构设计，利用重力场对不同密度物质作用的差异，发明了三相分离器，使活性污泥停留时间与废水停留时间分离，该三相分离器是升流式厌氧污泥床（UASB）反应器的雏形。1972 年，Lettinga 研究团队开发了升流式厌氧污泥床反应器（图 3.8），这种反应器作为第二代厌氧反应器的代表，被广泛应用在工业废水、生物质厌氧发酵产沼气工艺中。该反应器的特点是：料液的流动方向为自下而上（称为 upflow（升流）），升流的料液流过污泥床区、悬浮污泥区，经三相分离器进行气液固三相分离，同时沼气流动方向和液体流动方向一致，加强了气体对污泥床的搅拌作用，促进了微生物和废水中基质的密切接触和混合，有利于微生与物料的接触，提高了产气率。该反应器包含 3 个区：污泥床区、悬浮污泥区、三相分离区（内置三相分离器）。

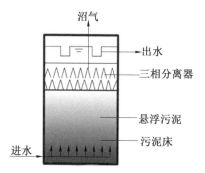

图 3.8 UASB 反应器结构图

UASB 反应器工作原理：料液从反应器的下部进入反应器，首先经过污泥床，污泥床内的污泥具有很好的沉淀性能和凝聚性能，床内包含大量的厌氧微生物，污泥的平均浓度为 20～30 gVSS/L，污泥和流入的料液充分混合降解有机物，产生沼气；沼气呈微纳气泡的形式上升，搅动污泥，使污泥床区上部的污泥呈悬浮态,形成悬浮污泥区;气泡、污泥和污水上升,上升过程中微纳气泡聚集长大,进入三相分离区,沼气碰到分离器下部的反射板时,折向反射板的四周,然后穿过水层进入气室;固液混合液进入三相分离器的沉淀区,污泥经过沉淀分离,分离后的污泥回流参与下次反应,污水经顶部排水管排出,沼气经顶部集气罩收集排出。

UASB反应器的优点:

a. 高效性。UASB反应器可以在高有机负荷和低温度条件下达到较好的COD去除率。UASB反应器的有机负荷可以达到$10\sim40$ kgCOD/($m^3\cdot d$),水力停留时间小于24 h。

b. UASB反应器运行颗粒物(SS)浓度$\leqslant1$ g/L,防止污泥堵塞三相分离器。

c. UASB反应器产气量控制在0.4 m^3/kgCOD,防止因沼气剧烈的搅动而导致流出污水携带大量污泥,出水水质变差。

d. UASB反应器建造和运行都比较简单灵活,可以应用于大型和小型等各种规模厌氧发酵反应工艺中。

e. UASB反应器的占地面积小。

f. 能源消耗少。不需要加热进水到工作温度,所有操作可以通过重力流完成,无须污泥回流,能源消耗几乎为零。

g. 污泥产量少。与其他好氧反应器相比较,UASB反应器因其厌氧微生物增长速率低,所以污泥产量很少。反应器污泥活性可以保持很久,所以可以用作新反应器启动的接种物。

UASB反应器的缺点:

a. UASB反应器对废水中病菌和营养物质去除率低,启动时间长,可能产生臭气,需要后续处理。

b. UASB反应器运行利用升流运行的料液和沼气(或者回流料液和沼气)进行搅拌,相比机械搅拌效果差,容易形成短流。

c. UASB反应器对水质变化比较敏感,抗冲击能力差。

UASB反应器结构设计可参考 HJ 2013—2012《升流式厌氧污泥床反应器污水处理工程技术规范》。其中,UASB反应器容积为

$$V = 24QS_0/N_0 \tag{3.28}$$

式中　　S_0——进水有机质浓度,mgCOD/L;

N_0——容积负荷,取$10\sim40$ kgCOD/($m^3\cdot d$);

Q——总水流量,m^3/d。

不同条件下絮状和颗粒污泥UASB反应器容积负荷取值见表3.22。

表 3.22　不同条件下絮状和颗粒污泥 UASB 反应器容积负荷取值

进水有机质浓度 /(mgCOD·L^{-1})	35 ℃容积负荷取值/[kgCOD·(m^3·d)$^{-1}$]	
	絮状污泥	颗粒污泥
2 000～6 000	3～5	4～6
6 000～9 000	4～6	5～8
≥9 000	5～8	6～10
高温厌氧反应器需要适当提高负荷。		

UASB 反应器高径比为 1∶1。UASB 反应器上升流速(小于 0.8 m/s)：

$$u = Q/S \tag{3.29}$$

式中　Q——污水总流量，m^3/s；

　　　S——UASB 反应器截面积，m^2。

三相分离器：三相分离器(图 3.9)的主要功能为气液固三相分离，沼气排出，污泥回流，其形式多种多样，均包含气封、沉淀区、回流狭缝 3 个部分，沉淀区用于依靠重力的固液分离，回流缝用于污泥回流。单个三相分离器的基本形态为两个组合的倒三角形；三相分离器斜板与水平面的夹角为 55°～60°；沉淀区的水深大于 1 m，沉淀区内水力停留时间取 1～1.5 h；回流缝的水流速度小于 2.0 m/h。

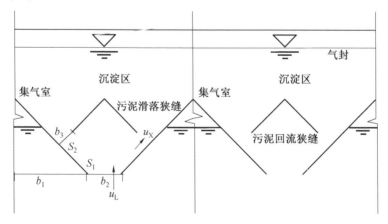

图 3.9　三相分离器

沉淀区污水上升流速：

$$u_L = \frac{Q}{S_1} \tag{3.30}$$

式中 u_L——沉淀区污水在两个狭缝间上升流速,m/s;

　　　Q——污水总流量,m³/s;

　　　S_1——三角集气罩下狭缝的总面积,m²。

$$S_1 = b_2 \times L \times n \tag{3.31}$$

式中 b_2——狭缝宽度,m;

　　　L——三相分离器长度,m;

　　　n——三相分离器单元个数。

沿狭缝污泥上升流速:

$$u_X = \frac{Q}{S_2} \tag{3.32}$$

式中 u_X——沿狭缝污泥上升流速,m/s;

　　　Q——污水总流量,m³/s;

　　　S_2——集气罩与污泥滑落斜面间狭缝的总面积,m²。

$$S_2 = b_3 \times L \times n \tag{3.33}$$

式中 b_3——狭缝宽度,m;

　　　L——三相分离器长度,m;

　　　n——三相分离器单元个数。

b_3 大于 0.2 m;2.0 m/h > u_L > u_X。三相分离器沉淀区表面负荷小于 0.8 m³/(m²·h),沉淀池总水深大于1.0 m。

⑤内循环(IC)厌氧反应器。

1986 年,在荷兰建立了第一个中试规模 IC 厌氧反应器,用于处理高浓度的马铃薯加工废水。1989 年,世界第一个生产规模的用于处理啤酒废水的 IC 厌氧反应器建成投产,其容积负荷为 20.5 kgCOD/(m³·d)。

樊平平等针对油脂废水的特点,结合 IC 厌氧反应器可以处理高 COD 废水的特点,设计实验室规模的 IC 厌氧反应器对油脂废水处理过程进行了研究。结果表明,在反应器启动 25 d 后,容积负荷可以达到 25 kgCOD/(m³·d),COD 去除率约为 85%;反应器的 COD 去除率稳定在 72%～85%之间,设计的容积负荷与反应器处于最佳运行效果时的容积负荷基本一致。

马小云等对 IC 厌氧反应器在常温下的启动过程、苯酚对厌氧微生物的抑制作用以及降解苯酚试验过程中厌氧颗粒污泥的性质进行了研究。结果表明,采用自配葡萄糖废水在温度为 10～25 ℃下进行 IC 厌氧反应器的启动试验,经 60 d 后可以观察到内循环现象,证明启动完成;当苯酚浓度大于 100 mg/L 时,产甲烷活性明显。

20世纪80年代中期,荷兰 PAQUES BV 公司开发了一种两级叠加式的 UASB 反应器,即 IC 厌氧反应器,其高径比为 4~8,因此反应器的高度为 16~25 m。相比于 UASB 反应器,IC 厌氧反应器的上升流速更高,这使得反应器的容积负荷大幅度提升(35~50 kgCOD/(m^3·d)),而这种高流速完全凭借的是较高的反应器高度与内(外)循环的结合。在生产实践中,IC 厌氧反应器的 HRT 可达 2.0~2.5 h,容积负荷可达 20~40 kgCOD/(m^3·d)。

IC 厌氧反应器在结构上为两级 UASB 反应器串联,如图 3.10 所示,反应器由下而上共分为 5 个区:混合区、第 1 厌氧区(第 1 反应室)、第 1 三相分离区(内置 1 级三相分离器)、第 2 厌氧区(第 2 反应室)、第 2 三相分离区(内置 2 级三相分离器)。

混合区:反应器底部进水、颗粒污泥和气液分离区回流的泥水混合物在此区有效地混合。

第 1 厌氧区:混合区形成的泥水混合物进入该区,在高浓度污泥作用下,经过厌氧反应,大部分有机物转化为沼气,一部分泥水混合物混合沼气升流至第 1 三相分离区。

第 1 三相分离区:混合物中的沼气在此区经过三相分离器与泥水分离,并导出进入 1 级集气管,泥水混合物则沿着回流管返回到最下端的混合区,与反应器底部的污泥和进水充分混合,实现了混合液的内部循环。

第 2 厌氧区:经第 1 厌氧区处理后的污水,经过三相分离器分离后进入第 2 厌氧区。该区污泥浓度较低,且水中大部分有机物已在第 1 厌氧区被降解,因此沼气产生量较少,对第 2 厌氧区的扰动很小,这为污泥的长时间停留提供了有利条件。

第 2 三相分离区:泥水气混合物上升进入第 2 三相分离区,在此进行气液固三相分离,污泥回流,污水经排水管排出,沼气进入 2 级集气管。

在沼气上升的过程中,会带走一部分液体和污泥,沼气会通过排气管排出,泥水混合物会通过回流管回流到第 1 反应室底部并与底部的污泥和污水混合,从而完成了污泥和污水的内部自循环。内循环不仅能够使第 1 反应室内保有大量的生物量和很长的污泥龄,并且上升速度很大,使第 1 反应室的污泥达到流化状态,有利于形成颗粒污泥,使反应速率提高,使有机物能够充分地消化。

IC 厌氧反应器具有以下优点:

a. 系统具有较高的容积负荷和较短的水力停留时间。IC 厌氧反应器的容积负荷为 UASB 反应器的 3~4 倍;同时,其水力停留时间较短,一般为 2~3 h,远小于 UASB 反应器的水力停留时间。

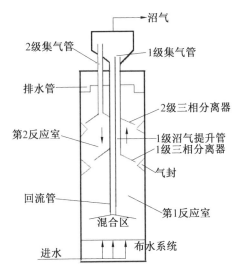

图 3.10 IC 厌氧反应器结构图

b. 无须外加动力搅拌,能耗较低。IC 厌氧反应器自身产生的气体可以进行气力搅拌,加强污水和颗粒污泥之间的接触。

c. 系统出水稳定。由于 IC 厌氧反应器上下两级反应室的布置形式,因此出水比单级反应器更加稳定;新进入的污水与来自回流管的部分处理过的(碱性)水相互混合,对 pH 起到一定的缓冲作用,减小了有害物质的冲击。由于其具有处理能力强、占地面积小、操作稳定性好、投资成本低等优点,已广泛应用于啤酒生产、食品加工和造纸工业的废水处理。

IC 厌氧反应器具有以下缺点:

a. 设施高度高,施工难度大。

b. 内部结构相比 UASB 反应器复杂,建设成本高。

c. 运行流速快,能耗高,难以控制。

d. 调试周期长。

⑥ 膨胀颗粒污泥床(EGSB)反应器。20 世纪 90 年代,荷兰农业大学 Lettinga 教授在 UASB 反应器的基础上,研制出了高流速(大于 4 m/s)、大高径比的厌氧反应器;这样的工艺条件使反应器内的颗粒污泥呈现悬浮态,消除了 UASB 反应器内污泥床产生的死区,提高了反应器的效率。EGSB 反应器污泥的粒径较大,大颗粒污泥具有很好的泥水分离性能,具有较高水力负荷和有机负荷;同时大颗粒污泥使 EGSB 反应器能保留较高污泥量,不会出现 UASB 反应器常见的污泥流失、污泥膨胀的问题,进而获得较高容积有机负荷;EGSB 反应器处

理效率高,尤其针对高浓度底物有很大的优势。

EGSB反应器(图3.11)结构和颗粒污泥:EGSB反应器的结构与IC厌氧反应器非常类似,包含两层叠加的UASB反应器,唯一不同的是EGSB反应器的污泥层、污泥床为悬浮的颗粒污泥而不是絮状污泥。颗粒污泥是由古细菌和细菌等所形成的复杂微生物群落,在反应器运行过程中,颗粒污泥由于接种污泥的成分、污水中有机底物成分以及反应器的运行条件不同会形成3种类型:A型,颗粒呈紧密的球状,以巴氏甲烷八叠球菌为主,外层有产甲烷丝状菌缠绕,较为密实,粒径为0.1～0.5 mm;B型,密实球状颗粒污泥,主要由丝状菌、杆状菌组成,在各种UASB反应器中较常见到,密度为1 033～1 054 kg/m³,粒径在1～3 mm范围内分布;C型,颗粒呈椭球或球形,主要由相互缠绕的丝状菌组成,密度为1 010～1 050 kg/m³,其粒径为1～5 mm。

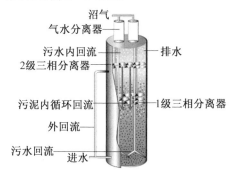

图3.11　EGSB反应器

EGSB反应器优点:

a.反应器有机物的去除率高,能够处理含有高悬浮固体和微生物毒性的生产废水。

b.系统有较高的进水上升流速,一般大于4 m/s,当上升流速为6～12 m/s时,系统内更容易形成较好的紧致颗粒污泥;同时较高的上升流速能够保证颗粒污泥呈现悬浮态。系统的容积负荷可以达到20～30 kgCOD/(m³·d)。

c.厌氧颗粒污泥的粒径较大,有利于反应器抵抗各类冲击负荷。

d.具有较大的高径比,占地面积小。

e.适用的温度范围(10～57 ℃)比较宽泛,在这个温度范围内微生物的活性很好,尤其相对UASB反应器表现出较好的低温性能。

EGSB反应器缺点:

a.处理装置的调试、启动时间较长。与其他厌氧工艺一样,EGSB处理工艺的启动比好氧工艺长得多,有时甚至需要一年的时间,这是因为厌氧微生物合成新细胞所需有机物的数量比好氧微生物要多,繁殖周期也比后者长。在18～30 ℃条件下,好氧菌世代时间为20～30 min,而大部分厌氧菌的世代时间为15 d甚至更长一些。

b. 系统具有较高的运行流速,需要精准的运行条件控制。

⑦ 折流式厌氧反应器(ABR)。ABR是在UASB反应器基础上开发的一种新型高效的厌氧反应器,相当于多个UASB反应器串联组合,水力从前到后串联穿过多个UASB反应器。ABR结构如图3.12所示。

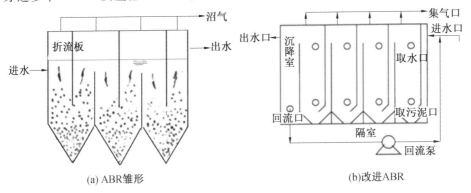

图3.12　ABR结构

改进的ABR相当于将UASB反应器的分离壁面改成折流板,从前向后推流运行,污泥污水在折流板之间上升、下降,每一个单元都是一个小型UASB反应器,折流板有效保持微生物固体停留在反应器内,使污泥停留时间(SRT)和水力停留时间(HTR)分离。同时每一个单元相当于完全混合反应器。这种串联结构使沿长度方向不同单元内微生物种群差异化繁殖,使产酸菌和产甲烷菌分离。

但是这种结构导致前端有机质浓度高、后端有机质浓度低,前端容易酸化腐败、后端产甲烷菌活性受限,因此这种结构有很大问题,难以推广。

⑧ 厌氧生物膜(UBF)反应器。UBF反应器是在UASB反应器的内部污泥悬浮区增加生物载体填料,填料使这一区域的污泥浓度大幅提升,远高于UASB反应器悬浮污泥区的污泥浓度,是在UASB反应器基础上开发的新型复合式厌氧生物膜反应器。UBF反应器具有很大的生物固体停留时间(SRT)并能有效降解有毒物质,是处理高浓度有机废水的一种有效、经济的技术。

UBF反应器主要构造:下部为厌氧污泥床,与UASB反应器下部的污泥床相同,上部为厌氧填料过滤层,类似厌氧滤池(AF),填料层上附着生长大量的厌氧微生物,这样不仅提高了整个反应器的生物量,提高产甲烷菌的活性,同时可防止污泥流失,使污泥停留时间(SRT)与水力停留时间(HRT)分离,提高反应器的处理能力和抗冲击能力。UBF 反应器结构如图 3.13 所示。

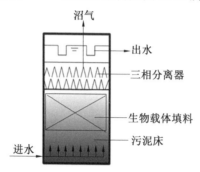

图 3.13　UBF 反应器结构

UBF 反应器优点：

a. 生物载体的加入使 UBF 反应器内的生物量大幅提升，尤其在反应器上端的水解酸化后段加入填料，更有利于提高产甲烷菌浓度，进而提高沼气产率。

b. 填料上的微生物附着生长，延长了微生物停留时间（MRT），系统运行稳定性更好。

c. 填料提高了生物量，使系统抗水质、水量、温度波动引起的冲击负荷能力增强。

UBF 反应器缺点：

a. 填料增加系统运行阻力，增加系统运行能耗。

b. 填料上微生物的富集导致流道堵塞，引发系统短路。

c. 填料表面微生物老化、脱落更新不及时也会影响系统运行效能。

d. 系统调试周期长。

e. 启动时间较长。

6. 厌氧发酵产沼气工艺流程

厌氧发酵产沼气工艺流程如图 3.14 所示。

（1）原料预处理。

生物质原料，尤其农业秸秆类生物质需要经过粉碎等预处理形成小颗粒后与污水混合，形成固液混合物，生物质颗粒物的浓度根据所选择厌氧发酵反应器的工艺不同选择不同的进料浓度。

①秸秆类生物质粉碎加工。发酵底物粒径的大小会对厌氧发酵产气效果造成一定的影响。当采用机械粉碎预处理发酵底物时，研究发现，样品经过机械粉碎预处理后，厌氧发酵产气量比未处理组增长了 46%，表明机械粉碎能够提高厌

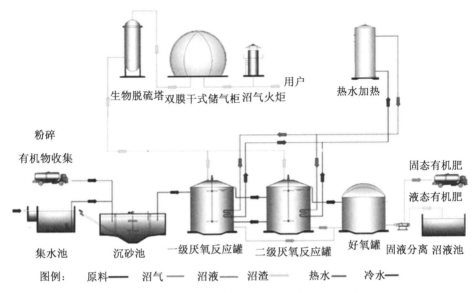

图 3.14 厌氧发酵产沼气工艺流程(彩图见附录)

氧发酵效率,促进厌氧发酵的进行。Sharma 等研究发现,将农业废弃物用于厌氧发酵时,其物料最适合的粒径范围是 0.088~0.44 mm。Zhang Ruihong 分别对稻草进行了研磨和切碎两种不同的物理预处理,对比不同预处理方法对稻草秸秆干式厌氧发酵的影响,研究发现,当秸秆粒径等于 10 mm 时,经过研磨预处理的稻草发酵产气量比切碎预处理组提高了 17.5%。由此可见,通过研磨和机械粉碎能够对农作物秸秆的主要组分造成一定的破坏,改善产气效果,使得产气量有所增长,但是机械粉碎和研磨对机械设备要求高,在实际沼气工程应用中带来的经济成本相对较高。所以,将研磨法应用于实际工程的研究报道较为少见。

② 秸秆预处理。农作物秸秆是一种重要的生物质资源,在全球环境污染问题及能源短缺问题日益突出的今天,厌氧发酵产沼气作为高效利用秸秆的一项重要技术,已成为国内外学者研究生物质固体废物处理技术的热门课题之一。然而,农作物秸秆自身组织结构复杂且致密,纤维素、半纤维素和木质素各主要构成组分之间相互缠绕,使得微生物酶很难直接作用于农作物秸秆。将农作物秸秆用于厌氧发酵时,秸秆的理化性质、组织结构以及微生物酶对秸秆的作用面积,均会对消化水解速度造成重要影响,因此,将秸秆用于厌氧发酵产沼气之前需对其进行预处理。理想的秸秆类生物质预处理应该达到以下目标:分离碳水化合物和木质素;打破木质纤维内部半纤维素及木质素之间的交联结构;破坏纤维素的结晶结构,提高纤维素的孔隙率和比表面积;减少发酵副产物及发酵抑制

物的产生。目前主要通过物理法、化学法和生物法3种方法对秸秆进行预处理，来改变、改善秸秆的结构和质地，以提高秸秆在厌氧发酵过程中的原料利用率和产气率。

a. 物理法。超声波法属于辐射预处理中常见的方式，通过超声波法对秸秆进行预处理，能够有效地降低农作物秸秆中纤维组分的聚合程度，打破纤维素、木质素相互缠绕的致密结构，提高纤维素酶对发酵底物的可及度。Wjciak等用超声波预处理办公废纸和硫酸盐混合浆，结果发现木质素含量降低，纤维素的结晶结构被破坏。Chu在超声波（0.33 W/mL，20 min）下对生物固体废物进行预处理，结果表明经过预处理后可以明显提高厌氧发酵的产气量。孙麟等通过研究不同的预处理方式对甜高粱秸秆纤维素酶降解效率的影响，结果发现在相同时间下，超声波预处理在没有溶剂条件下可提高还原糖的产生量。杨勇等研究发现在超声波功率为480 W下处理秸秆30 min时，超声波强化碱预处理秸秆的效果最佳，在超声波的作用下，还原糖产生率比碱单独预处理的产生率显著提高。虽然超声波预处理能够促进纤维素酶对农作物秸秆的水解作用，然而，在超声波的作用下，秸秆中半纤维素组分也出现了降解，使得纤维素酶作用于发酵底物的接触面积降低，不利于厌氧发酵的进行。液态高温水预处理联合氨回收技术与蒸汽爆破极其相近，只是温度在160~240 ℃，用热水取代了蒸汽，常见于造纸工业中。N. S. Mosier等将玉米秸秆粉碎后调成浆料，并在流体化的沙浴中加热，研究结果表明玉米秸秆粉在190 ℃下反应15 min，在15 FPU/g葡聚糖条件下，90%纤维素被水解为葡萄糖。通过液态高温水预处理联合氨回收技术对破碎后的玉米秸秆进行预处理，试验结果表明，通过预处理可以使秸秆中75%~81%的木质素得到降解。液态高温水预处理联合氨回收技术的优点是在处理过程中不添加酸、碱等化学物质，可有效降低单糖的转化，但在处理过程中需要消耗大量的水，且物料的固体含量最高只能为20%（质量分数），经济成本较高。

最简单最经济的预处理方法是秸秆机械粉碎技术，研究表明秸秆的长度在10~40 mm对微生物接触繁殖有利，原料的粒径越小产气率越高，中等粒径有利于改善发酵池结壳，也有利于沼渣作为肥料还田。目前沼气工程常用的秸秆粒径在20~40 mm之间，对于玉米秸秆和稻草秸秆，这种预处理方法加工容易、简单可行。

b. 化学法。在化学法中，通常采用酸化、碱化、氨化、有机溶剂处理、臭氧分解等方法对原料进行预处理。化学法的原理是通过打破纤维素、半纤维素以及木质素相互缠绕的致密结构，使得纤维素进行降解变得蓬松，更利于微生物作用。化学法的操作较为简便、快速，且能够缩短预处理时间，降低预处理成本，提高预处理效果,具有其他预处理技术不可比拟的优势。化学法中经常采用的技术之一是稀硫酸预处理法,使用稀硫酸对农作物进行预处理后,纤维素的得糖率可达到80%~90%。Eulogio等研究表明向玉米秸秆中添加固液比0.4%稀硫酸,在200 ℃下预处理27 min,玉米秸秆总糖产生率最高。Jun等采用稀硫酸预处理玉米秸秆,发现当硫酸质量分数为2%,在121 ℃高压釜反应器中反应120 min后,玉米秸秆中90%的半纤维素可被水解,此研究表明稀硫酸预处理可提高半纤维素的水解率,使秸秆更易被微生物利用。稀硫酸水解法虽然可以促进生物质秸秆中纤维素水解,打破其纤维结构,使秸秆变得蓬松,但是在反应过程中容易产生其他副产物,会带来一定的污染问题,环境友好性较差。处理植物纤维性原料时通常采用的预处理方法是碱预处理法,经常选用的碱主要包括NaOH、$Ca(OH)_2$以及氨水等。康佳丽等研究结果显示,对小麦秸秆应用6% NaOH预处理进行厌氧发酵后,单位TS产气量与未进行预处理组相比提高了49.9%,厌氧发酵周期缩短了19 d。Luo等采用NaOH对秸秆预处理后进行厌氧发酵,发现其甲烷产气率增长了75%。Mosier研究发现使用NaOH预处理木质纤维素后,不但可以有效降低其结晶程度,而且可以将木质素和碳水化合物进行分解。稀NaOH在脱除木质素和降低秸秆聚合度方面可以获得明显的效果,与此同时,也降解了大量的半纤维素,致使损失过多,而且NaOH的成本较高,在发酵前需耗费大量的酸进行中和,增加了经济成本。

近年来对化学预处理中碱预处理法的研究逐渐深入,成为学者们研究的热点,碱预处理法可以除去稻秆中的木质素,从而破坏纤维素、半纤维素及木质素的晶体结构,更利于厌氧发酵的进行。实际示范工程已有应用NaOH、$Ca(OH)_2$、氨水、组合碱等进行预处理,在对原料的降解方面起到了较好的效果。

c.生物法。生物法由于环保、耗能少等优势,成为当前学者们研究较为广泛的生物质开发利用方法,主要是通过微生物的作用,将秸秆中的木质纤维素转化成微生物在厌氧发酵过程中生存所需要的营养物质,以提高厌氧发酵效率,且能够使厌氧发酵时间大大缩短。一般的微生物不能降解木质素,其主要原因是木质素的结构较为复杂且不溶于水,木质素中的醚键、碳碳键不能被生物酶所水解,只能通过其他方式进行降解。在生物法中,白腐菌、褐腐菌等真菌是降解木质素最重要的一类微生物。白腐菌作为对纤维素类物质降解力最强的微生物之一,成为当前各学者研究降解纤维素类菌种的热点。众多研究结果表明采用白腐菌对秸秆进行预处理,可以使得秸秆的降解率和产气效果明显增长及改善,而且国外已经将此方法广泛应用于规模化秸秆沼气工程之中。

纤维素酶(Cellulase)是酶的一种,在分解纤维素时起催化作用,是可以将纤维素分解成寡糖或单糖的蛋白质。纤维素酶广泛存在于自然界的生物体中,细菌、真菌、昆虫等动物体内都能产生纤维素酶。纤维素酶根据其催化反应功能的不同可分为内切葡聚糖酶($1,4-\beta-D-$glucan glucanohydrolase 或 endo$-1,4-\beta-D-$glucanase,EC 3.2.1.4,来自真菌的简称 EG,来自细菌的简称 Cen)、外切葡聚糖酶($1,4-\beta-D-$glucan cellobilhydrolase 或 exo$-1,4-\beta-D-$glucannase,EC 3.2.9.1,来自真菌的简称 CBH,来自细菌的简称 Cex)和 β-葡聚糖苷酶($\beta-1,4-$glucosidase,EC 3.2.1.21,简称 BG)。内切葡聚糖酶随机切割纤维素多糖链内部的无定型区,产生不同长度的寡糖和新链的末端。外切葡聚糖酶作用于这些还原性和非还原性的纤维素多糖链的末端,释放葡萄糖或纤维二糖。β-葡聚糖苷酶水解纤维二糖产生两分子的葡萄糖。细菌纤维素酶产量低,真菌纤维素酶产量高、活性大,一般用于生产的纤维素酶来自于真菌,比较典型的有木霉属(*Trichoderma*)、曲霉属(*Aspergillus*)和青霉属(*Penicillium*)。故在畜牧业和饲料工业中应用的纤维素酶主要是真菌纤维素酶。纤维素酶的分子量为 45 000~76 000,适宜 pH=4~5,适宜温度为 40~60 ℃。纤维素酶反应和一般酶反应不一样,其最主要的区别在于纤维素酶是多组分酶系,且底物结构极其复杂。由于底物的水不溶性,纤维素酶的吸附作用代替了酶与底物形成的 ES 复合物过程。纤维素酶先特异性地吸附在底物纤维素上,然后在几种组分的协同作用下将纤维素分解成葡萄糖。

在秸秆预处理过程中投加纤维素酶,可提高甲烷产量,提高反应速率。投加的比例针对不同类型的秸秆(麦秆、玉米秸秆、高粱秸秆、稻草秸秆)而有所不同,但是预处理采用纤维素酶法时处理时间长,一般要 7~20 d。

(2)无机颗粒物分离。

沉砂:无论料液是农业秸秆类,还是畜禽粪便类,在收集过程中都包含泥沙等无法生化的杂质;通过沉砂工艺除去无机泥沙,目的是防止泥沙在后续厌氧发酵单元沉积而堵塞反应器,在反应器内形成死区。因此,沉砂是沼气生产工艺的重要环节。

沉砂池是厌氧发酵产沼气工艺中常用的设施,其作用是去除相对密度较大的无机颗粒物(泥沙、灰渣)(相对密度大于 2.65,粒径大于 0.2 mm)。常用的沉砂池有 3 种类型:平流沉砂池、曝气沉砂池、旋流沉砂池。

平流沉砂池利用无机颗粒物密度大的特点,依靠重力沉淀分离,其特点是结构简单、处理效果好,但是难以分离泥沙中的有机成分。平流沉砂池主体为长方形,相当于一个加宽、加深了的明渠,由入流渠、沉砂区、出流渠、沉砂斗等部分组成,两端设有闸板以控制水流。在池底设置 1~2 个储砂斗,下接排砂管。沉砂含水率为 60%，容重为 1.5 t/m³。采用机械刮砂，重力或水力提升器排砂。

平流沉砂池设计原则：

①最大流速应为 0.3 m/s，最小流速为 0.15 m/s。

②最高流量时，水力停留时间不应小于 30 s。

③有效水深不大于 1.2 m，每格宽度不小于 0.6 m。

平流沉砂池结构如图 3.15 所示。

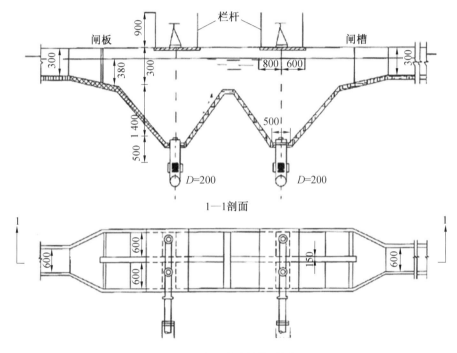

图 3.15　平流沉砂池结构（单位 mm）

曝气沉砂池（图 3.16）的主体结构与平流沉砂池类似，在其内部增加了侧向曝气设备，形成侧向水力气力冲刷泥沙，有效分离其中夹带的有机污染物，使无机颗粒与有机污染物较好分离。

曝气沉砂池设计原则：

①水平流速为 0.1 m/s。

②最高流量下，水力停留时间大于 2 min。

③有效水深为 3.0～4.0 m；宽深比为 1～1.5。

④处理每立方米水的曝气量为 0.1～0.2 m³。

⑤进水方向与曝气形成的水力旋流方向垂直。

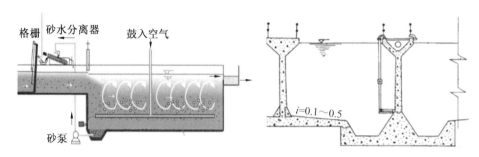

图 3.16　曝气沉砂池

旋流沉砂池(图 3.17)利用重力和离心力分离无机颗粒物,同时使无机物与有机物分离。旋流沉砂池为圆柱形结构,内置桨叶离心设备,推动水产生旋流。

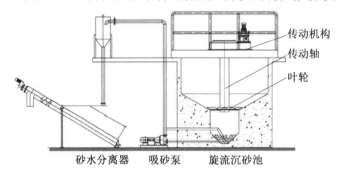

图 3.17　旋流沉砂池

旋流沉砂池设计原则:

① 最高流量下,水力停留时间大于 30 s。

② 有效水深为 1.0~2.0 m;池径与池深比为 2.0~2.5。

③ 处理每吨水的曝气量为 0.1~0.2 m^3。

④ 池中设置桨叶分离机。

(3) 厌氧发酵产沼气单元。

厌氧发酵产沼气是工艺的核心单元,是最重要的环节。厌氧发酵工艺类型依据水力停留时间(HRT)、污泥停留时间(SRT)和微生物停留时间(MRT)的不同分成 3 个大类(表 3.23),在一定的水力停留时间(HRT)条件下延长 MRT、SRT 是提高厌氧发酵效率,提高沼气产率的重要途径。

表 3.23　厌氧发酵类型

类型	特征	反应器
传统型	MRT＝SRT＝HRT	CSTR
污泥滞留型	(MRT 和 SRT)≥HRT	UASB、IC、ABR
微生物附着型	MRT≥(SRT 和 HRT)	UBF

①厌氧发酵单元设计关键参数。厌氧发酵单元设计关键参数包括水力停留时间(HRT)、有机负荷、容积负荷、污泥负荷、反应器容积。

a. 水力停留时间(HRT)：料液混合物流过厌氧反应器的时间，通过水流速度来表达，当水流速度较快时，系统内部的扰动增加，增加了微生物与底物原料之间的接触，有利于生化反应的进行，可以提高厌氧发酵效率和产气率；但是水流速度也决定了污泥流出系统的速度，为了保持系统内足够的生物量，水流速度必须低于设计限值，在传统 UASB 反应器中，水力上升流速小于 0.25 m/s。

b. 有机负荷：每日投入厌氧发酵器的挥发性有机固体与发酵器内已有挥发性固体之比，单位为 kg/(kg·d)。

c. 容积负荷 N_0：反应器单位体积每日接收投入的有机挥发性固体的质量，单位为 $kgCOD/(m^3·d)$。

d. 污泥负荷：单位质量的厌氧污泥在单位时间(1 d)内所去除有机物的量，单位为 $kgCOD/(kgMLVSS·d)$。

$$N_s(污泥负荷) = [Q(S_0 - S_e)]/(XV) \qquad (3.34)$$

式中　Q——流入料液的总量，m^3/d；

S_0——流入反应器的有机质的浓度，kg/m^3；

S_e——流出反应器的有机质的浓度，kg/m^3；

X——反应器内厌氧污泥浓度，kg/m^3；

V——反应器的容积，m^3。

污泥负荷从本质上反映了微生物代谢有机物的能力，尤其在厌氧发酵过程中，由于水解酸化和甲烷化过程需要适宜的平衡关系，使用合理的污泥负荷可以防止反应过程由有机负荷过高导致的酸化问题。厌氧过程的污泥负荷一般为 $0.5\sim1.0\ kgCOD/(kgMLVSS·d)$。

e. 反应器容积：一般取决于反应器针对不同底物的容积负荷，容积负荷越高，反应器容积越小。

$$V = QS_0/N_0 \qquad (3.35)$$

式中 Q——每天流入料液的总量，m^3/d；

S_0——料液有机质浓度，kg/m^3；

N_0——反应器容积负荷，$kgCOD/(m^3 \cdot d)$。

② 厌氧反应器设计注意事项。厌氧反应器设计可参考 GB/T 51063—2014《大中型沼气工程技术规范》。

厌氧发酵池内液位高度（有效水深）的设计应充分考虑以下因素：尽量大的有效容积；表面积尽量小，有利于抑制浮渣层结盖；液面最高点低于沼气排口，防止堵塞沼气排气管；厌氧发酵池的池形为圆柱形，直径为 6～35 m。

厌氧反应器设计参数见表 3.24。常用厌氧反应器性能比较见表 3.25。

表 3.24 厌氧反应器设计参数

反应器类型		CSTR	HCPF	UASB	IC	EGSB
进料条件	TS/%	6～12	10～15	—	—	—
	SS/(mg·L^{-1})	—	—	≤1 500	≤1 000	≤2 000
设计参数	高径比	1:1	≥4:1	<3:1	4:1～8:1	3:1～5:1
	有效水深/m	不限	不限	4～8	15～25	15～23
	上升流速/(m·h^{-1})	不限	不限	<0.8	下10～20 上2～10	3～7
	是否搅拌	是，搅动半径3～6 m	是	否	否	否
	是否布料	否	否	是	是	是
	出水装置	顶部溢流	顶部溢流	三相分离	三相分离	三相分离
	出沼渣	底部	底部	底部	底部	底部

表 3.25 常用厌氧反应器性能比较

序号	类别	HCPF	CSTR	UASB	EGSB
1	有机负荷/[kg·(m^3·d)$^{-1}$]	3.5～6.0	3.0～6.0	10.0～40.0	20.0～30.0
2	进水允许的有机悬浮含量/(g·L^{-1})	150	50～120	一般<4	50～120
3	COD 去除率	中等	中等	较高	较高

续表 3.25

序号	类别	HCPF	CSTR	UASB	EGSB
4	水力停留时间	较长	中等	较短	较短
5	动力消耗	较小	较大	较小	较高
6	生产控制	较容易	较容易	较难	难
7	投资	较小	中等	较小	较大
8	占地	较大	中等	较小	较小
9	生产经验	多	较多	较多	较少
10	操作费用	低	较低	较低	较高
11	单池容积	中等	较大	较大	较大
12	粪污种类	牛粪、猪粪	牛粪、猪粪、鸡鸭粪	牛粪、猪粪、鸡鸭粪、污泥	牛粪、猪粪、鸡鸭粪

(4)沼气净化。

沼气是未来城镇建设和发展最重要的清洁可再生能源,生活用沼气,如炊事、照明、沼气锅炉等,农业生产用沼气,如沼气大棚保温、沼气动力农用车,工业生产用沼气,城镇交通用沼气等对沼气的品质提出了更高的要求。

发酵工艺产生的沼气是一种混合气体,它的主要成分是甲烷,其次还含有二氧化碳、硫化氢、饱和水蒸气、高碳烃(从乙烷(C_2H_6)到庚烷(C_7H_{16}))等,有时还含有一氧化碳、氮气、氦气、氢气、硅氧烷、卤代烃及固体颗粒物等杂质。由于沼气含有以上杂质且沼气的流量、压力、温度、浓度等都很不稳定,不经过提纯直接使用必然造成设备腐蚀、磨损等问题,因此使用前必须对沼气进行净化处理以达到安全使用标准。

沼气净化一般包括:脱水、脱硫、脱氧、脱二氧化碳等,根据用途的不同这些深度净化的工艺会有所调整(表3.26)。

表 3.26 沼气用途及沼气净化要求

沼气用途	净化工艺	沼气质量要求
供热	脱水、脱硫	甲烷体积分数大于50%
沼气发电	脱水、脱硫、脱有机卤化物	甲烷体积分数大于96%,H_2S浓度小于160 mg/m³

续表 3.26

沼气用途	净化工艺	沼气质量要求
沼气并入管网	需要脱水、脱硫、脱有机卤化物、脱二氧化碳以及去除金属	甲烷体积分数大于96%，H_2S 浓度不超过 6 mg/Nm^3，CO_2 摩尔分数小于3%，O_2 摩尔分数小于0.1%
沼气作为汽车燃料	脱水、脱硫、脱有机卤化物、脱二氧化碳	沼气作为汽车燃料的净化要求最高：甲烷体积分数大于96%，水分浓度低于30 mg/Nm^3，H_2S 浓度不超过15 mg/Nm^3，CO_2 摩尔分数小于3%，O_2 摩尔分数小于0.5%

注：对标 GB 18047—2017《车用压缩天然气》，GB/T 37124—2018《进入天然气长输管道的气体质量要求》。

① 脱水。未经处理的沼气通常含有饱和水蒸气。而沼气脱水相对来说比较简单，一般有冷凝法、液体溶剂吸收法、吸附干燥法等。

a. 冷凝法又分为节流膨胀冷却脱水法和加压后冷却法。节流膨胀冷却脱水法虽然简单经济，但脱水效果较差，只能将露点降低至 0.5 ℃。若需要进一步降低露点则需要增压，多数时候两种方法同时使用。

b. 液体溶剂吸收法则是沼气经过吸水性极强的溶液，水分得以分离的过程。属于这类方法的脱水剂有氯化钙、氯化锂及甘醇类（三甘醇、二甘醇等）。

c. 吸附干燥法是指气体通过固体吸附剂时，水分在固体表面被吸附，分离其水分，达到干燥的目的。能用于沼气脱水的有分子筛、活性氧化铝、硅胶以及复合式干燥剂。与液体溶剂吸收法脱水比较，吸附干燥法脱水性能远远超过前者，能获得露点极低的燃气；对温度、压力、流量变化不敏感；设备简单，便于操作；较少出现腐蚀及起泡等现象。在沼气脱水的工程中一般会将冷凝法与吸附干燥法结合来使用，先用冷凝法将水部分脱除，再用吸附干燥法进行精脱水。

② 脱硫。沼气中的硫主要以 H_2S 的形式存在，H_2S 来源于蛋白质水解酸化阶段：

$$\text{蛋白质} \xrightarrow{\text{发酵性细菌}} R-\underset{NH_2}{\overset{H}{C}}-COOH + H-\underset{SH\ NH_2}{\overset{H\ \ H}{C}}-COOH \qquad (3.36)$$

$$\underset{\text{氨基酸}}{R-\underset{NH_2}{\overset{H}{C}}-COOH} + H_2O \xrightarrow{\text{脱氨酶}} R-\underset{OH}{\overset{H}{C}}-COOH + NH_3 \quad (3.37)$$

$$\underset{\text{半胱氨酸}}{H-\underset{SH}{\overset{H}{C}}-\underset{NH_2}{\overset{H}{C}}-COOH} + 2H_2O \longrightarrow CH_3COOH + HCOOH + NH_3 + H_2S \quad (3.38)$$

沼气中 H_2S 的体积分数为 $0.1\% \sim 0.2\%$，H_2S 是一种无色、剧毒性气体，低浓度时具有臭鸡蛋气味，与空气混合能形成爆炸性混合物，遇明火和高热会引起燃烧爆炸。暴露在低浓度的 H_2S 中可能会引起各种神经系统症状，如头晕、头痛、协调性差和短暂的意识丧失；暴露在高浓度的 H_2S 中可能会导致直接中毒死亡或严重的后遗症。对于沼气利用设备而言，H_2S 会强烈腐蚀沼气燃烧设备、集输管线等，形成"氢脆"现象，易导致安全事故。我国标准 GBZ 2.1—2019《工作场所有害因素职业接触限值 第1部分：化学有害因素》规定在工作地点、任何时间 H_2S 气体不应超过 10 mg/m^3，高浓度的 H_2S 属于剧毒污染，会引发环境污染事故。此外，我国对天然气中 H_2S 浓度做了严格要求，国家标准 GB 17820—2018《天然气》规定一类天然气中 H_2S 浓度应不高于 6 mg/m^3，二类天然气中 H_2S 浓度应不高于 20 mg/m^3。同时未经脱硫沼气燃烧后释放出的 SO_2 会比 H_2S 的危害更大，因此沼气脱硫是沼气净化的重要工艺环节。沼气脱硫的方法主要包括干法脱硫、湿法脱硫和生物脱硫。

a. 干法脱硫：采用固体脱硫剂，H_2S 气体与固体脱硫剂直接发生化学反应或者 H_2S 气体吸附在固体脱硫剂表面的脱硫方法为干法脱硫。直接发生化学反应的为干法化学脱硫，发生气体吸附的为干法物理脱硫。

(a) 干法化学脱硫。

常温氧化铁化学脱硫：常温 Fe_2O_3 化学脱硫是传统的脱硫方法，Fe^{3+} 具有较高的氧化还原电位，H_2S 中的 S^{2-} 可以被氧化为单质 S，单质 S 对化学脱硫过程具有很好的催化作用。将 Fe_2O_3 粉末与木屑混合制成脱硫剂置入脱硫罐内，填装高度为 1.4 m，添加 40% 水分，形成多孔吸附床；沼气以 $20 \sim 25 \text{ mm/s}$ 的速度通过脱硫剂，发生化学反应，形成化学吸附。这种化学反应速度快，数秒就可以将 H_2S 的浓度降低到 1 mg/m^3 之内。此操作方法简单，净化度高，工艺成熟，是沼气脱硫常用工艺，包含脱硫和氧化再生两个重要的反应。

脱硫反应如下：

$$Fe_2O_3 + 3H_2S \longrightarrow Fe_2S_3 \cdot H_2O + 3H_2O \tag{3.39}$$

$$Fe_2O_3 + 3H_2S \longrightarrow 2FeS + S + 3H_2O \tag{3.40}$$

氧化铁脱硫剂的用量：

$$V = 1\,673\frac{\sqrt{C_s}}{f \cdot \rho} \tag{3.41}$$

式中　V——每小时 1 000 m³ 沼气所需脱硫剂的体积，m³；

　　　C_s——气体中 H_2S 的含量，%；

　　　f——脱硫剂中活性氧化铁的含量，%；

　　　ρ——脱硫剂密度，t/m³。

脱硫剂 Fe_2O_3 吸收 H_2S 达到一定的量、处于饱和状态后，H_2S 的去除率将逐渐降低，此时需要进行脱硫剂的氧化再生，脱硫剂氧化再生原理如下：

$$2Fe_2S_3 + 3O_2 \longrightarrow 2Fe_2O_3 + 6S \tag{3.42}$$

$$4FeS + 3O_2 \longrightarrow 2Fe_2O_3 + 4S \tag{3.43}$$

沉积硫黄会逐渐堵塞大部分微孔，造成脱硫能力降低，当氧化铁脱硫剂中含 30%～40% 的硫黄时，需要更换新的脱硫剂。一般脱硫剂有效期为 3 个月，再生后脱硫效果会很差。

(b) 干法物理脱硫。

A. 活性炭物理吸附脱硫：活性炭物理吸附脱硫是利用活性炭的多孔性，使 H_2S 被吸附在活性炭表面而去除的物理方法，常用于含低 H_2S 浓度的气体净化。活性炭是一种疏水性吸附剂，为多孔含碳介质，由含碳物质（如煤及椰子壳等）经高温炭化和活化制成。炭化过程是将原料进行脱水及高温厌氧炭化，一般原料在 170～600 ℃ 的温度下脱水炭化，其中 80% 的有机物被炭化。活化过程是在 850～900 ℃ 高温下用活化剂（如水蒸气或 CO_2）将炭化产物活化，活化的目的是获得微孔结构、增大比表面积。活性炭经过活化后在内部形成许多微、纳米孔径，大大增加比表面积，提高吸附能力。活性炭的孔有效半径一般为 1～10 000 nm，纳米孔半径在 2 nm 以下，过渡孔半径一般为 2～100 nm，大孔半径为 100～10 000 nm。纳米孔容积一般为 0.15～0.90 mL/g，过渡孔容积一般为 0.02～0.10 mL/g，大孔容积一般为 0.2～0.5 mL/g。活性炭吸附包括物理性吸附与化学性吸附。不同原料制成的活性炭具有的孔隙结构存在明显的差异，这是由于孔隙直径大小的不同，不同原料的活性炭具有不同吸附能力，因此由不同原料制成的活性炭具有不同的吸附机制。碳元素不是活性炭的唯一组分，在元素组成方面，活性炭 80%～90% 或 90% 以上为元素碳，这也是活性炭为疏水性吸附剂的原因。活性炭中除碳元素外,还包含其他两类物质:一类是化学结合的元素,主要是氧和氢,这些元素由于未完全炭化而残留在炭中,或者在活化过程中,外来的非碳元素与活性炭表面发生化学结合,如用水蒸气活化时,活性炭表面被水蒸气氧化;另一类物质是灰分,是活性炭中主要无机成分。活性炭具有很强的吸附能力,同时具有化学惰性,因此在生产的很多领域有广泛应用,如除臭、脱色、净化、提纯以及作为催化剂载体等。

B. 分子筛(合成沸石)物理吸附脱硫:分子筛是由硅氧、铝氧四面体组成骨架结构,并在晶格中存在 Na^+、K^+、Ca^{2+}、Li^+ 等金属阳离子的一种硅铝酸盐多微孔晶体。分子筛具有微孔结构并利用微孔结构和巨大的比表面积进行吸附。由于分子筛孔径内部具有很强的极性,对极性分子和不饱和分子具有优先吸附能力,极性程度不同、饱和程度不同、分子大小不同以及沸点不同的分子都可以利用分子筛进行分离。分子筛特殊的结构使得分子筛与其他吸附剂相比吸附能力更高,热稳定性更强,应用范围也比较广泛。分子筛有天然沸石和合成沸石两种。天然沸石大部分在海相或湖相环境中由火山凝灰岩和凝灰质沉积岩转变而来,常见的有斜发沸石、丝光沸石、毛沸石和菱沸石等。合成沸石依照其晶体结构等的不同,常见的有 3A 分子筛、4A 分子筛、5A 分子筛、10X 分子筛、13X 分子筛、13XAPG 分子筛等不同的分子筛类型,不同的合成分子筛适用于不同的领域。分子筛物理吸附脱硫主要用于含低浓度 H_2S 气体净化,对分子筛进行改性可以提高其脱硫效果。在 200~300 ℃ 的蒸汽下可以把吸附饱和的分子筛脱硫剂进行再生,高温蒸汽再生分子筛脱硫剂存在资金投入大的问题,限制了分子筛脱硫剂的工业化应用。

b. 湿法脱硫。

(a) 碱法脱硫:碱法脱硫属于湿法脱硫工艺,用于去除煤气中的 H_2S 和 CO_2,使用的碱试剂为 NaOH 和 $NaCO_3$。

碱法脱硫原理:在湿式洗涤塔中,沼气逆流通过碱性液体,碱液的化学吸收反应可去除沼气中的 H_2S。早期碱法脱硫采用的是氢氧化钠碱法脱硫工艺,氢氧化钠脱硫一般采用两步处理法。

第一步用 pH=12.5 的 NaOH 喷淋洗涤,H_2S 的去除率约为 80%,其反应方程式为

$$H_2S + 2NaOH = NaS + 2H_2O \tag{3.44}$$

第二步用 pH=9.5 的 NaClO 和 NaOH 联合氧化喷淋洗涤,H_2S 的去除经过以下两个反应:

$$H_2S + 4NaClO = Na_2SO_4 + NaCl \tag{3.45}$$

$$H_2S + 2NaOH \longrightarrow Na_2S + 2H_2O \tag{3.46}$$

总反应方程式如下：

$$H_2S + 4NaClO + 2NaOH \longrightarrow Na_2SO_4 + 4NaCl + 2H_2O \tag{3.47}$$

高碑店污水处理厂二期工程产生的沼气曾采用碱法脱硫工艺，开始时采用35%的 NaOH 碱液吸收。运行发现，碱液在循环过程中很快结晶，把泵堵塞。操作人员进一步降低碱液的浓度，发现采用 16%～20% 的碱液可以避免 NaOH 晶体析出问题，但是 H_2S 去除效率不能满足需要。这可能与其设计的工艺有关，并没有采用两步吸收法和严格控制工艺参数。碱法脱硫使用的化学原料氢氧化钠和次氯酸钠不能循环使用，处理成本比较高，现在基本不再使用 NaOH 碱法脱硫。

(b) 克劳斯(Clause)法脱硫：Clause 法脱硫是经典的工业化脱硫方法，也是针对高浓度 H_2S 的脱硫同步回收高纯度硫黄的方法。脱硫过程包括 3 个阶段。第一阶段为预处理阶段：克劳斯法要求进气有较高 H_2S 浓度（体积分数为15%～100%），首先用乙醇胺、二乙醇胺、环丁砜等溶剂吸收气体中 H_2S 进行富集。第二阶段为克劳斯热反应阶段：经过富集含有较高浓度的 H_2S 在高温下转化成单质硫和水并释放出大量的热，从而回收高纯度的硫黄。将富集的 H_2S 气体在 900～1 200 ℃高温、没有任何催化剂情况下氧化生成 SO_2。在 270～300 ℃，SO_2 和 H_2S 在有催化剂的情况下发生反应生成单质硫。二步反应式如式(3.48)和式(3.49)所示。

$$H_2S + O_2 \longrightarrow 2H_2O + 2S \tag{3.48}$$

$$H_2S + 1.5O_2 \longrightarrow H_2O + SO_2 \tag{3.49}$$

剩余的 H_2S 在矾土、氧化铝或者硅酸铝的催化作用下生成单质 S：

$$H_2S + SO_2 \longrightarrow 2H_2O + 3S \tag{3.50}$$

在高温下，少量的单质硫进一步氧化成 SO_2，反应如式(3.51)所示。

$$3S + O_2 \longrightarrow SO_2 \tag{3.51}$$

在这一过程中需要控制 H_2S 体积为反应体积的 1/3，使产物为单质 S，而不是 SO_2。

第三阶段为尾气处理阶段：受到化学平衡的限制，克劳斯法硫回收装置最高只能达到 97% 左右脱硫效率，尾气中一般含有 1% 的 H_2S、0.5% 的 SO_2 和 1% 的硫，如果将这样的尾气直接燃烧，则尾气中 SO_2 高达 1%～2%，即 1 万～2 万 mg/L，远远大于排放标准（960 mg/m³）。因此，尾气需进一步处理，例如采用 SCOT 工艺用 H_2 和 CO 把 SO_2 还原生成 H_2S，用吸收剂富集后再通过克劳斯法回收单质硫。SCOT 工艺可用来处理 Clause 法脱硫尾气，是 20 世纪 70 年代 Shell 公司为提高 Clause 硫回收装置效率而开发的一种工艺。自从 1973 年第一套 SCOT 装置投产以来,全世界有 120 套规模不一的装置已经建成投产。在炼油厂把 H_2S 的去除和加氢脱硫结合起来实现硫回收。SCOT 的工作原理是 Clause 法脱硫尾气中的 SO_2、COS、CS_2 和 S,在加热和催化条件下通过加氢还原成 H_2S,典型反应如式(3.52)和式(3.53)所示。

$$COS + H_2 \longrightarrow H_2S \tag{3.52}$$

$$SO_2 + H_2 \longrightarrow H_2S \tag{3.53}$$

含 H_2S 的高温气体经过二级冷却进行降温,首先经过废热锅炉产生低压蒸汽,再经过急冷塔,低压蒸汽冷凝下来。降温后的气体与乙醇胺接触,H_2S 转移到乙醇胺中。富含 H_2S 的乙醇胺通过汽提再生循环使用。

从上述可以看出,Clause 法脱硫需通过 3 个阶段才能完成,工艺流程复杂,而且尾气处理需要 H_2 和 CO 等还原气体。基于上述原因 Clause 法用于沼气脱硫存在一定的难度。

(c)分流法和直接氧化法脱硫:当进气中 H_2S 体积分数在 15%~30% 范围内时,一般采用分流法脱硫,该方法工艺流程如图 3.18 所示。与直流法不一样的是先将 1/3 体积的原料气送入反应炉中,控制适量的空气使其完全燃烧生成 SO_2,随后剩余的 2/3 体积的原料气与 SO_2 一起进入二级催化反应器进行脱硫并生成 S。当进气中 H_2S 体积分数在 2%~12% 范围内时,一般采用直接氧化法脱硫,该方法工艺流程如图 3.19 所示。将原料气和空气预热到适当的温度,送入二级催化反应器控制空气量先使 1/3 体积的原料气转化为 SO_2,随后剩余的 H_2S 与 SO_2 进行反应生成 S。

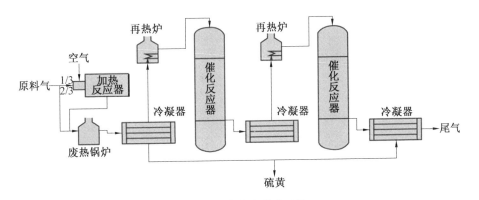

图 3.18 分流法脱硫工艺

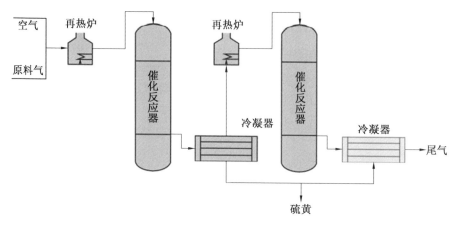

图3.19 直接氧化法脱硫工艺

氧化铁化学脱硫、活性炭物理吸附脱硫针对含低浓度H_2S的沼气是有效的脱硫方法,但是由于再生难度大,仅在小规模的沼气工艺中使用。分子筛物理吸附脱硫和Clause法脱硫等主要用于高浓度H_2S的脱除,用于天然气等净化,缺点是运行成本高,因此近十年来国外转向研制开发生物法脱除气体中H_2S的工艺。

c. 生物脱硫。

生物脱硫是指硫氧化菌通过代谢作用将沼气中的硫化物转化为单质硫或者硫代硫酸盐和硫酸盐的过程。自然界中硫氧化菌不仅分布非常广泛,而且生物种类十分丰富。目前,硫氧化菌被发现广泛分布于海洋、河流、湖泊、土壤、温泉、矿山废水废坑中,甚至在极端环境中,如深海热液区,也发现有硫氧化菌存在。生物脱硫工艺可使沼气中的H_2S浓度降至200 mg/L以下,脱硫效率达95%。脱硫成本为0.03元/m^3,比化学脱硫降低70%,是脱硫的首选工艺。

生物脱硫的优点:不需催化剂和氧化剂(空气除外);不需处理化学污泥;产生很少生物污染,低能耗,回收硫,效率高,无臭味。缺点是过程不易控制,条件要求苛刻等。

能够代谢H_2S的微生物主要有光合细菌、硫细菌和反硝化脱硫菌。硫氧化菌的主要类群有丝状硫细菌(Filamentous Sulfur Bacteria,FSB)、硫氧化光合细菌(Photosynthetic Sulfur Bacteria,PSB)和无色硫细菌(Colorless Sulfur Bacteria,CSB),其中硫氧化光合细菌包括绿色硫细菌(Green Sulfur Bacteria,GSB)、紫色硫细菌(Purple Sulfur Bacteria,PSB)和紫色非硫细菌(Purple Non-Sulfur Bacteria,PNSB)。

(a) 丝状硫细菌(FSB):丝状硫细菌在有氧条件下通过氧化 H_2S 为单质硫而获得能量,生成的单质硫以颗粒形式储存在细胞体内,可进一步被氧化为硫酸盐。因为无法体外排硫,生成的单质硫不易分离提取。

(b) 硫氧化光合细菌(PSB):光合细菌是一类可以进行光合作用的细菌,在厌氧光照条件下 PSB 以还原态硫作为电子供体,以 H_2S 为氢供体,依靠体内光合色素,利用光合作用获得能量,同化 CO_2 合成有机质供细胞生长,同时将 H_2S 氧化为单质硫。单质硫储存在细胞体内或排出体外,有的直接被氧化成 H_2SO_4。光合细菌需要在光照条件下才能氧化硫化物,因此在实际应用中有很大的局限性。此外,光合细菌还包括绿色硫细菌(GSB)、紫色硫细菌(PSB)和紫色非硫细菌(PNSB)。绿色硫细菌大多存在于富硫化物水体、河口和海湾等沉积物中,细胞内存在泡囊结构,利用泡囊结构中存在的细菌叶绿素进行光合作用;GSB 是一类严格厌氧光合自养细菌,利用不产氧的光合作用产生能量,并以硫化氢、单质硫和硫代硫酸盐为电子供体固定 CO_2。绿色硫细菌在硫化物存在的情况下,只能进行硫化物转化为硫单质反应,将生成的硫颗粒排到细胞体外。紫色硫细菌细胞内含有光合作用所需要的细菌叶绿素 a、b 和胡萝卜素,大多数 PSB 属于着色杆菌(Chromatiaceae)科和外硫红螺菌(Ectothiorhodisoiraceae)科,Chromatiaceae 科的 PSB 形成胞内硫颗粒,Ectothiorhodisoiraceae 科的 PSB 形成胞外硫颗粒。在紫色硫细菌进行硫化物代谢的过程中,硫化物首先被氧化成 S^0,这一步氧化反应不是酶促反应,因此极易进行。此外,紫色硫细菌同步进行硫化物氧化成 S^0 的反应和 S^0 转化为 SO_4^{2-} 的反应,S^0 氧化成 SO_4^{2-} 反应很慢,在反应过程中会在细胞内蓄积生成的硫颗粒。

$$2H_2S + CO_2 + h\nu \longrightarrow 2S + H_2O \tag{3.54}$$

$$H_2S + 2CO_2 + 2H_2O + h\nu \longrightarrow 2(CH_2O) + H_2SO_4 \tag{3.55}$$

紫色非硫细菌是一类厌氧光合异养菌,具有丰富的物种分类,而且 PNSB 代谢途径多样化,大多数用 H_2 和 H_2S 作为电子供体进行光合异养生长;有些紫色非硫细菌不能完全将硫化氢氧化为硫酸盐,而只能以单质硫为终产物在细胞外存储,典型的菌株有球形红螺菌(Rhodospirillumsphaeroides)、荚膜红假单胞菌(Rhodopseudomonas capsulata)和球形红杆菌(Sphaeroides);而有些细菌则直接将 H_2S 氧化为 SO_4^{2-} 而不产生其他中间产物,这样的菌株有红球菌(Rhodovulum)、红假单胞菌(Rhodopseudomonas)和芽生绿菌(Blastochloris)等。

(c) 无色硫细菌(CSB):无色硫细菌是一类以还原态的硫(如硫化物、单质硫等)为能源进行代谢生长的原核微生物,CSB 可以把 S^{2-} 氧化为单质硫,进而单质硫被氧化为硫酸盐。无色硫细菌分布范围很广泛，常分布于活性污泥、废水处理系统、农田、果园等自然界生态环境中，但它们的生理、形态也有很大不同，绝大多数无色硫细菌的生长条件是常温、中性，也有在pH低于3.0或高于10.0以上的极端环境中生存的无色硫细菌。因此，根据生长环境的差异，CSB可以分为最适pH低于3.0的酸性硫氧化菌、最适pH在6.0～8.0的中性硫氧化菌以及最适pH在9.0以上的嗜盐嗜碱硫氧化菌。在无色硫细菌中的硫杆菌(Thiobacillus)是重要的化能自养无色硫细菌，硫杆菌属能够将H_2S、S、$S_2O_3^{2-}$、SO_3^{2-}等氧化成SO_4^{2-}，并从氧化过程中获得能量，其具体反应式如下：

$$2S + 3O_2 + 2H_2O \longrightarrow 2H_2SO_4 + 能量 \tag{3.56}$$

$$CO_2 + H_2O \xrightarrow{能量} [CH_2O] + O_2 \tag{3.57}$$

$$HS^- \xrightarrow{膜附着硫[S^0]} S^0 \tag{3.58}$$

$$HS^- \xrightarrow{膜附着硫[S^0]} SO_3^{2-} \longrightarrow SO_4^{2-} \tag{3.59}$$

A. 并不是所有的硫杆菌均能氧化H_2S，其中只有氧化硫硫杆菌(Thiobacillus thiooxidans, T.t)是典型的能氧化H_2S的工程化菌种，该菌种由Waksman和Joffe于1922年分离得到，其是棒状的革兰氏阴性杆菌，属于矿质化能的自养菌，具有专性好氧、嗜酸的特点，以空气中CO_2为碳源，以NH_4^+作为氮源，氧化硫单质或硫化物来获得能量用于自身细胞物质合成和新陈代谢。氧化硫硫杆菌代谢硫化物过程中，无机硫化合物的氧化途径如式(3.60)和式(3.61)所示。

$$HS^- \xrightarrow{膜附着硫[S^0]} S^0 \tag{3.60}$$

$$HS^- \xrightarrow{膜附着硫[S^0]} SO_3^{2-} \longrightarrow SO_4^{2-} \tag{3.61}$$

硫化物在细菌体内酶的作用下，经两步氧化反应生成硫酸：第一步将硫化物氧化成单质硫，该步反应速率快，硫化物失去两个电子，形成聚合硫；第二步反应中单质硫被进一步氧化为亚硫酸、硫酸，此步反应速率缓慢。氧化硫硫杆菌在适宜的条件下会不断地产生酸，硫酸根在最终的氧化产物中占有很大一部分比例。因此若采用氧化硫硫杆菌作为脱硫细菌，出水中会有一定量硫酸导致产生酸性废水，需要进一步中和处理达标之后才能排放。此外，H_2S从气相转入液相是典型气膜控制的物理过程，在酸性条件下吸收的H_2S不能与溶液中OH^-及时进行中和反应，影响沼气中H_2S的去除效果，这可能降低吸收塔对H_2S的去除效率。基于以上因素对于H_2S浓度较高的沼气采用氧化硫硫杆菌的脱硫工艺具有局限性。

B. 氧化亚铁硫杆菌(Thiobacillus ferrooxidans,T.f)是嗜酸化能自养型铁氧化细菌,属于好氧菌。在显微镜下观察,单个细菌呈短杆状,长为一至数微米,宽约 0.5 μm,两端钝圆,有鞭毛,能活泼运动。氧化亚铁硫杆菌属革兰氏阴性,世代时间为 6.15～15 h,其适宜生长的最佳 pH 为 2～3.5,最佳环境温度为 28～35 ℃。通过把 Fe^{2+} 氧化成 Fe^{3+} 和氧化部分硫化物、单质硫而获得能源物质来维持细胞生长。主要的脱硫反应如式(3.62)和式(3.63)所示。

$$H_2S + Fe_2(SO_4)_3 \xrightarrow{化学反应} 2FeSO_4 + H_2SO_4 + S \quad (3.62)$$

$$2FeSO_4 + 1.5O_2 + H_2SO_4 \xrightarrow{(细菌 pH=2.0)} Fe_2(SO_4)_3 + H_2O \quad (3.63)$$

氧化亚铁硫杆菌用于生物脱硫工艺时,三价铁离子、硫酸根、三价铁水解产物 $Fe(OH)_3$ 共同生成副产物黄钾铁矾[$KFe_3(SO_4)_2(OH)_6$]。黄钾铁矾在处理系统中沉积,可能引起堵塞问题。与氧化硫硫杆菌类似,生物脱硫中氧化亚铁硫杆菌氧化产物中硫酸根所占的比例较大,为了维持合适的 pH,需增加中和酸所需碱的量。另外,在系统中需要定期补充铁盐,平衡废液排出造成系统中铁盐的减少。

C. 脱氮硫杆菌(Thiobacillus denitrificans)是一种严格自养和兼性厌氧型细菌,广泛存在于运河水、各种矿水、海洋、污泥和土壤中。在好氧条件下与一般硫杆菌相似,能将单质 S 和硫黄酸盐氧化为 H_2SO_4;在厌氧条件下,利用硝酸盐为电子最终受体,将硝态氮还原成游离氮。虽然该菌能氧化多硫黄酸盐、硫化物,但是氧化元素硫作用缓慢。脱氮硫杆菌适于在中性介质中生长。

在生物脱硫工程化过程中控制工艺运行条件,减少硫酸盐的生成量,提高生成单质硫沉淀性能,是生物脱硫工艺成功与否的两个重要指标。Business 等的研究表明,当 DO=1 mg/L(DO 为溶解氧浓度)时,硫单质的生成率最高,硫化物浓度>20 mg/L 时,DO 对硫酸生成率的影响很小,可以忽略不计。因此,当硫化物浓度>20 mg/L 时,通过提高 DO 值可以加快硫化物被氧化的速率;当硫化物浓度<20 mg/L 时可以维持较低的 DO 值,抑制 SO_4^{2-} 的生成,使反应器中主要的氧化产物为单质硫。

完全混合厌氧反应器中的硫酸盐生成量高于升流式厌氧污泥床反应器,可见反应器中流体动力学对反应器内硫酸盐生成量有重要的作用,升流式厌氧污泥床反应器沿着反应器高度方向产生硫化物浓度梯度是生成较少硫酸盐的原因。加大硫化物负荷和减小反应器中的剪切力有助于提高生成硫颗粒的沉降性能。高盐度会减弱硫颗粒之间桥键、硫颗粒与排硫硫杆菌之间的桥键,抑制硫的聚集和沉降。

下面介绍两种使用硫杆菌的生物脱硫技术。

(a) Bio－SR生物脱硫技术：Bio－SR工艺由日本钢管公司京滨制作所开发，并于1984年实现工业化的应用，主要用于工业废气脱硫。Bio－SR生物脱硫技术是在酸性条件下利用氧化亚铁硫杆菌的间接氧化作用完成对硫化氢气体的脱除。该工艺装置由吸收塔、固液分离器和生物氧化塔3部分组成，其中吸收塔通过$Fe_2(SO_4)_3$溶液对硫化氢气体进行吸收，固液分离器用于硫黄的分离与回收，生物氧化塔则用于把Fe^{2+}氧化成Fe^{3+}。如图3.20所示，含硫化氢的酸性气体从吸收塔底部进入，与塔顶喷淋下来的$Fe_2(SO_4)_3$溶液逆流接触并反应吸收，Fe^{3+}自身被还原成Fe^{2+}，硫化氢被Fe^{3+}氧化为单质硫，形成块状的硫黄；带有硫黄的吸收液进入固液分离器，分离回收得到硫黄；而含有Fe^{2+}的溶液进入生物氧化塔，被氧化亚铁硫杆菌催化氧化成Fe^{3+}，并重新回到吸收塔与硫化氢反应，实现吸收液的循环使用。含硫化氢的酸性气体进入吸收塔后，主要与$Fe_2(SO_4)_3$溶液发生如式(3.62)的反应；含有Fe^{2+}的溶液进入生物氧化塔发生的反应如式(3.63)所示。

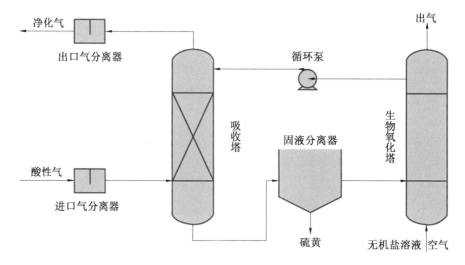

图3.20 Bio－SR生物脱硫工艺流程图

Bio－SR生物脱硫技术中吸收液形成闭路循环，没有溶液的降解且无废料的排出，无二次污染且副产高纯度的硫黄，带来一定的经济效益，同时不需要额外的催化剂和化学试剂，只需要补充少量的无机盐供氧化亚铁硫杆菌生长。但是由于氧化亚铁硫杆菌具有嗜酸性，所以该工艺是在强酸性条件下进行的，这必然会对工艺的设备和管道造成腐蚀，产生经济损失，增加了设备的投资成本；但强酸性环境下杂菌也不容易生存,有利于氧化亚铁硫杆菌的生长和亚铁离子的氧化。强腐蚀性使 Bio-SR 生物脱硫技术在应用上受到一定的限制。

(b)Shell-Paques 生物脱硫技术:是由荷兰 Paques 公司与美国 Shell 公司联合开发的,并于 2002 年在加拿大 Bantry 天然气处理厂投入使用。Shell-Paques 生物脱硫技术是在碱性条件下采用脱氮硫杆菌(T. denitrificans)作为混合菌群脱除 H_2S。该工艺装置由吸收塔、生物反应器、沉降式离心分离器 3 个部分组成,其中吸收塔通过碱性溶液对硫化氢气体进行吸收,生物反应器则用于富液再生并把可溶性硫化物氧化为单质硫或硫酸盐,沉降式离心分离器用于硫黄的分离与回收。如图 3.21 所示,含有 H_2S 的酸性气经过进口气分离器和加热器进入吸收塔后,与碱性溶液逆流接触并发生反应,净化气从吸收塔顶部排出。含有可溶性硫化物的吸收液经水平闪蒸罐和固体分离器从顶部进入生物反应器,温度控制在 30~40 ℃,在由反应器底部吹入的空气和微生物的共同作用下,可溶性硫化物被氧化成单质硫或硫酸盐,同时反应液进入吸收塔中得到循环使用。从反应器顶部出来的含有微量硫化氢的气体经过生物过滤器排放到大气中。生物反应器中的硫黄料浆在沉降式离心分离器中进一步被浓缩成硫黄饼,其可进一步干燥成硫黄粉末,或经熔融生成商品硫黄。在吸收塔中硫化氢被碱性溶液吸收,发生的主要反应如下:式(3.64)和式(3.65)是硫化氢吸收反应;式(3.66)是 CO_2 吸收反应;式(3.67)是碳酸盐生成反应。

$$H_2S + OH^- \longrightarrow HS^- + H_2O \tag{3.64}$$

$$H_2S + CO_3^{2-} \longrightarrow HS^- + HCO_3^- \tag{3.65}$$

$$CO_2 + OH^- \longrightarrow HCO_3^- \tag{3.66}$$

$$HCO_3^- + OH^- \longrightarrow CO_3^{2-} + H_2O \tag{3.67}$$

含有可溶性硫化物的碱性溶液进入生物反应器中,在空气和脱氮硫杆菌的共同作用下,发生如下反应:式(3.68)是硫化物在限氧的条件下生成单质硫;式(3.69)是在富氧的条件下硫化物进一步氧化生成硫酸盐;式(3.70)、式(3.71)是碳酸盐分解反应。

$$HS^- + 0.5O_2 \longrightarrow S + OH^- \tag{3.68}$$

$$HS^- + 2O_2 \longrightarrow SO_4^{2-} + H^+ \tag{3.69}$$

$$CO_3^{2-} + H_2O \longrightarrow HCO_3^- + OH^- \tag{3.70}$$

$$HCO_3^- \longrightarrow CO_2 + OH^- \tag{3.71}$$

Shell-Paques 生物脱硫技术相较于传统的液相氧化、克劳斯硫黄回收+尾气处理等技术,整个装置性能稳定,工艺安全可靠,工艺流程简单,控制系统和监测系统很少,没有复杂的控制回路,操作维护简单方便且安全。该工艺以最少

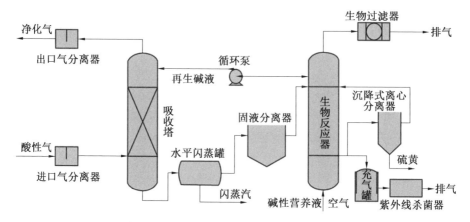

图 3.21 Shell-Paques 生物脱硫工艺流程图

的化学品消耗,一次完成对硫化氢气体的净化和硫黄回收过程。生物反应器中的硫化物转化率接近 100% 且硫黄回收率达到 99.9% 以上,副产的生物硫黄具有一定的经济效益。该工艺副产的生物硫黄水溶性好,可以很好地溶于水和无机盐中,具有很强的亲水性和流动性,因此避免了生产过程中的管道堵塞和腐蚀。回收得到的生物硫黄可以用于杀虫剂、杀菌剂、化肥以及硫酸的原料。另外,工艺中的再生碱液中会携带少许的生物硫颗粒,这些生物硫颗粒进入吸收塔后会强化弱碱性溶液吸收硫化氢的吸收效果。

③脱 CO_2。

物理法和化学法是脱除沼气中 CO_2 的常用方法,根据机理不同,分为吸收、吸附和膜分离。从各种物理法和化学法在沼气脱碳技术中的商业应用水平来看,水洗法应用水平最高,全球 152 座沼气厂采用水洗法脱碳;低温分离法应用水平最低,全球只有一家沼气工厂采用低温分离法脱碳。

水洗法:水洗是沼气脱碳最常用的技术,利用 CO_2 和 H_2S 在水中的溶解度比 CH_4 高的性质,实现甲烷的分离。高压时 CO_2 和 H_2S 溶解于水,压力降低,溶解度降低,释放出 CO_2 和 H_2S。将沼气加压后从水箱底部注入吸收柱与水形成逆流洗涤吸收,为提高气液传质通常在吸收柱中填充填料。CH_4 从洗涤器顶部释放,含有 CO_2 和 H_2S 的水相循环到一个冲水柱中,冲水柱中压力降低,一部分溶解在水中的 CH_4 被释放。降低吸收温度,增大吸收压力,降低进气流量或者加大进水流量都有利于提高 CO_2 的去除效率。如果沼气中 H_2S 含量较高,为避免形成元素硫导致操作问题,需要在蒸汽或惰性气体环境中脱除 H_2S。水洗法 CH_4 损失低于 2%。

膜法:膜法是 CO_2 分离的首选方法,气体膜分离技术始于 20 世纪 70 年代,其原理是在压力驱动下,利用气体内各组分在高分子膜表面上的吸附能力以及在膜内扩散能力上的差异,即渗透速率差来进行组分分离。膜分离的驱动力是压力差,当膜两边存在压力差时,渗透率高的气体组分以很高的渗透速率透过薄膜,形成渗透气,渗透率低的气体则绝大部分在薄膜进气侧形成渗余气,两股气流分别引出,实现组分分离。渗透率指透过物浓度与其原始浓度之比。渗透速率指单位时间、单位膜面积透过物质的量,单位为 $kmol/(s·m^2)$。

CO_2 分离膜大部分由高分子制成,目前应用较为普遍的膜材料有聚砜树脂(PS)、聚酰亚胺(PI)、聚硅氧烷(PDMS)、聚乙胺等。

a. 聚砜树脂。聚砜树脂是一种机械性能优良、耐热性好、耐微生物降解、价廉易得的膜材料。由聚砜树脂制成的膜具有膜薄、内层孔隙率高且微孔规则等特点,因而常用作气体分离膜的基本材料。如某公司采用聚砜树脂非对称中空纤维膜,并采用硅橡胶涂覆,以消除聚砜树脂中空纤维皮层的微孔,将其用于从合成氨厂回收氢气,H_2-N_2 的分离系数可达到 30~60。研究者通过调整聚砜制膜液配方,降低了制膜液的湿度敏感性。研究表明,在聚砜的分子结构上引入其他基团,可以制成性能更好、应用范围更广的膜材料。

b. 聚酰亚胺。聚酰亚胺具有良好的强度和化学稳定性,耐高温。由于 PI 膜是玻璃态聚合物,其分子主链对不同气态分子有很好的筛分作用,PI 膜对 CO_2-CH_4、CO_2-N_2、CO_2-O_2 具有很高的分离性能。但 PI 作为膜材料的最大缺陷是 CO_2 的透过性差。因此,人们通过合成、改性来改善 PI 链分子结构,减弱或消除链之间相互吸引力,提高 CO_2 透过性,进而提高分离性能。

c. 聚硅氧烷。聚硅氧烷属于有机硅膜材料,其中聚二甲基硅氧烷结构上属半无机、半有机高分子材料,因而具有许多独特性能,是目前研发的气体渗透性能好的高分子膜材料之一。研究人员已经成功地用它及其改性材料制成富氧膜,用于 CO_2 的分离。

d. 聚乙胺。以聚乙胺为代表的芳香族复环状高分子膜,对气体分子的扩散选择性强。由于聚乙胺高分子的主链结构既是电子供体,也是电子受体,可以实现高分子链间的电子转移,并能形成独特的柱管结构。气体沿着柱管结构被分离,特别对于 CO_2-N_2、CO_2-CH_4 体系而言,其分离效果尤为突出。

虽然目前膜组件造价较高,但是膜分离脱碳的运行成本与变压吸附或其他脱碳工艺相比是最低的。膜分离脱碳技术工艺简单,易于操作,启停方便。不足之处在于即使沼气进口压力提高到 0.90 MPa,渗余气(即提纯气)CH_4 体积分数约为 95%,很难达到其他脱碳工艺的 CH_4 体积分数指标(96% 或更高),这也正是迫切需要解决的问题。典型沼气综合提纯技术方法比较见表 3.27。典型沼气提纯技术方法的经济性比较见表3.28。

表3.27 典型沼气综合提纯技术方法比较

方法	优点	缺点
水洗法	提纯效率高（>97%甲烷），甲烷损失小（<2%），当硫化氢<300 mg/L时，可同时去除CO_2和H_2S	投资大，操作费用高，细菌生长引起堵塔，易发泡
膜分离法（气/气；气/液）	可靠，操作简单，同时去除硫化氢和水，处理量小时不增加单位成本，气/气去除效率<92%甲烷（一步）或者>96%，气/液去除效率>96%甲烷，可得到纯二氧化碳	可选择的膜有限，需平衡甲烷纯度和处理量，需要多步处理达到高纯度甲烷时，甲烷损失大
变压吸附法（碳分子筛；沸石分子筛；硅酸铝）	提纯效率高(95%～98%甲烷)，能耗低；高压但可回收，同时去除氧气和氮气，耐受一定的杂质，也适合低处理量	投资和操作费用高，大量的过程控制，甲烷损失大

表3.28 典型沼气提纯技术方法的经济性比较

方法	处理范围/($m^3 \cdot h^{-1}$)	耗电量/($W \cdot h \cdot m^{-3}$) 65% CH_4	耗电量/($W \cdot h \cdot m^{-3}$) 55% CH_4	耗水量/($m^3 \cdot d^{-1}$)	耗热量/($W \cdot h \cdot m^{-3}$) 65% CH_4	耗热量/($W \cdot h \cdot m^{-3}$) 55% CH_4	甲烷回收率/%	产品压力/($\times 10^5$ Pa)
变压吸附法	350～2 800	0.17	0.18	—	—	—	98.5	2
水洗法	300～1 400	0.22～0.25	1～3			99.0	95.0	—
膜分离法	250～750	0.35	0.40				95.0～97.0	7

(5)沼气存储。

沼气工程产气比较均衡,全天24 h都在产生,但是用气却不均衡。储气装置的主要功能是解决沼气发酵系统沼气均衡生产与用户对沼气不均衡使用之间的矛盾,保证沼气均衡供应。储气柜的容积应按需要的最大调节容量决定。沼气用于炊事时,储气柜容积按日产气量的50%～60%计算;用于连续供热、供气设备运行时,容积应按照运行需求量大于 2 h 的用气量设计;用于间断性发电时,容积应按照大于间断发电时间的总产气量设计;用于提纯压缩时,容积宜按日用气量的 10%～30%确定。沼气工程储气一般采用低压储气,即储气柜工作压力(表压)小于 10 kPa,当气体增多时自动增加气柜容积,当气量减少时自动减少储存容积。

传统的低压储气方式主要有湿式气柜和干式气柜,湿式气柜和干式气柜的共同点是依靠储存空间的变化调节储存容积,达到储气的目的;其区别是湿式气柜采用液体(如水)作为密封,干式气柜采用膜或者油作为密封。在寒冷季节不结冰的地区,建议采用低压湿式储气柜供气,压力稳定,调压方便;在寒冷季节要结冰的地区,建议采用低压干式储气柜配套增压稳压系统供气,不用担心采用低压湿式储气柜结冰的问题。对于东北地区,冬季寒冷要结冰,因此适宜采用干式储气柜。

干式储气柜可以分为刚性结构干式储气柜和柔性结构干式储气柜。刚性结构干式储气柜外部有一层刚性外壳,在其内部设有能够上下移动的活塞或可折叠的柔性气囊用于储存沼气。柔性结构干式储气柜使用双层膜材料,外膜起保护和稳定的作用,用于抵抗外界风压、雪压以及稳定内膜压力,内膜用于储存沼气。干式储气柜的主要优点是无水封结构,运行不受气候影响;主要缺点是密封油和柔性膜有老化现象,停电时气柜使用会受到一定影响。

柔性结构干式储气柜在沼气工程中最常用的形式是双膜储气柜,源于欧洲,主体由特殊加工聚酯材料制成,其主要成分为 PVDF(聚偏氟乙烯)和特殊防腐蚀配方,其质量轻,防腐性好,造价相对较低,施工和检修更容易和简单。近年来,双膜储气柜在沼气工程中得到了广泛应用,最大容积已经达到 20 000 m^3。

双膜储气柜由膜体及附属设备组成。膜体由底膜、内膜和外膜共同形成两个空间,底膜和内膜形成的空间用于储存沼气,内膜和外膜形成的空间填充的是空气,用于调节内膜中沼气的压力,同时将外膜支撑起抵挡外部风雪压力。当内膜空间储存的沼气增多时内膜上升,内外空间内的空气将被挤压出去,为内膜腾出有效空间,使沼气能够顺利进入气柜;如果内膜上升至极限位置,多余的沼气将通过内膜的安全保护器释放,不至于让内膜受到过高压力而损坏;当内膜储存的沼气减少时内膜下降,内外膜空间内则注入空气,调节内膜中沼气压力,同时稳定外膜刚度,使储存的气体能顺利流出气柜。

规模化村镇用储气柜根据用途和产气量综合设计。如果为低压储气柜则设计压力为 0.2～0.5 MPa,针对特定需求也可以设计为 0.6～0.8 MPa。

(6) 辅助设备。

沼气也属于温室气体的一种,温室效果是 CO_2 的 20 倍,所以要严防沼气泄漏和事故排放。沼气工程必须配备应急燃烧火炬,在产气量过大或设备检修等情况时应急燃烧沼气。

3.2.2 太阳能规划及应用技术

太阳能规划利用采用分布式能源利用模式。太阳能在特色小镇的规划利用模式主要为太阳能的光电利用和光热利用。我国太阳能光电技术、光热技术都很成熟。

1. 太阳能光伏系统

太阳能光伏发电是通过光伏太阳能电池板吸收太阳辐射能,通过单晶硅或多晶硅将太阳辐射能转化形成电能的过程。分布式光伏发电就是以小镇周边、屋顶等小面积场地为依托来建设光伏系统,并通过电网来调节用电平衡,以自我消纳为主、余电上网利用为辅的发电项目。

分布式光伏系统的工作模式为:太阳能电池组件阵列在有太阳能辐射时,把太阳能转换成电能,输出的电能经过逆变器变成交流电供给用户负载,当夜晚或者阴天情况下,太阳辐射不足,电池板产生的电能不足,或者用户使用不足,产电过多时,需要利用电网来进行调节,或者利用配套储能电池调节。分布式光伏系统主要由光伏电池组件、直流接线箱、直流交流逆变器、升压变压器、电网、计量、负载等组成(图 3.22)。

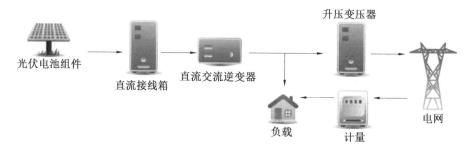

图 3.22　分布式光伏系统构成

2. 光伏系统类型

小镇分布式光伏系统按是否与公共电网连接分为以下两种类型。

(1)并网光伏系统:与公共电网相连接。并网光伏系统按是否有储能装置又可分为储能型光伏系统和非储能型光伏系统。按是否允许通过供电变压器向上

级电网输送电量又可分为下列类型:
①逆流光伏系统:允许用户通过供电变压器向公共电网馈电的光伏系统。
②非逆流光伏系统:不允许用户通过供电变压器向公共电网馈电的光伏系统。

并网光伏系统按装机容量大小可分为以下类型:
①小型系统:装机容量小于 100 kWp(峰瓦)的系统。
②中型系统:装机容量在 100 kWp~1 MWp 之间的系统。
③大型系统:装机容量大于 1 MWp 的系统。

(2)独立光伏系统:不与公共电网相连接。独立光伏系统又可分为直流光伏系统和交流光伏系统。

独立光伏系统按装机容量大小可分为以下类型:
①小型系统:装机容量小于 20 kWp(峰瓦)的系统。
②中型系统:装机容量在 20~100 kWp(含 100 kWp)之间的系统。
③大型系统:装机容量大于 100 kWp 的系统。

光伏发电系统适用范围选择见表 3.29。

表 3.29 光伏发电系统适用范围选择

系统类型	电流类型	是否逆流	有无储能装置	适用范围
并网光伏系统	交流系统	是	无	发电量大于用电量
		否	无	发电量小于用电量
独立光伏系统	直流系统	否	有	用电负荷为直流设备
			无	用电负荷为直流设备,且供电无连续性要求
	交流系统		有	用电负荷为交流设备
			无	用电负荷为交流设备,且供电无连续性要求

小镇规划应当按需求分析及资源调查确定分布式光伏系统的形式为并网光伏系统或者独立光伏系统,并确定光伏系统的规模。

光伏系统设计时应计算系统装机容量和发电量,光伏系统装机容量可按下列因素综合确定:根据建筑物可安装光伏方阵的位置、面积、倾角、光伏组件规格确定光伏系统最大装机容量;根据用户的用能量确定最小装机容量。

一个区域的太阳辐射量决定了该项目的发电量。一般情况下分布式光伏发电项目可转换10%的太阳能。大部分太阳能在进行转换的过程中被消耗,其中一小部分因元件和电线的损耗而消失。如果一个地区全年日照时间较短,大部分时间没有阳光照射,就可以认为该地区没有开发光伏电站项目的先决条件,太阳能资源条件决定了小镇选择太阳能资源的可行性。

3. 太阳能区域资源可行性评估

(1)太阳能总辐射资源。

太阳能总辐射资源是测算发电量和辐射发热的基本数据,可以此来判断项目在镇域技术经济上的可行性。可从当地气象站取得最近十年水平面各月平均总辐射和散射辐射数据,或从当地太阳能监测站获得准确数据。太阳能资源数据统计表可参考表3.30。

表3.30 镇域太阳能资源和气象数据

镇域太阳能规划位置及辐射数据	经度	纬度	海拔高度	测量高度/m	区域降雨量
逐月(12个月)太阳能辐射数据	环境温度/℃	相对湿度/%	每日太阳辐射度/(kW·h·m^{-2})	大气压力/kPa	风速/(m·s^{-1})
年平均值					

(2)太阳能资源辐射形式等级。

太阳能资源的可利用程度采用的评估指标是直射比,即太阳的直射辐射量占总辐射量的比例,在不同气候类型地区,这一比例是不同的,不同地区应根据主要辐射形式特点进行开发利用。直射比取值范围为0~1,值越大,直射辐射所占的比例越高。采用直射比作为衡量指标,将全国太阳能资源分为4个等级(表3.31)。

表3.31 太阳辐射形式等级

等级	符号	分级值
直射辐射主导	A	$R_x \geq 0.6$
直射辐射较多	B	$0.5 < R_x < 0.6$
散射辐射较多	C	$0.35 < R_x < 0.5$
散射辐射主导	D	$R_x < 0.35$

卫星测量表面太阳能的波长分布非常宽广，为 0.24～50 μm，大致可以分为 3 个能量谱段：紫外光、可见光、红外光（表 3.32）。

表 3.32 太阳能能谱

	紫外光	可见光	红外光
波长范围/μm	0～0.4	0.4～0.76	0.76～∞
所占总能量的百分比/%	8.03	46.43	45.54
相应范围的辐照度/(W·m^{-2})	95	640	618

光伏发电主要是依靠直射辐射，所以这一指标是非常重要的，我国直射辐射数据仅有一级观测点才有，很多小镇规划采用日照时数来评价太阳能资源的可利用程度，当一天中日照时数大于 6 h 时，认为太阳能具有可利用的价值。因此，以一年每个月中日照时数大于 6 h 的天数为指标，评价该地区太阳能资源的可利用程度（表 3.33）。

表 3.33 太阳能资源稳定度等级（以日照时数大于 6 h 的天数为标准）

稳定度等级	指标 K
稳定	<2
较稳定	2～4
不稳定	>4

$$K=\frac{\max(\text{Day1},\text{Day2},\cdots,\text{Day12})}{\min(\text{Day1},\text{Day2},\cdots,\text{Day12})} \quad (3.72)$$

式中　K——太阳能资源稳定程度指标，无量纲数；

　　　Day1,Day2,…,Day12——1～12 月每个月日照时数大于 6 h 的天数，单位天（d）；

　　　max( )——求最大标准函数；

　　　min( )——求最小标准函数。

当地太阳资源稳定度小于 2 则认为可用度最高。

(3) 太阳能电池板安装的空间位置资源。

安装光伏系统的位置是确定光能系统装机容量的重要数据，应根据建构筑物和区域功能要求确定何处安装、以何种形式安装及选用何种类型太阳能光伏组件。对安装太阳能光伏组件的建构筑物、区域位置日光照时数、景观设计、绿化条件进行评估，以保证太阳能光伏组件的利用效率。

(4)电网资源。

如果太阳能作为电网的补充能源,则剩余的电能是否上网、上网模式都需要电网资源的配合。

(5)太阳能光电系统规划与应用。

依据用户区域规划太阳能的需求分析和建筑物情况确定光伏组件的选型和数量。

4. 太阳能光伏组件的类型

光伏组件是太阳能光伏系统的核心组成部分,同时也是太阳能光伏发电中最重要的部分。光伏组件是由无数个太阳能电池构成的。目前,商业化光伏组件分为以下几种:单晶硅、多晶硅、非晶硅、碲化镉、铜铟镓硒(CIGS)等(图3.23)。光伏组件的特点见表3.34。光伏组件的参数见表3.35。

晶硅太阳电池:主要包括单晶硅电池和多晶硅电池等。单晶硅是晶体硅原子排列整齐的晶体硅,其铸锭而成的晶体硅片封装成的光伏组件称为单晶硅组件,目前单晶硅组件效率最高,整体效率大于16%,但目前的市场占有率相对多晶硅组件低。而多晶硅因制作相对于单晶硅简单,其生产成本具有一定优势,同时其效率与单晶硅接近,一般达到16.5%以上,两种电池组件的发电能力、使用寿命等重要指标相差不大,从技术性能上考虑,在工程实际应用过程中,选择使用单晶硅电池还是多晶硅电池都是可行的。

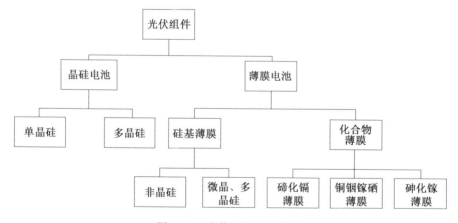

图3.23 光伏组件的分类图

太阳能薄膜电池:主要有硅基薄膜电池和化合物薄膜电池,其原理就是将一层发电材料薄膜印刷到基板材料上,制备成光伏电池,因其用硅或者其他化合物材料数量少而一度受到广泛关注,但由于晶体硅材料价格的快速下降,因此薄膜电池的价格优势没有得到发挥和显现。但是因其制备过程的特殊性,以及其弱光性的特点,薄膜电池在光伏建筑一体化项目中应用比较广泛,有其独特的技术优势,是一种新型建筑材料,更容易与建筑完美结合。目前已经能进行产业化大规模生产的薄膜电池有铜铟镓硒(CIGS)薄膜电池,CIGS 薄膜电池有 Cu(铜)、In(铟)、Ga(镓)、Se(硒)4 种元素。4 种金属元素不是贵重金属,而且每片电池板的 CIGS 吸收层所需膜层厚度不超过 3 μm,这类电池除可吸收晶硅与非晶硅薄膜电池可吸收光的可见光谱范围外,还可以涵盖波长在 700～1 200 nm 之间的红外光区域,即一天内可吸收光发电的时间最长,CIGS 薄膜电池与同一瓦数级别的晶硅太阳电池相比,每天可以超出 20% 比例的总发电量。CIGS 薄膜电池没有光致衰减特性,发电稳定性高。晶硅太阳电池经过较长一段时间发电后,或多或少存在热斑现象,导致发电量变小,增加维护费用;而 CIGS 薄膜电池能采用内部连接结构,可避免此现象的发生,与晶硅太阳电池相比所需的维护费用低。碲化镉(CdTe)薄膜电池是一种以 P 型 CdTe 和 N 型 CdS(硫化镉)的异质结为基础的薄膜电池。碲化镉薄膜电池在生产成本上大大低于晶体硅和其他材料的太阳能电池,它可吸收 95% 以上的太阳光,可以实现弱光发电,而且温度越高,电性能越好。在 HIT 结构硅太阳能电池中,HIT 结构就是在晶体硅片上沉积一层非掺杂(本征)氢化非晶硅薄膜和一层与晶体硅掺杂种类相反的掺杂氢化非晶硅薄膜,采取该工艺措施后,改善了 PN 结的性能,因而使转换效率达到 23%,开路电压达到 729 mV,并且全部工艺可以在 200 ℃ 以下实现。但因其转换效率低,性价比不高而在大型光伏电站中很少使用。

  数倍聚光光伏组件:聚光光伏组件是利用物理结构在光伏电池单位面积上聚集更多的太阳光能,使光伏电池的发电能力提高的组件类型。该光伏组件对太阳光的收集有一定的条件限制,一般需要通过跟踪系统与特制的接收装置配合保证光照的聚集。根据使用的装置不同,聚光光伏组件提高发电能力的倍数一般都在 3 倍以上。但是倍数越高,受到散热、聚光灯技术的限制越明显。在目前普通光伏组件价格不高的情况下,聚光光伏组件没有得到很好的发展。根据国外的应用经验,尽管实现数倍聚光可以节省光伏电池,但需要增加额外的设备成本,随着电池价格的不断下降,相对于聚光器所增加的成本,总体的经济效益并不明显,因此在我国小城镇尤其是特色小镇规划中并不推荐使用。

表3.34 光伏组件的特点

组件种类	组件类型	光电转化效率/%	使用寿命/年	特点
晶硅电池	单晶硅	16.8	15	对光线要求高,光线遮挡对效率影响较大,技术成熟
	多晶硅	16	25	
薄膜电池	碲化镉	12	25	弱光效果好
	铜铟镓硒	13	20	
	非晶硅	8	25	

表3.35 光伏组件的参数

组件类型	外观	产品尺寸/mm	质量/kg	颜色	透光率/%	单位面积功率/(W·m^{-2})	背板材料
单晶硅		1 198×807×35 1 590×1 060×35	12.3	黑色	不透光组件背板为夹层玻璃时透光	144.9	TPT/钢化玻璃
多晶硅		1 457×677×35 1 956×992×50	13.9	蓝色	不透光组件背板为夹层玻璃时透光	144.3	TPT/钢化玻璃
薄膜电池		1 300×1 100×50 2 600×2 200×50	39.8	深棕色	0~50	25~65 功率与透光率成反比	钢化玻璃

晶硅组件的输出电压为12 V或者24 V。晶硅(尤其多晶硅)电池具有寿命较长、工艺成熟、性能相对稳定、转化效率高等优点,是光伏系统的首选电池元件。以250 Wp、300 Wp多晶硅单块组件做比较的性能指标见表3.36。

表 3.36　国产多晶硅组件性能表

序号	性能	单位	参数	
1	峰值功率	Wp	300	250
2	开路电压	V	44.57	43.6
3	短路电流	A	9.20	7.43
4	工作电压	V	37.8	36.07
5	工作电流	A	7.56	6.87
6	峰值功率温度系数	%/℃	−0.23	−0.29
7	开路电压温度系数	%/℃	−0.33	−0.43
8	短路电流温度系数	%/℃	+0.49	+0.05
9	10 年功率衰减	%	≤10	≤10
10	25 年功率衰减	%	≤20	≤20
11	组件效率	%	17	15

5. 太阳能光伏规划设计

(1)光伏系统的产能应当满足国家对电网产能的质量要求。

①110 kV 及以下并网光伏系统正常运行时,与公共电网接口处电压允许偏差如下。

a.三相为额定电压的±7%,单相为额定电压的+7%、−10%。

b.并网光伏系统应与公共电网同步运行,频率允许偏差为 ±0.5 Hz。

c.并网光伏系统的输出应有较低的电压谐波畸变率和谐波电流含有率。总谐波电流含量应小于功率调节器额定输出电流的 5%。

d.并网光伏系统运行时,逆变器向公共电网馈送的直流分量不超过其交流额定值的 1%。

②独立光伏系统装机容量必须考虑用户最大用电负荷、当地阴雨天的天数、系统的运行性质等;规划时要考虑光伏方阵功率的环境系数修正,常用的系数参考值如下。

a.温度系数(K_w):一般选−0.2～−0.5 %/℃,常用光伏电池温度系数参考值见表 3.37。

b.污浊系数(K_u):需根据当地电池板表面污染情况确定(包括区域沉降情况)。

c.衰减系数(K_s):一般选 0.7～0.95。

表 3.37　常用光伏电池的温度系数

电池类型	晶硅电池	非晶硅电池	HIT 薄膜电池	CIGS 薄膜电池	CdTe 薄膜电池
温度系数 K_w /(%·℃$^{-1}$)	-0.5	-0.2	-0.3	-0.33	-0.25

(2) 光伏方阵空间规划。

光伏方阵空间规划计算依据如下。

① 时角 ω：时角是每小时太阳运转的角度，用符号 ω 表示。以太阳位于正南方向的瞬时（即当地正午时分）算起，正午时角 $\omega=0°$，地球自转一周 360° 对应时间为 24 h，因此地球每小时自转的角度为 15°。规定上午为负值，下午为正值。

② 赤纬角 δ：赤纬角是指太阳和地球中心连线与地球赤道平面的夹角，用符号 δ 表示。在春分或秋分时，太阳垂直照射赤道，此时赤纬角 $\delta=0$；在夏至或冬至时，太阳垂直照射北回归线或南回归线，$\delta=\pm23°27'$。规定太阳直射点在赤道以北为正，赤道以南为负。一年里赤纬角的变化范围是 $-23°27'\sim23°27'$。某日太阳的赤纬角计算式为

$$\delta=23.45\sin\left(360\frac{284+n}{365}\right) \tag{3.73}$$

式中　n——从每年 1 月 1 日起计算的天数，例如 12 月 31 日为 365 天，$n=365$。

③ 当地地理纬度：当地地理纬度用符号 φ 表示。

④ 太阳高度角 α：太阳高度角是太阳光线与太阳光在地面投影线之间的夹角，用符号 α 表示，它的变化范围为 $0°\sim90°$。某日某时刻太阳高度角的计算式为

$$\sin\alpha=\cos\varphi\cdot\cos\delta\cdot\cos\omega+\sin\varphi\cdot\sin\delta$$
$$\alpha=\arcsin(\sin\varphi\sin\delta+\cos\varphi\cos\delta\cos\omega) \tag{3.74}$$

式中　φ——当地地理纬度；

　　　δ——某日的赤纬角；

　　　ω——时角。

太阳高度角向天顶方向为正，向天底方向为负，随不同地区、季节和每天的时刻而变化。正午时，时角 $\omega=0$，$\cos\omega=1$，则式(3.74)化简为

$$\alpha=\arcsin(\cos(\varphi-\delta))\quad 则\quad \alpha=90°\pm(\varphi-\delta) \tag{3.75}$$

式(3.75)中的"±"号，表示两种不同情况下的取值。正午时，若太阳位于天顶以南，即 $\varphi>\delta$，取 -；若太阳位于天顶以北，即 $\varphi<\delta$，取 +。正午时，若太阳正

对天顶,则 $\varphi=\delta$,从而有 $\alpha=90°$。

⑤ 太阳方位角 β:太阳方位角是太阳光在地面的投影线与正南方向的夹角,用符号 β 表示。正南方向为零度(即正午时分的 $\beta=0°$),向西取正值,向东取负值,它的变化范围为 $-180°\sim180°$。某日某时刻太阳方位角的计算式为

$$\beta=\arcsin(\cos\delta\sin\omega/\cos\alpha) \tag{3.76}$$

$$\cot\beta=\sin\varphi\cot\omega-\cos\varphi\tan\delta\csc\omega \tag{3.77}$$

式中　ω——某时刻的时角;

　　　δ——某日的赤纬角;

　　　α——某时刻的太阳高度角。

通常,太阳方位角的数值区域为 $-90°\leqslant\beta\leqslant+90°$。若计算下午的太阳方位角,这时 $\omega>0$,由式(3.76)解得 $\beta<180°$,只要加上一个正切的周期 $180°$ 即可;如此,计算十分方便。

⑥ 光伏方阵朝向与角度规划原则。

根据当地太阳能调查与资源评估分析,附近的建筑物、树木遮挡和前后排方阵的阴影的一般计算原则是以当地冬至日正午时分(即太阳方位角为零)前后 3 h 为计算时段,要求布置的太阳能组件不应被遮挡。

a. 组成光伏方阵的光伏组件间的安装距离宜大于 20 mm,组件布置应留有降低风压的间隙。

b. D(光伏方阵间不遮挡的最小间距)应大于前排光伏方阵垂直高度(图 3.24)。保证在冬至上午 9:00 至下午 3:00 光伏方阵前后不遮挡。其距离应通过光伏方阵间距(阴影)计算。

求出太阳高度角和太阳方位角后,即可求出太阳光在方阵后面的投影长度 L,可得出前后排方阵间的 D。

光伏方阵投影长度 L 按下式计算:

$$L=H/\tan\alpha \tag{3.78}$$

式中　H——太阳能板的垂直高度,m。

光伏方阵间不遮挡的最小间距 D(m)按下式计算:

$$D=L\cos\beta=H\cos\beta/\tan\alpha \tag{3.79}$$

c. 最理想倾角。最理想倾角就是通过调节支架倾斜度以使太阳能电池可以接收到最大的辐射度,并且拥有尽可能高的年发电量和系统效率的太阳能板倾角。

d. 一般倾角。为了减少项目的整体投资,可以通过减少太阳能板的使用数量,提高系统安全运行系数,根据项目的实际情况,使太阳能板保持在水平与最

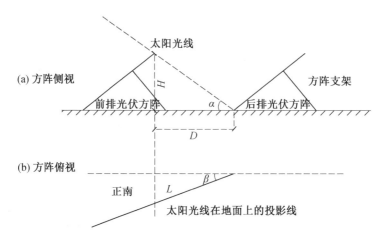

图3.24 太阳光线在光伏方阵上投影示意图

佳倾角之间,一般选取10°~15°的倾角。

e.平铺安装。平铺安装方式具有最高的安全系数。该安装方式可以减少项目的初始投资,但发电量却是最低的,而且组件表面所积存的灰尘不容易被清洗。

(3)光伏组件的分组规划。

组串设计是优化光伏组件串并联的重要步骤,是阵列设计的重要组成部分。其主要依据是所选用的光伏组件规格、逆变器规格及参数、光伏发电项目所在地理位置的气候状况。设计原则是:所选用的逆变器与最大功率点跟踪器(MPPT)相连接,确保同一个串联光伏组件中所有的光伏组件电气特性基本一致,每个组串之间串联电压的差异控制在10 V以内,单个组串的工作电压在所选用的逆变器的MPPT电压范围之内,最好是落在其中间值附近,单个组串的开路电压之和不得大于所选用逆变器的最大直流输入电压范围值。以上基本要求在计算时需要考虑应用环境极端气候条件下的影响,如某光伏发电系统中拟使用的光伏电池组件选用多晶硅组件250 Wp,其开路电压为37.6 V,峰值工作电压为36.07 V,系统所选用的逆变器直流输入电压最大值为1 000 V,MPPT电压范围为500~850 V,项目所在环境极端气温在−20~+50 ℃,20块该250 Wp多晶硅电池组件组成一个组串。

(4)太阳能组件的安装位置规划。

①基于屋面倾角结构规划。平屋顶安装太阳能电池板设施,对建筑的外观改变较小,安装方式与安装角度的选择较为灵活,受限制最小,经济性最佳,既可以单板铺装,也可以多板集成,其中集成式可以满足透光性需求,不仅能节约大

量屋面材料,还易于组织工业化、标准化生产与规范化安装,能够确保建筑物整体性与美观程度,且便于后期维护。

坡屋顶较平屋顶有更多的表现形式,坡屋顶太阳能利用可分为平铺式、嵌入式和瓦片式3种。平铺式(图3.25)是加在坡屋顶表面,按屋面建筑角度平铺或形成屋面的延伸,起到遮阳挡雨的作用。嵌入式(图3.26)是作为屋顶的一部分,与屋顶同步设计、同步施工、同时投入使用。瓦片式(图3.27)是将太阳能组件制成传统瓦片状,用太阳能瓦片模块取代常规瓦片并集成到一个斜坡屋顶,可达到最高标准的设计和美学要求,太阳能屋顶瓦一体化设计不但提高了整体太阳能系统的防风功能,而且背后特殊的通风槽铝底座设计为整套系统提供了良好的通风模块,起到了良好的防水作用。

图 3.25　太阳能板平铺式

图 3.26　太阳能板嵌入式

其他形式的屋顶包括悬索屋顶、拱屋顶、折板屋顶、网架屋顶等其他新的屋顶造型,此类建筑屋顶对建筑的整体造型要求较高,而太阳能组件与此类建筑屋顶的结合大多比较具有创新性。许多城市的火车站、高铁站、体育场馆、图书馆

图 3.27　太阳能板瓦片式

和大型购物中心都采用了太阳能光伏发电的形式,创造了节能减排建筑。

②基于建筑物立面规划。建筑外立面安装太阳能组件(图 3.28)主要是指在建筑物南墙、东墙(针对北半球)、西墙上安装太阳能组件。对于多、高层建筑来说,墙体是与太阳光接触面积最大的外表面,可作为安装太阳能组件的有利位置。建筑外立面安装太阳能组件同样可分为铺设式和集成式,铺设式的原理和形式都较为简单,太阳能组件与建筑本体实际上相互脱离,其不会影响建筑承载结构。集成式是将太阳能组件作为建筑立面的主要组成部分,又包括太阳能玻璃幕墙和普通幕墙,在日常生活中太阳能玻璃幕墙应用得较多。太阳能玻璃幕墙可根据设计需要选择直线或曲线造型以及透光程度,同时满足力学、美学、安全等方面要求,设计灵活。集成式太阳能组件近年来在公共建筑立面中应用较多,通过普通玻璃的透明与太阳能玻璃的蓝色半透明之间的虚实对比表现建筑的阴影关系。建筑外立面太阳能利用会使太阳能组件偏离最佳安装角度,降低光电转换效率和发电量,但为建筑本身带来了一定的社会效益,实践了绿色建筑理念。

图 3.28　立面墙体与围栏安装图

(5) 储能系统规划设计。

储能用标准电池组可以选择铅酸蓄电池、镍氢电池和锂电池,其中铅酸蓄电池免维护、容量大、安装简单,是首选蓄电池。

3.2.3 太阳能光热系统规划

太阳能光热系统是将太阳能转换为热能,加热工质,并输送到用户的系统,包含太阳能集热器、储热箱、连接管、泵等,其中将太阳能转换为热能加热工质的部分为太阳能集热器,是太阳能光热系统的核心部件,决定了太阳光热系统的效率。

太阳能光热利用根据温度区域不同可分为低温太阳能系统(80 ℃以下)、中温太阳能系统(90～350 ℃)、高温太阳能系统(350 ℃以上)。

(1) 低温太阳能系统主要包括太阳能集热器、太阳房、太阳能干燥系统、太阳能制冷等,太阳能集热器是低温太阳能系统的核心设备。

(2) 中温太阳能系统主要用于工业生产,为工业企业提供热能,木材干燥、纺织印染等,其核心设备为太阳能集热器。

(3) 高温太阳能系统主要用于大规模太阳能发电厂,其核心设备为太阳能集热器,包括槽式、塔式、菲涅尔式、盘式太阳能集热器。

其中,低温、中温太阳能系统是村镇太阳能规划利用的首选技术。本章将重点围绕中低温太阳能系统进行介绍。在中低温太阳能系统中,其核心部件太阳能集热器采用以下方式进行分类。

(1) 按工质可分为液体工质集热器、空气集热器。

(2) 按是否跟踪太阳可分为跟踪集热器(以绕单轴或双轴旋转的方式全天跟踪太阳运行)和不跟踪集热器(不跟踪太阳运行)。

(3) 按形态可分为平板集热器(吸热体为平板集热器)和真空管集热器(吸热体为有真空腔体的双层管,外层为透明玻璃管)。

在小城镇主要规划使用的是小规模太阳能光热系统,其主要核心部件为平板和真空管太阳能集热器,分别介绍如下。

1. 平板集热器

平板集热器结构简单,固定安装不需要跟踪太阳,可以收集太阳直射和漫辐射的光线,成本低。其主要结构如图 3.29 所示。平板集热器包含吸热体(吸收太阳辐射能,将其转化为热能并传递给工质)、透明盖板、隔热层(降低集热器热损失)、壳体(将盖板、吸热体、隔热层装配成一体,保护核心吸热体)。

集热材料主要如下。

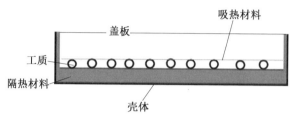

图 3.29 平板集热器结构图

（1）吸热材料。吸热材料要求具有较高的太阳能吸收率，较低的红外辐射率，良好的导热性，耐腐蚀、宜加工。主要板材有普通钢板、不锈钢板、铜板、铝板和玻璃材料。其中铝板相比钢板导热性好、热效率高，铜板导热率高。热效率高但是价格较高。吸热板材的结构形式主要为波纹板式和平板式。吸热材料吸收的太阳光热能传递给导热工质，工质位于与吸热材料紧密配合的排管和集管内。排管是指吸热板纵向排列并构成流体通道的部件；集管是指吸热板上下两端横向连接若干根排管并构成流体通道的部件，用于收集排管内的工质。吸热材料与排管结构如图 3.30 所示。

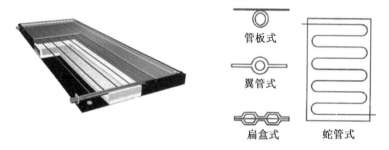

图 3.30 吸热材料与排管结构

（2）透明盖板。它的功能是透过太阳辐射，使其投射在吸热板上并保护吸热板使其不受灰尘及雨雪的侵蚀，形成温室效应，阻止吸热板在温度升高后通过对流和辐射向周围环境散热。目前市场上常用的盖板为玻璃板、钢化玻璃板、透明塑料等。普通玻璃以其透光率高、红外反射率低、抗老化成为首选，并通过镀膜 SnO_2、TiO_2、Ag/TiO_2 降低太阳光的反射损失，提高吸收率。市场常见的玻璃盖板厚度为 3 mm，太阳投射比在 0.83 以上。根据 GB/T 6424—2021《平板型太阳能集热器》规定，透明盖板的太阳光投射比不应当低于 0.90。钢化玻璃的太阳投射比在 0.88 以上，但是钢化玻璃保温性差，红外光的投射比比平板玻璃高。盖板与吸热板之间的距离为 20~30 mm。

（3）隔热材料。在集热器的背面、侧面都装有隔热材料，以减少热损失，提高热效率。隔热材料要求热导率低、绝热性能好，一般采用玻璃棉、矿渣棉、蛭石、岩棉、聚苯乙烯等，其中背面隔热材料厚度一般为3~5 cm，侧面隔热材料厚度为2~3 cm。

平板集热器工作原理（图3.31）：阳光透过盖板照射到吸热体上，吸热材料吸收太阳辐射能并转化为热能，将热能传递给通道中的工质（一般是水），这样从集热器底部流入的低温工质，被加热而温度升高、密度变小，向上流动进入保温热水箱，推动水循环，水箱中的低温水向下流动，从下面进入平板集热器，完成一次循环。这种循环不停进行，保证了水的温度。

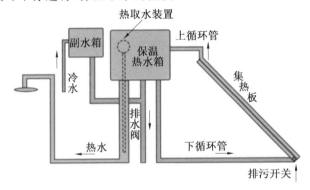

图3.31　平板集热器工作原理图

吸热材料和隔热材料的导热系数见表3.38。目前国际上使用比较普遍的是全铜材料集热器，或者铜铝复合材料集热器，铜翅片和铜管相结合，集热效率高。盖板材料为中空玻璃、聚四氟乙烯、聚碳酸酯阳光板等材料，光透过率高，导热系数低，最大程度减少了热损失。

表3.38　吸热材料和隔热材料的导热系数

材料名称	$\lambda/[W \cdot (m \cdot K)^{-1}]$	材料名称	$\lambda/[W \cdot (m \cdot K)^{-1}]$
铜	387	混凝土	1.84
铝	237	平板玻璃	0.76
硬铝	177	玻璃钢	0.50
铸铝	168	聚四氟乙烯	0.29
黄铜	109	玻璃棉	0.054
碳钢	54	岩棉	0.0355
镍铬钢	16.3	聚苯乙烯	0.027

2. 真空管集热器

真空管集热器是一种在平板集热器基础上发展起来的新型太阳能集热装置,其吸热体与玻璃管之间的夹层保持高真空度。其核心部件是真空管,真空管由内部的吸热体和外层的玻璃管所组成,真空夹层可有效地抑制真空管传导和对流热损失;吸热管涂敷选择性吸收涂层(涂层的材质主要包括黑镍、黑锌、黑铬、黑铜等),具有低的红外发射率,可明显地降低吸热管的辐射热损失。真空管集热器按吸热体的材料分类,有玻璃吸热体真空管(或称全玻璃真空管)集热器和金属吸热体真空管(或称玻璃－金属真空管)集热器两大类。

(1)全玻璃真空管集热器。

全玻璃真空管集热器结构图如图 3.32 所示,内吸热管和外管全部为玻璃材料,更像一个热水瓶胆的结构。内管和外管之间为真空腔,全玻璃真空管集热器散热很小,内管的水银涂层可防止热量辐射;内外管间的真空度<0.013 Pa,使对流散热几乎为零,热效率达 93.5%,比普通平板太阳能集热器提高 50%～80%。全玻璃真空管集热器由于它的材料是高硼硅玻璃(也称硼硅玻璃),热膨胀系数为$(0.1～3.3)\times 10^{-6}\ K^{-1}$,内外涂层在真空的环境里不会氧化,在不受外力的情况下寿命超 20 年。

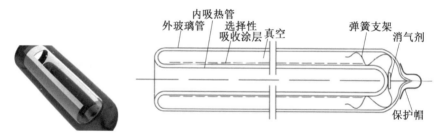

图 3.32 全玻璃真空管集热器结构图

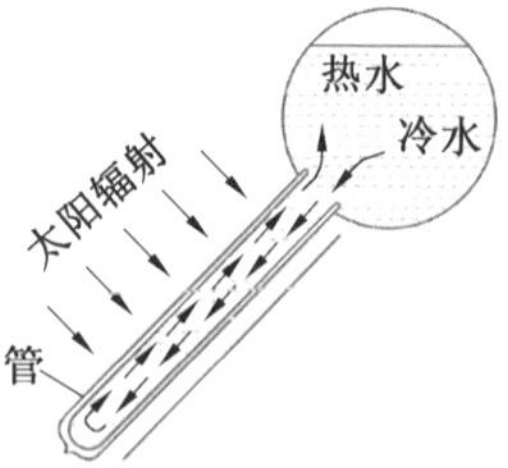

全玻璃真空管集热器工作原理(图 3.33):全玻璃真空管集热器可以吸收太阳辐射热量中的两种能量:一种是太阳直射辐射热量;另一种是太阳散射辐射热量。

首先太阳光照射到真空管的外壁面上,热量一部分被真空管壁吸收,一部分被反射到天空中,剩下一部分继续照射到真空管内壁面上。真空管内壁表面涂有吸热材料,该材料具有高吸收率、低发射率的特点,最大限度地吸收太阳热量。阳光中的

图 3.33 全玻璃真空管集热器工作原理

太阳辐射热量通过直射辐射与散射辐射加热真空管内壁柱形集热板,柱形集热板的温度升高后,热量向两侧扩散,一侧通过辐射损失与对流损失向管壁扩散;另一侧通过辐射加热与对流加热的方式加热工质。

集热管内的水被加热后,由于热水密度比冷水密度低,热水会沿着集热管受热的一面向上流动进入水箱,而冷水则会沿着非受热面(底面)向管内流动,从而形成了冷热水交流的自然循环。随着真空集热管持续吸收太阳辐射,管内产生的热水会持续不断流入储热水箱,使储热水箱内水的温度不断升高,当水箱内的热水充盈甚至达到沸点时,水箱上的排气孔就会开启,避免发生危险。国产全玻璃真空管集热器规格见表 3.39。

表 3.39 国产全玻璃真空管集热器规格　　　　　　　　　　　mm

内径	外径	壁厚	长度
37	47	1.8	1 200、1 500、1 800
47	58	1.8	1 500、1 800、2 100

(2) 金属吸热体真空管集热器。

金属吸热体真空管是国际上在玻璃吸热体真空管基础上发展起来的新一代真空管,它又可划分为多种形式。无论形式如何,其内部包含工质的热管为金属材料,热管与外玻璃管之间为抽真空环境,这类热管为金属吸热体真空管,其构成的集热器为金属吸热体真空管集热器。金属吸热体真空管集热器可分为 U 形管式真空管集热器、同心套管式真空管集热器、内聚光式真空管集热器。

金属吸热体真空管集热器结构及原理(图 3.34):金属吸热体真空管集热器外部为真空玻璃管,内置金属热管,金属热管内为液体工质,管子的热段为蒸发端,工质在这个位置被金属吸热体吸收的太阳能加热汽化成蒸气,上升进入冷段释放热量,冷却后的低温蒸气冷凝后在下方流回热段。

金属吸热体真空管集热器是目前市场上的首选,其优点如下。

①工作温度高。最高运行温度超过 100 ℃,有的形式甚至可高达 300 ~ 400 ℃,使之成为太阳能高温利用中必不可少的集热部件。

②承压能力大。真空管及其系统都能承受自来水或循环泵的压力,多数集热器还可用于产生 10^6 Pa 以上的热水甚至高压蒸汽。

③耐热冲击性能好。即使用户偶然误操作,对空晒的集热器系统立即注入冷水,真空管也不会因此而炸裂。

④热启动快,阳光下 2 min 就可以输出热量。

⑤真空度高,不结垢。

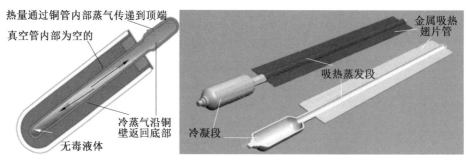

图 3.34　金属吸热体真空管集热器结构及原理图

⑥全天候运行,耐低温,适合北方的低温环境,不会出现结冰冻坏的问题。

⑦使用寿命长,一般可以达到 12 年。

业内称金属吸热体真空管集热器为耐高温、耐高寒、吸收高效的三高集热器。正由于金属吸热体真空管具有其他真空管无可比拟的诸多优点,世界各国科学家竞相研制出各种形式的金属吸热体真空管,如热管式、同心套管式、U 形管式、储热式、直通式、内聚光式等等,以满足不同场合的需求,扩大了太阳能的应用范围,成为当今世界金属吸热体真空管集热器发展的重要方向。

①U 形管式真空管集热器(图 3.35):外部为真空玻璃管,内置金属热管,金属热管为 U 形结构,工质受热管段在上,冷工质回流管段在下,工质受热汽化上升进入集热管,冷凝后的液态工质通过回流管回流。气态工质与回流的液态工质分开,防止其携带液态工质。

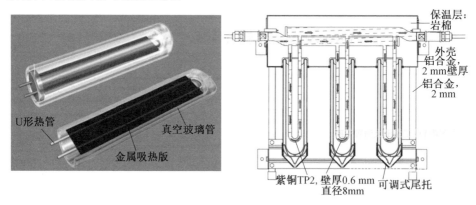

图 3.35　U 形管式真空管集热器

②同心套管式真空管集热器(图 3.36):在真空玻璃管内的热管为双层金属热管,内层热管流动的是高温工质,低温流体流入内外管的间隙被加热为热的工质后流入内管,通过内管流出,完成一次加热循环。这种将冷热工质分离的热管

有效防止了热损失。

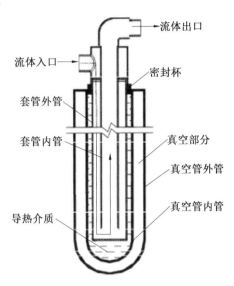

图 3.36 同心套管式真空管集热器

③内聚光式真空管集热器(图 3.37):在真空玻璃管内部的吸热管下表面增加聚焦反射镜,收集成一定角度入射的太阳光以及散射太阳光,提高太阳能的收集效率。吸热管位于真空玻璃管的轴向位置,聚焦反光镜为复合曲面金属反光板,避免了单一抛物线型反光板吸收侧向来光能力差的缺陷,使正向和侧向来光均可以被反射到吸热管上。

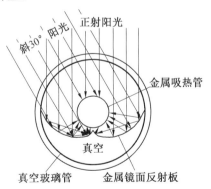

图 3.37 内聚光式真空管集热器

3.2.4 太阳能热水器技术

以太阳能集热器为核心部件的太阳能热水器是目前国内最为广泛使用的太

阳能利用方式,尤其在村镇,由于建筑层低,生活用热多,因此利用率更高,同时农业生产中干燥、农业种植、水产养殖等方面也有广泛使用。

1. 按集热方式分类

我国市场上销售的太阳能热水器按集热方式基本可以分为3个类型:闷晒式、平板式和真空管式热水器。

(1)闷晒式热水器。

闷晒式热水器将集热器和热水箱结合成为一体,与集热器连接的进冷水管和出热水管可以合用一根,也可以分别设置。最简单的闷晒式热水器由0.5~0.6 mm厚的镀锌铁板焊接而成,向阳侧加装玻璃盖板,并将水箱外表面涂黑,以增强对日光的吸收。闷晒式热水器具有结构简单、成本低廉、维护方便的优点,但同时,它也具有日间集热慢,热效率低,夜间散热量大,热水不宜长期保存的缺点,在北方小城镇中,冬季一般无法使用。整体来说,这种热水器在小城镇中应用得比较广泛。

(2)平板式热水器。

平板式热水器是所有热水器中数量最多的一种,其由平板集热器与热水箱组成,蓄热媒质(一般系统中就是水)由水箱至平板集热器处得热,然后流回水箱,如此反复循环,使储热水箱内的水不断被加热。

(3)真空管式热水器。

真空管式热水器是在平板式热水器基础上发展起来的新型高效热水器,也是太阳能热水器的发展方向。真空管式热水器是以各类真空管集热器为核心部件与热水箱组成的热水器。

2. 村镇太阳能热水系统设计

村镇太阳能热水系统设计可分为以下4种模式。

(1)整体式。

整体式热水系统的特点是集热器与蓄热水箱合为一体,具有结构紧凑、设备简单、运行管理方便、造价低廉的优点,是一种深受小城镇用户欢迎、易于推广的家用热水系统。但相比管路循环系统,整体式热水系统的媒质无法有效利用热压差或机械力进行对流循环,因而得热能力较差。另外,由于集热和储存热水都是在同一容器内进行,所以得热和保温的矛盾也是关键。目前,整体式热水系统的热水器有两类:闷晒式热水器和储热式真空管热水器。

①闷晒式热水器是最传统的热水器类型,市场份额呈下降趋势,但这并不意味着闷晒式热水器完全失去了生命力。近期的研究比较关注以下两个方面:发

展不等截面水箱的闷晒式热水器,实验证明三角形截面热水器能够提高箱体内水的循环,在一定程度上提高热水循环效率;发展复合闷晒式热水器,此类热水器增加了反光曲面、玻璃盖板和保温外壳,水箱外表面有选择性涂层,因此热效率和保温性能大大提高。

②储热式真空管热水器是高技术层次上的新型产品。由于采用了真空管技术,在玻璃和集热管之间形成了透明绝热层,大大减少了对流和传导的热损失。金属集热管外表面有选择性涂层,可大大提高太阳能光谱吸收效率,减少长波发射,降低了辐射热损失。上述技术弥补了传统整体式热水系统存在的问题,同时又具备真空管热水器的优良热性能。

(2)自然循环式。

自然循环式热水系统中水的循环动力是靠管路内冷热水比重不同而产生的热虹吸式压头来维持的。集热器中的水因被太阳能加热后,体积膨胀、密度减小、压强降低而上升,水箱下部的冷水由下循环管流入集热器,将被加热的水顶入水箱,不断循环。经过一段时间,整个水箱内的水就被加热到可以使用的温度。由于循环依赖热虹吸式压头,所以储热水箱必须高于集热器的上集管。

当使用热水时,储热水箱内的水位下降,补水箱通过连通管将冷水由储水箱底部给予补充,直到全部热水用完为止。自然循环系统的优点是结构简单,运行可靠,不需辅助能源;缺点是储热水箱的位置比较高,给建筑的负荷和装置的安装带来一些不便。在安装和运行的过程中特别要注意的是上下循环管水流不应出现反坡现象,否则就不能正常工作。小型的自然循环系统也可以省去补给水箱,此时可将热水管和进水管合二为一,连接于储热水箱的底部。这种系统的特点是必须待整个储水箱被加热后,方可使用。

能运行自然循环式系统的热水器包括平板式热水器、全玻璃真空管热水器和热管真空管热水器等,其中全玻璃真空管热水器只能运行于自然循环式热水系统。

(3)强制循环式。

强制循环式热水系统利用水泵在集热器和储热水箱之间建立循环。当集热器的上水管水温比水箱底部温度高若干摄氏度时,温控器启动水泵进行循环;反之,当两处的温度低于某限定值时,水泵停止运行。如此不断循环,最终将储热水箱内的水全部加热。管路中单向阀的作用是防止夜间水倒流,从而减少热损失。强制循环式热水系统的热效率高于自然循环式热水系统,但系统比较复杂,系统运行时还需要一定的电能提供循环动力。

另外,强制循环式热水系统水泵的启停只与水温差有关,水泵的运行速度也是固定的,未将太阳辐射强度考虑在内,因此系统往往不能运行在最佳状态。目前,已经有研究对此方面进行了优化。方法是在水泵电路上附加小型太阳能发电系统。水泵的转速完全由太阳能电池的电流强度控制,实现了智能变频,保证系统始终运行在高效状态。目前,能运行强制循环式热水系统的热水器包括平板式热水器、热管真空管热水器和内聚光式真空管热水器等。

在实际使用中,强制循环式热水系统可以设计成单循环系统和双循环系统。二者的区别在于:前者集热器中的传热媒质本身是水,随着使用,传热媒质不断更新;后者的传热媒质与直接使用的水是通过管路分离的,传热媒质通过蓄水箱的热交换器与水进行二次热交换,传热媒质通常为防冻液或软化水。双循环系统的管路复杂,成本比较高,但对特殊地区的小城镇是非常有效的,如解决高寒地区冬季防冻问题和硬水质地区集热器结垢问题。

(4)直流式。

直流式热水系统也可以被称为一次性热水系统,因为水只通过集热器一次就被加热到所需温度,是由我国首创的循环系统。直流式热水系统的工作原理是当集热器出口温度达到预定温度时,集热器出口处的温度灵敏开关打开,热水被自来水顶入储水箱。当集热器出口温度下降时,温度灵敏开关立即关闭,停止供水。直流式热水系统的优点是热效率高,不消耗电能,系统简单,水箱置于集热器之上,在运行时可以即时得到热水,不必等待循环过程。

直流式热水系统的缺点:温度灵敏开关的启动点温度、水箱容量和太阳辐射强度之间关系不易协调,必须依靠电子控制设备或人的控制经验,否则将出现水箱过满溢水或水量过少的情况。另外,储热水箱内的水降温后无法重新加热,影响后续产热水的数量和质量。直流式热水系统所采用的热水器包括同心套管式真空管热水器和U形管式真空管热水器等。由于独特的运行原理,集热器可以任意角度放置,灵活性比较大。

由于直流式热水系统与自然循环式热水系统在特点上存在互补的地方,在设备上也有可共用的部分,我国已经研制出了直流-自然循环复合式热水系统。两种运行方式的切换由储热水箱的水位传感器控制。当水箱内水位低于下限设定水位时,系统以直流方式运行,陆续向水箱内注水;当水箱内水位高于该设定值时,直流系统的电磁阀关闭,系统以自然循环方式运行;若取用热水,水箱中水位下降,系统重新转换为直流方式。

3. 太阳能热水器设计计算

太阳能热水器的设计取决于热水的用量,也要充分考虑环境条件、气候条件、建筑功能、热水供应方式需求、施工条件、建筑新颖美观程度等因素,因此太

阳能热水器设计计算尤为重要,具体计算采用如下公式:

$$Q_h = \sum I_s \cdot S_i \cdot D_i \cdot \varphi \cdot \eta_h \tag{3.80}$$

式中　Q_h——太阳能光热利用潜力(最大供应热水量),kJ;

　　　I_s——计算地点年太阳能总辐射量,kJ/m^2;

　　　S_i——各类型建筑规划用地面积,m^2;

　　　D_i——各类型建筑的建筑密度,%;

　　　φ——建筑屋顶面积有效使用率,%;

　　　η_h——光热效率,%。

计算地点的太阳能总辐射量计算:地球大气层外法向太阳辐射强度几乎保持不变,称该数值为太阳常数。J.A.Duffie 分析了太阳常数的数值演变,最后采用 $I_{sc} = 1\ 367\ W/m^2$。然而,由于日地距离是随时间不断变化的,因此地球大气层外边界处法向太阳辐射强度每日不同,一般大气层外法向太阳辐射的逐日计算公式如下:

$$I_{sc} = 1\ 367 \times \left[1 + 0.033\cos\frac{360 \times (n-2)}{365}\right] \tag{3.81}$$

太阳辐射穿过大气层时,由于受到大气层反射、散射和吸收作用的共同影响,到达地球表面的太阳辐射强度大大削弱,所以太阳辐射的波谱和能量分布也发生了改变。空气分子、水和尘埃与辐射相互作用引起散射,散射发生的程度是太阳辐射所经路径中粒子数量和粒子相对于辐射波长 λ 大小的函数。通常,大气层外波长 $\lambda > 2.5\ \mu m$ 的光谱能量占太阳光谱总量不到 5%,而进入大气层的辐射中 $\lambda > 2.5\ \mu m$ 的光谱又被水和 CO_2 所吸收;此外,短波中波长 $\lambda < 0.29\ \mu m$ 的辐射又几乎被 O_3 所吸收。因此,本节所考虑的太阳辐射光谱范围为 $0.29 \sim 2.5\ \mu m$。此外,太阳辐射强度在穿越大气层时是以指数形式衰减的,假设若太阳位于天顶,则到达垂直于太阳光线的地面太阳辐射量为 I,包含直射辐射和散射辐射。

本节按照 Liu 和 Jordan 提出的经验模型,将晴朗无云天气下,太阳散射辐射按太阳直射辐射的一定比例进行计算,具体如下式:

$$T_z = 0.56 \times (e^{-0.56M} + e^{-0.096M}) \times K \tag{3.82}$$

式中　T_z——太阳直射辐射透过大气层的透过率;

　　　M——大气的光学质量,$M = 1/\sin\alpha$(高度角大于 30°);

　　　K——大气透过率计算系数(0.8~0.9)。

若高度角小于 30°,则 M 的计算公式如下:

$$M = [1\ 229 + (614 \times \sin\alpha)^2]^{\frac{1}{2}} - 614 \times \sin\alpha \tag{3.83}$$

太阳散射辐射透过率 T_s 为
$$T_s = 0.271 - 0.293\ 9 \times T_z \tag{3.84}$$
$$I_s = I_{sc}(T_z + T_s) \tag{3.85}$$

式中 I_s——太阳光投射到地面物体（太阳能板、温室外表面等）的辐射强度,包含直射辐射和散射辐射。

小镇太阳能屋顶光热安装容量为
$$W_h = \sum S_i \cdot D_i \cdot \varphi \cdot \eta_h \cdot \theta_h \tag{3.86}$$

式中 W_h——太阳能光热安装容量,kJ；
S_i——各类型建筑规划用地面积,m²；
D_i——各类型建筑的建筑密度,%；
φ——建筑屋顶面积有效使用率,%；
η_h——光热效率,%；
θ_h——集热容量。

直流式热水系统的集热器面积 A 规划计算公式：
$$A = Q_w \rho_w c_w (t_{end} - t_0) f / I_s \eta_{cd} (1 - \eta_l) \tag{3.87}$$

式中 A——集热器总面积,m²；
Q_w——日需要热水量,L,$Q_w = q_r m b_i$；
ρ_w——水的密度,kg/L；
c_w——水的比定压热容,kJ/(kg·℃)；
t_{end}——储水箱内热水的设计温度,℃；
t_0——储水箱冷水的设计温度（取给水的平均温度）,℃；
f——太阳能保证率,%,参考当地太阳能数据；
I_s——当地太阳能集热器采光面上平均日太阳能辐照量,kJ/m²；
η_{cd}——基于集热器总面积年平均集热效率,%；
η_l——太阳能集热系统中储热水箱和管路的热损失率,根据经验值可以选择 0.2~0.3；
q_r——平均日用热水定额(L/(人·天)或者L/(床·天)),定额的选取需符合国家相关给水设计标准 GB 50015—2019《建筑给水排水设计规范》；
m——计算用水量的人数或者床位数；
b_i——同日使用率。

北京平谷太平庄村热水采暖系统如图 3.38 所示。该建筑使用面积为 160 m²,采用平板式真空管太阳能集热器,采光面积为 24.21 m²,并设有 1 500 L

储热水箱和 100 L 采暖水箱。太阳能热水/采暖系统全天为住户供应热水和采暖。辅助供热采用电暖器。

测试周期为采暖季节,太阳能供热保证率为 17%～59%,集热系统效率平均为 54%,室外温度为 6～9 ℃,室内平均温度为 14～19 ℃。测试周期内热水保证率为 100%。

图 3.38　北京平谷太平庄村热水采暖系统

3.2.5　特色小镇主动式太阳能建筑设计

村镇尤其是中原地区的村镇,由于冬季温度适宜,可以充分利用太阳能,设计主动式太阳能建筑是新能源利用的首选。

主动式太阳能建筑是利用太阳能集热器为建筑提供热源的建筑。这类建筑用集热器根据工质分为两类:热风式集热器、热水式集热器。

(1)热风集热式供热系统。

在屋面上朝南(阳面)布置热风式集热器,被加热的空气通过碎石储热层后由风机送入房间,辅助热源为沼气热风炉,并设置控制调节装置,根据送风温度确定辅助热源的投入比例。在小城镇住宅中一般不设碎石储热层而直接用风机将热空气送入房间,减少了初始投资,且降低施工难度。

(2)热水集热式地板辐射采暖兼生活热水供应系统。

在屋顶设置的太阳能集热器系统有集热循环水泵、辅助蓄热水箱、供热水箱、采暖循环水泵、辅助热源燃气锅炉、辅助热源热水循环泵、辅助加热换热器、地板辐射采暖盘管。地板辐射采暖盘管的做法是,在地面上先铺设保温层,再铺设聚乙烯塑料盘管,然后再做地面面层。热媒水通过盘管向房间散出热量后温度降低,再返回蓄热水箱,由集热泵送到太阳集热器重新加热,夜间或阴天太阳能不足时,则由辅助热源加热系统保证供暖。

(3)太阳能空调系统。

从理论上讲,太阳能制冷可以采用太阳能光电转换制冷和太阳能光热转换制冷两种途径。太阳能光电转换制冷,首先是通过太阳能电池将太阳能转换成电能,再用电能驱动常规的压缩式制冷机。在目前太阳能电池成本较高的情况下,对于相同的制冷功率,太阳能光电转换制冷系统的成本要比太阳能光热转换制冷系统的成本高出许多倍,目前在小城镇中尚难推广应用。太阳能光热转换制冷,首先是将太阳能转换成热能,再利用热能作为外界的补偿,使系统达到并维持所需的低温。

(4)综合太阳能利用系统(OM 太阳能系统)。

OM 太阳能系统设计方案是由建筑家奥村昭雄(东京艺术大学名誉教授)于20 世纪 80 年代提出的,经过不断改善,迄今为止已发展为一套完备的太阳能与建筑一体化系统。OM 太阳能系统是一种多功能的太阳能利用系统,能进行建筑采暖、降温和提供生活热水,与太阳能光电供电系统相结合还可以提供系统中水泵和风扇的动力用电。这种系统是今后小城镇太阳能利用的发展趋势。

OM 太阳能系统以空气为热媒,避免了以水为热媒时可能产生的荷载大和漏水现象。热量的收集是通过屋顶上的太阳能集热系统来完成的。屋面面层与底层之间留有狭窄的通风间层,面层靠近屋檐处采用深色金属吸热板覆盖空气间,接近屋脊处则采用钢化玻璃盖板,室外空气从屋檐下的进风口引入,流经间层时首先被深色吸热金属板加热,空气向上流动、温度逐渐升高,为减少热损失和提高集热效率,间层的上部采用钢化玻璃盖板形成类似特朗伯墙的集热方式,最后热空气上升进入屋顶最高处的屋脊集气道以及空气控制箱。空气控制箱由进气闸、出气闸、热水盘管和风机组成,用来控制空气的流向,冬季打开进气闸可使热空气送入室内进行采暖,夏季打开出气闸,可使通过加热的热水盘管后的气流由出气口直接排向室外。

OM 太阳能系统的工作原理如图 3.39 所示,室外空气由进风口①进入,经过由金属吸热板③和玻璃板④覆盖的通风间层②加热后,上升到位于屋脊上的集气道⑤,通过空气控制箱⑥中风扇的带动进入房间内部风道⑧(空气控制箱中风扇的动力可来自于屋面上的太阳能光电板⑦),再由空气分配器⑨部分分配到室内各房间直接加热室内空气,而大部分热空气则进入垂直风道⑩中,一直送入位于首层地板下的架空储热空间。在此首先加热铺设于地层用于蓄热的混凝土垫层⑫(有时也可送入砖或混凝土夹层内墙中蓄热,且蓄热量较大),再通过地板上的出风口⑪向室内送风。气流以 1 m/s 的速度从分布在室内四周的出风口送出,形成的气流场使室内热空气分布比较均匀。夜间,作为蓄热体的厚混凝土垫

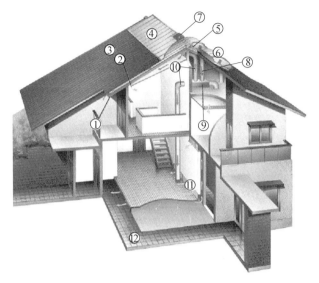

图 3.39　OM 太阳能系统的工作原理

①—进风口；②—通风间层；③—金属吸热板；④—玻璃板；⑤—集气道；⑥—空气控制箱；⑦—太阳能光电板；⑧—内部风道；⑨—空气分配器；⑩—垂直风道；⑪—出风口；⑫—混凝土垫层

层(墙)开始向外释放热量,维持温暖的室温。

　　OM 太阳能系统的优点在于供暖的同时取得了室内换气的效果,所得到的新鲜热空气的温度虽因所处地区气候、天气的不同而有差异,但即使在寒冷地区也可以使空气升温至 50～70 ℃。通过机械和自然换气能使室内换气次数达到 1～2 次/h。采用地板出风的方式采暖能使热量分布较为均匀,并符合人体舒适性的要求。另外,OM 太阳能系统在集热量不足的情况下,可采取一些辅助的采暖手段使室温达到使用要求。辅助采暖设施根据地域差别、采暖面积大小、期望达到的室温效果、建筑围护结构的保温隔热性能、气密性等条件因地制宜采用。

　　①OM 太阳能热水供应系统。OM 太阳能系统不但能为建筑供暖,还可以提供生活热水。当热空气进入空气控制箱后,先吹过热交换盘管加热盘管中的热媒(通常为防冻液),通过热媒的循环加热储热水箱中的生活热水。热水的温度因天气和季节的不同而不同,在春夏秋三季,每天通常可以采集到 300 L、30～45 ℃ 的热水,供一般家庭淋浴及日常使用(图 3.40)。当冬季集热量有限时,所集热量优先用于采暖,控制系统会自动减少盘管中用于预加热热水的热媒循环量,并由辅助热源加热到使用温度。

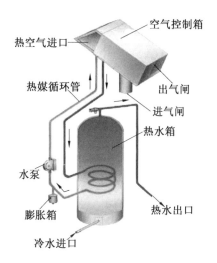

图 3.40　OM 太阳能热水供应系统

②OM 太阳能系统的不同运行模式。OM 太阳能系统是在一年四季都可以使用的,在不同的季节、不同的时间有不同的运行模式。按控制方式分为自动和手动控制模式;按季节分为冬季模式和夏季模式。

OM 太阳能系统采用先进控制系统,可提供自动和手动两种操作方法。如果选择自动运行,系统将按照多数人的生活习惯进行不同模式间的切换;如果选择手动操作,用户可以按照自己对室内热环境的感受进行随意切换,不同模式的转变主要是通过空气控制箱中气闸的开闭来实现。

a. 冬季模式。白天(图 3.41(a))打开空气控制箱的进气闸,关闭出气闸,热空气经过屋顶加热以后通过空气控制箱进入室内风道,经过空气分配器部分热空气直接进入各房间,部分热空气被引入地层地板下的架空层加热厚水泥垫层,再由地板四周的出风口进入室内对室内进行加热。

夜间(图 3.41(b))日落之后停止集热,由于位于地板下的厚水泥垫层和建筑采用的砖(混凝土)墙体都是良好的蓄热体,在夜间温度下降以后开始向室内释放热量,因此可以保持室内舒适的室温环境。

b. 夏季模式。白天(图 3.42(a))打开空气控制箱通向室外的出气闸,关闭进入室内的进气闸,使被屋顶加热的热空气不能进入室内,而是将热量传给热交换盘管内流动的热媒,通过热媒的不断流动加热水箱中的生活用热水,而后通过出气闸排向室外。

夜间(图 3.42(b))当屋面被充分自然冷却后,打开空气控制箱的进气闸,关闭出气闸,夜晚空气在流经金属板覆盖的夹层时,通过金属板向夜空的辐射冷却作用使空气温度降低,冷却后的空气通过室内风道进入室内,进而降低室内温度。

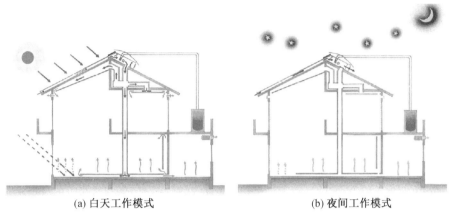

(a) 白天工作模式 　　　　　　(b) 夜间工作模式

图 3.41　冬季白天工作模式及夜间工作模式

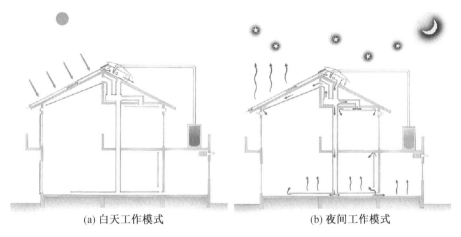

(a) 白天工作模式 　　　　　　(b) 夜间工作模式

图 3.42　夏季白天工作模式及夜间工作模式

图 3.43 所示为位于加利福尼亚州戴维斯城的一栋应用了 OM 太阳能系统的住宅,使用面积为 192 m^2。图 3.44 所示为 2003 年夏季 3 天的实测数据,图 3.45 所示为 2003 年冬季 3 天的实测数据。从图中曲线可以看出,其夏季降温和冬季采暖的效果还是比较明显的,对室内的气温波动也起到了明显的平抑作用。冬季还可以获得 30 ℃以上的热水,节能效果明显。

③OM 太阳能系统的特点和适用性。OM 太阳能系统是在空气控制箱内设置换热盘管,通过热风式集热器收集的热空气加热热媒后,再进入储热水箱换

图 3.43　戴维斯城的一栋应用了 OM 太阳能系统的住宅

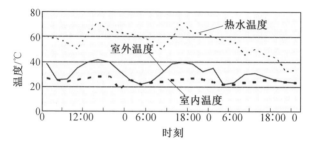

图 3.44　2003 年夏季 3 天运行数据

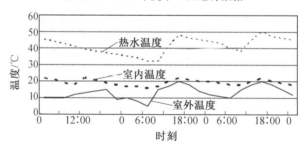

图 3.45　2003 年冬季 3 天运行数据

热。经过两次热交换其集热效率和水温显然不如直接使用太阳能热水器提供热水的高。但其设备具有采暖和供生活热水的双重功能，整个系统也不太复杂，屋顶荷载比较小，维护也较为方便。基于这些特点，OM 太阳能系统应该更适用于采暖区的小城镇建筑。虽然 OM 太阳能系统在夏季夜间也能起到一定的降温作用，尤其在昼夜温差大的气候区效果会比较明显。但在南方炎热气候区，白天 OM 太阳能系统屋面间层中流动的高温空气流虽可制备充足的热水，但对室内的热环境却会产生负面影响，尤其在昼夜温差较小的湿热气候区很难达到降温的目的。因此对于南方炎热地区的小城镇，OM 太阳能系统并不适用。在这些地区，生活热水使用太阳能热水器直接制备效率会更高，经济性也会更好。

图 3.46 所示为太阳能板与平屋顶、坡屋顶相结合的模式，太阳能板与建筑立面相结合的模式，以及太阳能板与屋面的专设构件相结合的模式，为太阳能与建筑有机结合提供案例。

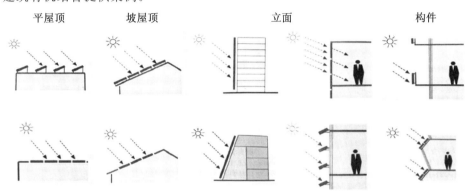

图 3.46　太阳能板与建筑结合模式

3.2.6　太阳能温室设计

1. 太阳能温室设施分类

太阳能温室是利用透明覆盖材料作为全部或部分围护结构，以太阳能为核心能源，形成具有一定的环境控制功能，抵御恶劣天气条件，保证作物正常生长发育的设施。在现代化的太阳能温室中，控制的环境因素不仅仅是温度，还包含湿度、CO^2 浓度等；实现全植物生长环境自动控制和优化，保证植物高效生长。

传统的太阳能温室是指以太阳辐射能为主要能源用于温室环境温度控制，一般不进行人工加温，或只进行少量的补温。太阳能温室白天接纳并蓄存辐射热能，到夜间释放白天蓄存的辐射热能，保证温室内温度不随外界环境温度的降低而大幅变化，主要用于北方地区蔬菜的冬季栽培，实现全年连续的农业生产。

(1) 温室按平面布局和结构组合可分为单栋温室和连栋温室。

① 单栋温室又称为单跨温室，是以一个标准温室单元作为一个独立结构进行建设的，不设置排水天沟，雪和融水沿坡面自动滑落，不对屋面形成太大的压力，设有顶部保温覆盖卷毯，侧窗通风，通风保温效果好。结构上含一面坡型、拱形（图 3.47），其中一面坡型由于立面进行保温维护设计，使之更适合北方地区。

单栋温室的跨度一般为 6～12 m，长度为 60～120 m，骨架开间为 0.8～1.2 m。

② 连栋温室（图 3.48）又称为连跨或者多跨温室，是单栋温室的升级形式，由

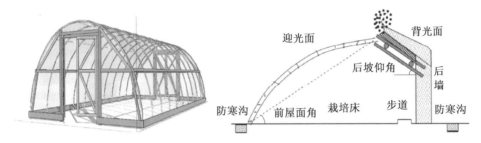

图 3.47　拱形及一面坡型单栋温室

两个或两个以上独立温室通过天沟连接而成,是现阶段国内外温室发展的方向,最典型的连栋温室为荷兰 Venlo(文络)式框架结构温室。温室结构形式为天沟连接多跨连栋,温室屋面设计倾斜角度为 20°,跨度为 9.6 m,间距为 4～5 m,肩高为 3.5～5 m,顶高为 15～16 m;温室框架结构主要由基础、立柱、天沟、铝合金檩条、门、电动式天窗等部件组成。

依据中华人民共和国农业行业标准 NY/T 2970—2016《连栋温室建设标准》,连栋温室在规模上分为:小型温室面积不大于 1 万 m^2;中型温室面积在 1 万 m^2～10 万 m^2 之间;大型温室面积在 10 万 m^2 以上。

图 3.48　连栋温室效果图

(2)温室按覆盖材料可分为 3 大类。

①塑料温室:顶部覆盖材料为聚乙烯(PE)膜、聚氯乙烯(PVC)膜、醋酸乙烯(EVA)复合膜、功能复合长寿膜(PE/EVA/PE),其中 PE、PVC 使用周期短,一般寿命为 2～6 个月,因环境污染严重而逐渐被淘汰。目前主流膜为功能复合长寿膜,这种膜为多层共挤 PE/EVA/PE 复合膜,厚度为 0.08～0.2 mm,透光率在 90% 以上,与防雾滴剂和保温剂的相容性好,防雾滴持效期长;外层 PE 树脂具有

耐候性,内层 EVA 树脂具有保温、防滴性,伸缩率小,强度大,这种材料的外层防紫外线,抗老化,使用周期为 3~5 年,用后可直接进行焚烧处理,不产生有害气体。这类塑料温室大棚的弧形室顶美观大方,视线流畅;结构用钢量小,保温性能好;制造成本相对较低,属经济型温室,适用于我国大部分地区。北方地区多采用双层膜温室,南方地区多选用单膜温室。双层膜温室能在可见光 0.4~0.7 μm 范围内得到最大光照,双层膜充气后,可以形成厚厚的气囊,能有效地防止热量流失和阻止冷空气的侵入,可以极大提高温室保温性能,节省运行成本。但是其保温性能较差,单靠塑料薄膜顶棚,很难在北方的冬天起到很好的保温作用。

②玻璃温室:玻璃温室外观现代、结构稳定、抗风雪荷载能力强,透光率高,其中单层玻璃厚度为 4~6 mm,温室覆盖透光率大于 90%,导热系数为 0.755 W/(m·K);双层中空玻璃覆盖透光率大于 80%,且在使用周期内不衰减。玻璃温室使用寿命长、光照均匀、强度比较高,具有极强的防腐性和阻燃性。双层中空玻璃覆盖较单层玻璃覆盖的防结露性能、保温效果好。

③塑料板温室:透光覆盖材料为塑料板,主要包括玻璃纤维增强聚酯板(FRP)、丙烯树脂板(PMMA)、聚碳酸酯中空板(PC)。其中 FRP 板是玻璃钢材料的一种,通常厚度为 0.7~1 mm,呈波纹形,透光率为 86%,导热系数不大于 0.128 W/(m·K),寿命为 15 年,但是该种材料容易黄化,影响透光率,需要有效维护。PMMA 板又称为有机玻璃板,厚度为 3~4 mm,透光率大于 92%,导热系数不大于 0.2 W/(m·K),它一般加工成多层中空板,厚度为 8~16 mm,传热系数为 3.5 W/(m²·K),寿命为 20 年。PC 板包括两种:PC 波纹板,厚度为 0.8~1.2 mm,透光率为 88%~92%,导热系数为 0.2 W/(m·K);中空多层 PC 板,一般为 3 层,传热系数为 4.0 W/(m²·K),透光率为 74%~82%,使用寿命为 10 年以上。

与其他覆盖材料相比,塑料板材具有采光好、保暖、轻便、强度高、防结露、抗冲击,在极高温度下,有良好的阻燃性、经济耐用,安装使用过程中不会断裂或破碎,极强的适应性和安全性等诸多优点,该板的向阳面具有防紫外线涂层,抗老化性能达 20 年。保温效果比塑料薄膜好,冬季可节省加热能耗。

2. 温室环境与覆盖材料的参数调控

(1)调控湿度。

较高的湿度会在植物的叶面结露,导致植物病害的发生,尤其在冬季温室早晚温差较大,密闭型温室会在棚顶内表面形成冷凝水与雾气,如不加以控制会使作物生长区域的湿度更大,长期高湿度会导致病害发生。温室膜的流滴与消雾功能可以避免雾气形成,同时将贴于膜内表面的冷凝水滴汇聚成大的水膜并形成水流沿顶部弧度的方向及导水槽有序导出,有效调控温室内的湿度,从而降低了病虫害的发生与传播,同时也增加了膜的透光度。南方冷凝水并不严重的棚室可以选择不带流滴功能的棚膜。对于北方双层膜温室,顶层或外层可以使用普通长寿命不带流滴功能的棚膜,将流滴功能膜装于温室内层,透光度更好,还可以节约成本。

(2)优化光照。

光照包含3个特性,分别是光量、光分布和光质。光量是指进入温室的总的光通量。光分布是指进入温室内的光的辐射角度,对温室而言表现为直射光与散射光占光总量的比例。光质是指光进入温室后主要含有哪些光谱波段。光量通常来说只要不是遮白膜,所有种类的温室棚膜的透光率对于温室内作物的光合作用都是完全够用的,都在90%左右。光分布对农作物的影响为,太多的直射光会带来较多的阴影,造成作物生长不均,适宜的散射光则使温室内的光分布更加均匀,对于藤架类作物尤其有利,同时大大缓解了强光季节的光辐射,作物叶片呼吸时气孔的开合度更好。此外,在太阳光辐射较强的地区,散射光也可起到降低光照强度,柔化温室内光照的作用,对作物有保护作用。看起来不那么透明的散射功能膜并不意味着透光率低。入射光的透光总量受光分布形式(散射或直射)的影响非常小,可以忽略不计。进入温室之前,正常晴空无云下的光是全波段的(大气层会吸收部分紫外线);进入温室后,光谱的波段组成就发生了改变。如不加以干预,就无法让有用的光质发挥其最大的作用,作物的生长表现也无法达到种植者的目的。通过温室膜内的添加剂可以实现让进入温室内的特殊光质或光波段对作物生长进行有益的干预和调控。例如,紫外波段会加深或黑化如单色玫瑰等花卉的花瓣边缘的色度,降低卖相与售价,但另一方面使双色玫瑰等花卉色泽更艳,果蔬类口感更好。此外短波段是蓟马粉虱蚜虫的可视波段,如要防虫则还要考虑作物是否需要,同时这部分波段也是授粉蜂所需要的,如果阻隔了这部分波段,那么授粉蜂的工作效率也会大打折扣。另如红橙光段,通常会刺激作物的生长,而蓝光则普遍会产生抑制作用。这都对作物的上市时间产生影响,当然对不同作物的影响程度也会有所差异。具体到种植者来说,则需要根据作物与当地当时的环境,全面考虑进行选择,相矛盾的功能肯定无法同时加强存在于同一种膜产品中,这就要求种植者进行综合平衡来确定这部分功能的选择。因为光质波段的特殊性,这种功能膜与普通膜单从肉眼看是无法区分出来的,需要专门的仪器。用户选择时可以让厂家提供相应的指标数据。另外,这种功能膜的光谱过滤的效能不应随膜的使用时间增加而减弱。

(3) 膜强度。

温室覆盖膜的强度指标通常有拉伸强度、撕裂强度和抗冲击力。拉伸强度即将膜拉伸到断裂所需要的强度，在实际应用中与膜安装有关，通常这个指标所有厂家都是过关的，这是保证温室膜在安装时能拉紧绷平整的基本标准，这个指标的另一个实际意义还与风载、雪载（或雨水积聚压力）有关。撕裂强度更多体现在由于棚膜意外人为因素先出现小段的破裂后，在相关方向继续被撕大所需要的力，比如棚膜的折线处。抗冲击力是指膜抵抗瞬时外力对膜造成冲击使膜破裂的能力，实际应用体现在棚膜上方的落体冲击和冰雹，以及日常操作时无意间受到钝物突然猛戳的防护方面。

(4) 膜寿命。

影响膜寿命的主要因素为光、热及化学老化。光老化是由于塑料制品（包括温室膜）暴露在阳光之下，大量吸收紫外线，紫外光会造成塑料制品的聚合物分子结构被破坏，从而使寿命衰减，这个指标的首要表现就是物理指标，例如机械性能包括抗拉伸、抗撕裂和抗冲击强度下降。热老化是指因为过高温度造成薄膜分子链断裂，从而加速机械应力降低，属化学老化，非自然老化。杀菌灭虫药剂一般是含硫氯的化学试剂，其大大缩短了膜的正常使用寿命，不同厂家的不同标准膜产品都有一定的抗硫氯指标，较多厂家通常在这一指标上对于用户的正常使用是足够的，如抗 1 500 $\mu mol/mol$ 硫和 150 $\mu mol/mol$ 氯的膜，可以保证膜的正常使用寿命在质保年限内。

(5) 抗污染。

薄膜在生产中通过对外层添加抗静电添加剂，使膜的外层能最大程度上减少干燥空气中带电灰尘被吸附于温室的外表面，提高了膜外表面的自洁性，从而减少了膜外面灰尘的积聚，也相应降低了在合适的温湿度时产生苔藓、藻类的机会。对于气候相对干燥、空气流通性好的地区来说，这种功能的作用就能更好地发挥出来，但并非有防尘功能的膜就能彻底避免苔藓的产生。苔藓在空气流通差、适合的温度和较高的湿度时极易形成，而且在膜内面或外面、内外遮阳网上，甚至聚酯板、骨架上，能附着苔藓孢子的地方都会产生苔藓，一旦产生则极易连成一片，难以根除。因此也使得膜在使用多年后即使抗拉伸等机械强度还非常好，但因苔藓过多严重降低透光率，作物无法正常生长而不得不花钱换新。因此，棚内外的通风、湿度控制是非常关键的因素。对于防青苔的温室膜，许多厂家都在研发，但截至目前还没有真正能成功上市的成熟产品。国外对此的做法是定期对膜进行清洗，这样可以使膜的使用期限与膜的强度同步，往往会比厂家的书面质保期多两倍或更多。

3. 低碳储热型温室设计

温室的能量平衡是太阳能温室设计的核心,尤其在北方低温区域,因此低碳储热型温室是未来温室设计的趋势。

低碳储热型温室的能量补给模式:太阳能热水器耦合生物质好氧发酵产热的能源供给模式为村镇温室大棚能源利用提供了有效途径,为生物质牛粪、猪粪、秸秆能源化资源化利用提供了手段。

(1)生物质好氧发酵产热技术。

生物质或者有机废弃物在好氧堆肥过程中会释放大量热能,堆肥原料种类、堆肥工艺、堆肥规模不同都会影响堆肥产热量。通常来说,堆肥原料的有机质含量越高产热量越高,堆体体积越大产热量越高。Smith 等研究各种堆肥原料的产热量规律,发现不同原料堆肥的平均产热量为 1.910 4 MJ/kgDM(DM 为有机质含量),生物质发酵过程中获得的最大能量等于其燃烧热值。Stainforth 利用小麦秸秆发酵产热量为 17.6 MJ/kgDM,Sobel 利用家禽粪肥发酵产热量为 12.8 MJ/kgDM。Smith 等的研究结论表明,生物质等有机废弃物在好氧堆肥过程中可以释放十分可观的热量,将这部分热量充分利用可以实现节能减排。人们很早就发现好氧堆肥过程会释放大量的热能,利用好氧发酵堆肥产生的热量为温室升温,有效地提升了作物的产量与品质,节省能源是温室低温运行的有利条件。

中温、升温产热阶段:发酵初期(通常在 1~3 天),生物质堆中嗜温性微生物利用可溶性和易降解性有机物作为营养和能量来源,迅速增殖分解有机质,并释放出热能,使肥堆生物质温度上升。此阶段温度在室温至 45 ℃范围内,产热微生物以中温、需氧型为主,通常是一些无芽孢细菌。产热微生物类型较多,主要有细菌、真菌和放线菌。其中细菌可以利用水溶性单糖代谢产热,放线菌和真菌分解纤维素和半纤维素类生物质产热。

高温产热阶段:当生物质好氧发酵温度上升到 45 ℃以上时,即进入高温产热阶段。通常从堆积发酵开始,在充分调控氧含量的条件下,只需 2~3 天时间生物质发酵肥堆温度便能迅速地升高到 55 ℃,并能够维持到堆肥过程结束,如果不控制氧含量,1 周内生物质堆温可达到最高值(最高温可达 80 ℃)。在这一阶段,嗜温性微生物受到抑制,嗜热性微生物逐渐取而代之。除前一阶段残留的和新形成的可溶性有机物继续分解转化外,半纤维素、纤维素、蛋白质等复杂有机物在好氧菌的作用下也开始强烈分解并释放大量的热。在 50 ℃左右进行产热活动的主要是嗜热性真菌和放线菌;当温度上升到 60 ℃时,真菌几乎完全受到抑制,进入休眠状态,仅有嗜热性放线菌和细菌成为优势菌群参与生物质代谢产热;当温度持续上升到 70 ℃以上时,大多数嗜热性微生物也受到抑制,微生物大量死亡或进入休眠状态。此时,产生热量减少,生物质堆温开始下降。当生物质堆温降至 70 ℃以下时,处于休眠状态的嗜热性微生物又重新活动,继续分解难分解的有机物,热量又增加,堆温就处于一个自然调节的、延续较久的高温期。高温对于发酵的快速腐熟起到重要作用,在此阶段的发酵内开始了腐殖质的形成过程,并开始出现能溶解于弱碱的黑色物质。碳氮比明显下降,生物质由于持续的代谢分解,总量减少,生物质肥堆高度随之降低。在高温发酵阶段,高温能有效杀灭生物质堆物中病原物,按我国高温发酵卫生标准,要求发酵最高温度达 50~55 ℃或 55 ℃以上,一般生物质好氧发酵堆肥合并产热的过程温度设计为 60 ℃以下,并通过氧气浓度的控制持续使产热活跃过程以低温和夜间为主,生物质堆释放热量的周期能持续 30~60 天,甚至更长。

陈化腐熟阶段:在发酵后还要进入陈化腐熟阶段,即在高温阶段末期,只剩下部分较难分解的有机物和新形成的腐殖质,此时微生物活性下降,发热量减少,温度下降。此时嗜温性微生物再占优势,对残留较难分解的有机物做进一步分解,腐殖质不断增多且趋于稳定化,此时发酵进入腐熟阶段。降温后,需氧量大量减少,肥堆空隙增大,氧扩散能力增强,此时只需自然通风。在强制通风发酵中常见的后熟处理,即将通气堆翻堆一次后,停止通气,让其深度腐熟,形成大量的腐殖质以提高碳氮比,起到保氮的作用。

(2)生物质的热值与组成。

常用生物质热值见表 3.40。对于产热而言,有机质含量越高,尤其是蛋白质、淀粉、多糖产热越高,对控制环境温度越有效,因此采用以牛粪、猪粪为主,农业秸秆为辅的生物质结构最为有利。秸秆的质量分数控制在 10%~20%,不高于 30%,有利于调整含水率、孔隙率和碳氮比。

表 3.40 常用生物质热值(以干重计)

生物质	热值/(kJ·kg^{-1})	总有机碳/(g·kg^{-1})	含水率/%	碳氮比
水稻秸秆	17 636	402.15	5.6	65
小麦秸秆	17 589	452.67	7.01	67.22
玉米秸秆	17 746	433.40	17.36	46.29
大豆秸秆	16 157	447.9	5.1	20
芦苇	16 293	450.7	4.2	57.78
牛粪	13 861	243.00	63.34	10.27
猪粪	16 589	344.4	63.23	12.43

(3) 生物质好氧发酵过程温度调控因素。

生物质(有机质):有机质为好氧发酵堆肥过程提供物质和能量。好氧发酵对有机质含量要求较为宽泛,有机质的质量分数在20%~80%之间即可。但是当把生物质好氧发酵的目标扩大为产热而不仅仅是生产有机肥时,生物质的结构将影响产热量和产热效率,其中以牛粪、猪粪、畜禽粪便好氧发酵产热效果最好。在这类以产热为目标的发酵过程中秸秆类生物质作为调节剂进行掺混,应控制其比例在20%以下,见表3.41。生物质好氧发酵结束时,生物质堆体有机质含量可以反映出发酵堆肥的腐熟程度。一般情况下,生物质堆体有机质含量越低,说明生物质腐熟度越高,肥效越好(具有较高的氮含量,较低的盐浓度,较高的腐殖酸),越有利于土壤改良和植物生长,同时生物质有机物减量化效果最好。

表3.41 生物质发酵产热类组成

原料	调节剂	研究内容	作者
马粪	青草、木屑	采用冷凝式换热器回收堆肥热量	Bajko J et al.
牛粪	马粪、木屑、干草	从商业规模堆肥中回收的热能	Smith M et al.
畜禽粪便	木屑	不同通风频率堆肥传质和传热平衡	Ahn H K et al.
市政污泥	草料	堆肥热作为可再生资源的再利用	Irvine G et al.

水分:水分是好氧菌代谢有机质的重要条件,生物质底物中的水分多少,直接影响微生物的活性。E. I. Jimenz研究表明,底物含水率低于30%时,好氧分解过程相当缓慢;当含水率低于12%时,微生物尤其是好氧微生物几乎不能生长。然而,过高的含水率将导致物料孔隙率下降,使反应处于厌氧状态,实验表明当含水率超过65%时,生物质堆体内会存在厌氧区域,进而发生厌氧反应,这将不利于好氧发酵产热的过程进行。由牛粪、猪粪、农业秸秆组成的生物质堆的含水率一般在40%~60%之间。在好氧堆肥反应的初始阶段,微生物进行生化反应会产生大量的水使含水率上升,随着通风充氧过程的进行,含水率会有一定程度的下降,但是幅度不大;含水率下降的幅度和速率取决于通风量、生物质发酵升温温度和通风时间;随着好氧生物代谢反应的进行,生物质堆体温度逐渐升高,高温加强了水分的蒸发,如配合通风过程,则堆体含水率下降加快,含水率会下降10%~15%,通过调整通风量、环境温度调控及低温结露,生物质堆体还可以从环境中吸收水分,最终维持生物质堆体水分在40%~60%之间,保证好氧微生物对环境湿度的要求。

碳氮比：碳氮比(25~30):1是好氧堆肥产热过程的好氧微生物代谢的最佳比例，生物质的核心组成为牛粪、猪粪和农业秸秆，因此有效控制牛粪、猪粪的量、适当添加农业秸秆能够调整碳氮比，有利于好氧堆肥产热过程。

氧含量：好氧堆肥产热过程的重要控制要素是空气中的氧含量，采用通风提高氧气的浓度可为好氧菌、兼氧菌代谢有机质产热提供条件。氧浓度过低会造成生物质堆内部氧气供应不足而形成局部厌氧，厌氧代谢会产生H_2S、CH_4等有毒有害气体；相反，过大的空气量会使氧浓度过高、微生物代谢过快，增加工艺的能耗，造成热量损失，从而抑制生物质堆体温度升高，还会造成氮素损失而降低生物肥的肥效。通过添加颗粒态农业秸秆增大生物质堆料孔隙率，可提高通风供氧效率。研究表明对于以牛粪、猪粪配合农业秸秆的生物质，其通风空气量以0.1~$0.3 \, m^3/(min \cdot m^3)$，每天通风换热的时间为5~30 min/4 h为最优化运行参数。在生物质堆启动阶段应降低通风频次或采用较低的通风时间，以配合启动阶段微生物代谢所需呼吸量。1~3天启动完成后，进入中温、高温发酵阶段，应提高通风频次或提高通风时间到10~30 min/h；稳定运行过程中通过控制通风频次和时间，可调整生物代谢产热量，例如白天降低通风频次和时间、夜间提高通风频次和时间进而控制好氧产热过程，实现对环境温度的控制。

pH：在生物质好氧发酵堆肥产热过程中，适合微生物产热的pH通常为中性或弱碱性，合理的pH对于微生物活性至关重要，在混合物料的初始阶段生物质堆pH过高或过低都会使生物质好氧发酵产热反应受到抑制。研究表明，pH在6~9范围内时，其发酵堆肥产热效果较好。生物质好氧发酵堆肥产热工艺实施过程中，通常可添加pH调节剂调节pH，如当pH<6时，可添加草木灰等碱性物质调节pH。

(4)生物质好氧产热设计。

以空气为工质，在对生物质堆通风曝气的过程中，导出生物质堆内的热量，提升温室环境空气温度，改善环境CO_2浓度，为植物的生长提供气肥，同时促进温室环境水循环，改善环境湿度。空气中的气味通过除臭技术实现净化。

生物质好氧发酵堆肥产热工艺说明：生物质根据温室的建设面积进行填充，填充厚度为200 mm，高度和宽度依据温室增热面积，根据实验在室外－25~－20 ℃的条件下，为了维持温室内的温度在10~15 ℃，1 m^2的温室面积需要0.2~1 m^3的秸秆和牛粪的混合发酵产热材料，其中混合物的含水率为40%~60%，秸秆占比10%~20%；填充方式有顶部填充，PVC墙板为可以拆装，配合生物质填充、更新。一般设计一次填充运行周期为两个月，通过通气曝气量控制升温和生物质代谢节奏，生物质储热墙体模块可以维持相对长的运行时间为温室提供热能。

温室生物质好氧产热保温设计如图 3.49 所示。热空气通过引风通气管③收集,在引风机①的作用下,从生物质反应模块的顶部排出,进入换热器,在换热器②内与进入大棚内的冷空气进行热交换后排出,冷空气在换热器内被加热到温度大于 25 ℃,在生物质反应加热模块的底部,通过分布式的进气曝气管④进入生物质反应加热模块的底部,沿底部上升,进入生物质内部,实现充氧曝气,并再次被加热,完成一次循环。生物反应加热模块本身也是产热墙,并通过换热器,对温室进行加热。

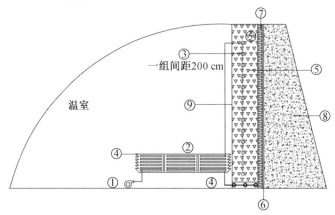

图 3.49 温室生物质好氧产热保温设计
①—引风机;②—换热器;③—引风通气管;④—进气曝气管;⑤—生物质发酵产热模块;⑥—10 mm 保温苯板;⑦—37 mm 厚红砖墙;⑧—黏土保温墙体;⑨—PVC 板前构造墙体

①堆肥产热总量计算。

$$H_{bio} = Q_{O_2} \times R_{bio} \quad (3.88)$$

$$H_{unit} = \frac{H_{bio}}{OM} \quad (3.89)$$

式中 H_{bio}——堆肥产热总量,kJ;

Q_{O_2}——微生物总耗氧量,mol;

R_{bio}——微生物好氧产热过程中的产热系数,443.5 kJ/mol,消耗 1 mol 氧气所产生的热量;

OM——生物质中有机质总含量,kg;

H_{unit}——单位有机质生化产热量,kJ/kg。

降解 1 kg 有机质理论耗氧量为 2.07 kg,折合空气量为 9.38 m³;生物质以

纤维素为代表,其反应式为

$$(C_6H_{12}O_6)_n + 6O_2 = 6nCO_2 + 6nH_2O + 能量 \quad (3.90)$$

蔡建成等人用燃烧热来估算反应热;陈世和、张所明根据挥发成分的变化来计算反应热;赵由才主编的实用环境工程手册《固体废物污染控制与资源化》一书中用可生化降解有机物所需氧量来计算反应热,这种方法比较简单。

② 温室太阳能得热计算。大棚的太阳直得热量 $I_s(\theta)$ 可按式(3.91)计算:

$$I_s(\theta) = I_s \times R \quad (3.91)$$

式中　I_s——直射辐射总强度;
R——温室倾斜屋面与水平面上的辐射比值,

$$R = \frac{I_b}{I_s} \cdot R_b + \frac{I_b}{I_s} \cdot \frac{1+\cos\theta}{2} + \rho\frac{1-\cos\theta}{2} \quad (3.92)$$

式中　I_b——直射辐射,kJ/m^2;
ρ——地面反射系数,一般 $\rho=0.2$;
θ——南向(朝阳面)斜坡与水平面的夹角,θ 一般为 $30°\sim40°$,根据温室坡面设计角度,(°);
R_b——斜面与水平面上直接太阳辐射量的比值,

$$R_b = \frac{\cos(\varphi-\theta)\cos\alpha\sin\omega_0 + \frac{\pi}{180}\omega_0\sin(\varphi-\theta)\sin\theta}{\cos\varphi\cos\alpha\sin\omega_0 + \frac{\pi}{180}\omega_0\sin\varphi\sin\alpha} \quad (3.93)$$

式中　φ——本地所在的纬度角,(°);
ω_0——倾斜面上日照的起止角,$\omega_0 = \arccos[-\tan(\varphi-\theta)\tan\alpha]$;
α——太阳高度角,(°)。

温室大棚收集得到的太阳直射辐射能量 $Q_s(kJ)$ 为

$$Q_s = I_s(\theta) \times A_s \times \tau \quad (3.94)$$

式中　$I_s(\theta)$——温室前屋面采光面上的日辐射得热,MJ/m^2;
A_s——前屋面的采光面积,m^2;
τ——温室采光面的透光率,%;

虽然在太阳能温室周围还有天空散射和地面发射的热,但是进入温室并产生的热量很少,在计算时可以忽略。

③ 温室总能量输入计算。

$$Q_z = Q_s + H_{bio} \quad (3.95)$$

4. 全太阳能被动式温室设计

全太阳能被动式温室设计的核心是:温室的密闭性减少冷桥,在这类温室设计中遵循最低保温设计界限;在生产期间,当处于太阳能辐射最小日,温室昼夜放出的热量不大于白天接收的太阳辐射量的保温设计。

设计方法包括两方面:一方面,温室有较好的保温比设计;另一方面,温室在低温条件下有较高的热阻设计。

(1)结构参数及保温比。

温室墙体和后坡的保温性能应大于或等于地面的保温性能,即日光温室拱圆屋面的弦面积应与室内地面积相等,这样按结构参数设计出的温室保温性能较好,能够保证温室保温比 $R_t \geqslant 1.55$,这是冬季保温的最佳值。R_t 根据以下公式计算:

$$R_t = \frac{L + L_1 + H}{S} \qquad (3.96)$$

式中 L——日光温室跨度,m;

L_1——日光温室后坡斜长,m;

H——日光温室后墙高度,m;

S——温室拱圆形屋面弧长,m。

(2)保温墙体设计。

在严寒地区,冬季室外温度达-30 ℃以下,要保证冬季生产室内温度最低应在 5 ℃以上,室内外最大温差为 35~40 ℃,为达到较好的保温效果,墙体热阻值需满足 3.5~4.0 m²·K/W。

在寒冷地区,这种类型的全太阳能被动式温室主要种植一些耐低温、弱光生长的蔬菜品种,例如菌类。全太阳能被动式温室结构如图 3.50 所示。这类温室的北向(冬季不朝阳墙体)采用保温墙体(37 mm 红砖+150 mm 苯板+混凝土保护层)形成保温作用。顶部的透明覆盖采用三层复合膜,其中第二三层为中间充气蜂窝复合膜,增加保温作用。这样的设计在冬季室外最低温度为-26 ℃时,仍然可以保证温室内的温度在 10 ℃以上。

同时在温室的前后增加防寒沟设计,防寒沟的深度大于当地的冻层深度,宽度大于 0.5 m,内衬苯板,土壤回填夯实,起到隔寒作用。

墙体采用 370 mm 实心砖填充,其热阻值约为 0.5 m²·K/W,墙体外贴聚苯板,其厚度应满足热阻值 3.0~3.5 m²·K/W,根据式(3.97):

$$d_i = r_i \times K_i \qquad (3.97)$$

式中 d_i——聚苯板厚度,m;

r_i——材料的合理热阻,m²·K/W;

K_i——聚苯板导热率,0.03 W/(m·K)。

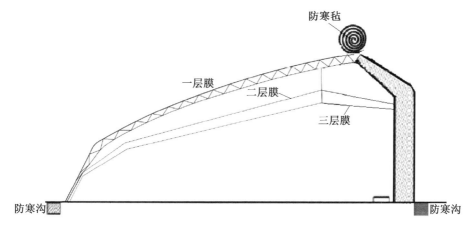

图 3.50　全太阳能被动式温室结构

具体参数设计依据中华人民共和国农业部 NY/T 3223－2018《日光温室设计规范》。

3.2.7　小型风力发电机技术

我国小型风力发电机按照额定功率从 100 W 到 10 kW 分多个系列,小型风力发电机适合我国低风速区的使用,综合考虑特色小镇的规模和区域特点,配置规模适宜的小型风车,适合小镇的能源需求。由于近几年汽油、柴油、煤油价格上涨,且供应渠道不畅,风力发电价格下降,风力发电也从风资源发达的三北地区向内陆、沿海城市发展。风光互补发电系统的推广应用促进了小镇新能源的利用和配置。目前,我国有 700 万户、2 800 万人口存在用电难的问题,且分散在偏远山区和农牧区,常规电网难以到达,这就为小型风电等新能源技术的推广提供了市场。

(1)风能利用最主要的形式就是利用风力发电。在风力资源较丰富的地区,通过机械装置将风能转化为电能,为农业生产和农民生活提供能源。风力发电主要有 3 种运行方式:一是独立运行,通常是一台小型风力发电机向一户或者若干户提供电力,采用蓄电池蓄能,以保证无风时的用电;二是混合式发电,即风力发电与其他发电方式(如柴油机发电)结合,向一个集体或一个村庄供电;三是风力发电向大电网提供电力,常常是一处风场安装几十台甚至几百台风力发电机。农村风能的利用方法一般是在农牧民住房周围安装一台小型风力发电机,向单户或多户居民提供用电,同时做好电力蓄能工作,以备无风时也能用电。利用风力发电既可以节约传统能源的消耗,又可以解决偏远地区农牧民的用电难题。

小型风力发电机一般每度电的成本在 0.06～0.34 元,与农村市场的电费 0.5 元比较,可以节约不少开支。然而在偏远的农村地区,农牧民的经济承受能力有限,一般一套风力发电机在 2 000～3 000 元,除了群众自筹资金外,政府需要加大经济扶持。另外,依然需要大力引进技术支持,并且要推广技术和服务体系建设,提高风力发电机的稳定性和可靠性。无论是太阳能,还是风能的利用,都需要技术的支撑,要充分利用好我国的风能,必然要投入资金研制风能装置,培训相关领域的专业人才,以便适应开发风能资源的需要。丹麦海上风电小镇如图 3.51 所示。

图 3.51　丹麦海上风电小镇

(2)风力提水是为了满足农村、牧场的生活,农田灌溉和牲畜用水的需求,以及节约传统能源。风力提水机可以分为两种:一种是高扬程小流量的风力提水机,用于草原、牧区,为人畜提供饮水;另一种是低扬程大流量的风力提水机,用于提取河水、湖水和海水,为农田灌溉、水产养殖或制盐提供用水。荷兰风车提水如图 3.52 所示。

图 3.52　荷兰风车提水

(3)风力制热是将风能转换成热能,满足家庭用热能越来越高的需求。目前风力制热主要有 3 种方式:①风能—电能—热能;②风能—空气压缩能—热能,即通过风力将空气绝热压缩释放热能;③风能—热能。风能直接转换成热能的主要方法是通过风力机带动搅拌器转动,从而使液体变热。另外,通过风力直接转换成热能的方法还有很多。

风电技术的进步为风电走进乡村配套特色小镇建设,提供了技术和经济保障。分布式能源管理与上网技术、风电微网建设技术、海上小风电机组技术都为新能源风能在特色小镇建设中新能源规划与应用扫清了障碍,促进了新能源风能在特色小镇中的应用。

3.2.8 微水电技术

微水电是指小溪、小河等在一定的河段长度内所具有的有效发电势能,能够带动微水电机组发电。微水电在我国是比较成熟的发电技术,由微型水轮机、发电机、稳压稳频控制器、传动装置组成。微水电站以径流发电为主,脱离电网独立运行,比太阳能密度大,具有采集容易、不需要变电设备、能源利用率高等优点。其电力可以直接用作照明、家用电器和小型农副产品加工机械的电源。微水电站设备运行、维护、修理操作简单,运行成本低。目前,我国已将微水电专用发电机列为最具发展潜力的专用发电机之一。因此,在加快全国"光明工程"推进的过程中,微水电可以发挥不可替代的作用,具有很好的市场前景。

第 4 章

五常生态农业小镇集群新能源规划与应用

本章针对五常市3个特色小镇,即二河乡绿色蔬菜小镇、五常生态农业中心镇及五常龙凤山旅游小镇的区位特点、产业特色、能源资源特色、村镇能源需求和发展进行分析和规划;对重要的能源资源,如生物质、太阳能、风能、水力能的资源储备情况进行调查和统计,获得了准确的资源评价数据,为当地的新能源规划与应用提供了基础;根据产业上下游的资源循环和绿色发展的需要,对其以生物质、太阳能、风能、水力能为核心的新能源进行了规划,给出了特色鲜明的新能源规划及应用方案,并分别对3个特色小镇的新能源规划与应用的效果进行评价。

第4章 五常生态农业小镇集群新能源规划与应用

4.1 五常市基本概况

4.1.1 地理位置及自然条件

1. 地理位置

五常市是隶属于哈尔滨市的县级市,地理坐标为北纬44°03′45″~45°26′09″,东经126°32′50″~128°15′50″,位于黑龙江省南部,属张广才岭西麓,西北接松嫩平原,拉林河上游。北依哈尔滨市阿城区,东、东南与尚志市、海林市和吉林省敦化市毗邻,南、西南与吉林省舒兰市、榆树市接壤,西北与双城市相连。全市总面积为 $7\,512\ km^2$,五常镇为市政府驻地。五常市自金代以来就是北方战略要地之一,素有"东北重要咽喉"之称。

五常市下辖12个镇、12个乡和1个省级牛家经济开发区。五常镇辖10个社区、9个行政村;拉林镇辖5个社区、13个行政村;山河镇辖6个社区、13个行政村;小山子镇辖10个行政村;杜家镇辖12个行政村;向阳镇辖17个行政村;冲河镇辖11个行政村;背荫河镇7个行政村;安家镇辖11个行政村;沙河子镇辖13个行政村;牛家满族镇辖15个行政村;龙凤山镇辖18个行政村;志广乡辖9个行政村;民意乡辖8个行政村;卫国乡辖6个行政村;二河乡辖7个行政村;常堡乡辖7个行政村;八家子乡辖13个行政村;兴隆乡辖13个行政村;兴盛乡辖8个行政村;长山乡辖15个行政村;民乐朝鲜族乡辖6个行政村;营城子满族乡辖7个行政村;红旗满族乡辖12个行政村。2022年末户籍总人口87.6万人,比上年末减少0.68万人。其中,城镇人口22.39万人。

2. 气候特征

五常市地处中纬度地区,属于中温带大陆性季风气候。冬季寒冷干燥,夏季比较酷热,降水集中,气候温热、湿润,春季多风沙,降水少,常发生干旱,秋季凉爽而晴朗。

五常市境内现有气象台 1 处,气象部门所属的气象点 23 处,五常气象台自 1934 年开始观测并存有资料。

(1)降雨。

五常市降水的水汽源自西太平洋,受副热带涡旋气流影响,以锋面降水为多,多年平均降水日数为 115.7 天,多年平均降水量为 619.7 mm,降水量自东南向西北递减,东南部地区最高,多年平均降水为 747.2 mm,比中部地区高出 14% 左右。西北部最低,多年平均降水 546.5 mm,仅相当于中部的 83%。年最大积雪深度为 35 cm。

五常市境内年内降水量不均,1~3 月和 11~12 月 5 个月平均降水量为 55.6 mm,仅占年降水的 8.3%,6~8 月 3 个月降水量为 418.9 mm,占年降水量的 62.4%。历年最大年降水量为 897.6 mm,历年最小年降水量为 341 mm。

(2)气温。

五常市地处北半球寒温带,冬季严寒漫长,夏季短促、酷热,春秋多晴朗,天气凉爽,多年平均气温为 4.1 ℃,一月份气温最低,最低气温为 -19.1 ℃,七月下旬至八月上旬气温最高,最高气温为 36.8 ℃,年积温>10 ℃,全年太阳辐射约为 120 kW/cm^2,无霜期约为 140 天,初霜为九月下旬,终霜为五月中旬,封冻期约为 185 天,土壤最大冻深为 2 m 左右。

(3)日照和蒸发。

五常市全年日照时数为 2 500~2 600 h,多年平均水面蒸发量为 1 200~1 300 mm,平均相对温度>1%。

(4)风。

五常市境内主要风向为西北风,冬季多为西北风,春夏多为西南风,季节交替时节风雨多变,年平均风速为 2~3 m/s,最大风速可达 28 m/s,山丘区风速小,西北平原风速度慢,平均风速一般为 4~8 m/s,按季节以春季风天最多,风速为 4.6~5.7 m/s,境内风速大于 15.3 m/s 的天数 15~30 天。

3. 地形地貌

五常市地形复杂,南部山高林密,中东部丘陵起伏,中西部河谷漫岗,北部开阔平坦,形成了由东南向西北逐渐倾斜的地形地貌。境内以山区、丘陵地貌为主,山峦重叠,丘陵起伏,山川交错,素有"六山一水半草二分半田"之称。由于地质构造运动影响,全市地貌形态由东南向西北依次为中低山、丘陵、平原,地势东南高西北低,呈一面斜坡。海拔高度在 150~1 696 m 之间,平均海拔为 280 m,张广才岭主脊在海拔高度 1 000 m 以上的山峰达 16 座,最高峰为老爷岭西南主峰大秃顶子山,海拔高度 1 696 m,坐落于市区东南部,是黑龙江省境内最高山峰,最低为北部平原,红旗乡车家崴子附近,海拔高度仅为150 m。全市可分为山区、丘陵区、平原区3种地貌类型。市域内中山面积达481 km²,占总面积的6.4%;低山面积约为1 653 km²,占总面积的22%;丘陵面积约为1 118 km²,占总面积的14.9%;高平原面积约为2 270 km²,占总面积的30.2%;堆积谷平原面积约为323 km²,占总面积的4.3%;冲积平原面积约为1 667 km²,占总面积的22.2%。中山、低山、丘陵面积约为3 252 km²,占总面积的43.9%;高平原、平原、河谷平原面积约为4 260 km²,占总面积的56.7%;水面约为183.7 km²,占全市总面积的2.5%。

4. 土壤

五常市在地理构造上,属大兴安岭与长白山小兴安岭两个褶皱之间的一个坳陷部。境内地层的构成岩石种类繁多,成土母质复杂,主要类型有残积物、河湖相沉积物、淤积物、黄土状母质等。土壤种类有11个土类33个亚类,主要土壤有暗棕壤、白浆土、黑土、草甸土和沼泽土。

(1)暗棕壤:发育在残积物母质上,该土类土质较为粗糙,土层较厚,呈酸性,覆盖枯枝落叶层,土壤有机质的质量分数为3%~5%。主要分布在五常市东部的山区和丘陵地带,全市共有384.7万亩(1亩=666 m²)。

(2)白浆土:白浆土层养分缺乏,通透性差,其他物理性状也较差,影响植物根系发展,主要分布于丘陵和山前洪积台地,全市有262.6万亩,适合于发展林业。

(3)黑土:主要分布在漫岗和坡地上,全市有127.6万亩,黑土层厚,基础肥力高,适合于各种农作物的生长。

(4)草甸土:发育在低山丘陵中的山坡低洼平地及上溪滩处,地面自然植被为草甸杂草小叶樟,主要分布在岗间洼地及拉林河、牤牛河两岸的漫滩地和低级地上。

(5)沼泽土:发育在小溪洪泛区及库湾缓坡地势低洼处,受水位变化影响,地表呈常年或季节性淹水,目前一般可作为牧业用地。

5. 水系

五常市境内河网密布,地表水源资源丰富。境内共有大小河流97条,较大河流(集水面积4.5万亩)有24条,主要有拉林河、阿什河、牤牛河、溪浪河、大泥河、苇沙河、冲河等。全市境内河流总长为2 240 km,河网密度为0.3 km/km²。境内主要有拉林河、牤牛河两大河流。拉林河属松花江一级支流,发源于张广才岭西麓的老爷岭西南主峰大秃顶子山,为该市境内最长河流,流程为450 km,在市境内为240 km,经阿城、双城流入松花江;牤牛河为松花江二级支流,属拉林河水系,流程为201 km。

境内有三大水库,其中最为重要的为龙凤山水库、西泉眼水库和磨盘山水库。龙凤山水库总面积为4.68万亩,库容达3.1亿 m^3,位于五常市南部牤牛河中游河段。1997年龙凤山水库被黑龙江省人民政府批准为省级自然保护区,是龙凤国家森林公园的所在地;西泉眼水库总面积为15.75万亩,库容达5亿 m^3,位于五常市北部阿城交界处的阿什河中游河段;南部沙河子镇境内的磨盘山水库,水库总面积为7.50万亩,库容达4.6亿 m^3,是哈尔滨市市民饮用水水源。除此之外,境内还有30余处中型水库作为农业用水库。

4.1.2 五常经济发展概况

1. 经济概况

五常在注重经济建设的同时提出了生态与经济并重的发展模式,五常市是典型农业大县(市),是国家重要商品粮基地,《全国新增千亿斤粮食生产能力规划》的核心区800个产粮大县之一。全国粮食生产十大先进县之一,全国水稻五强县之一,水稻面积占全省的十分之一,占哈尔滨市的四分之一,五常市因盛产大米而闻名天下,被誉为张广才岭下的"水稻王国"。

以水稻产业为代表的特色绿色经济发展较快,是全国绿色食品水稻生产基地和水稻标准化示范区。通过全力实施"南稻北菜"和"粮牧换位"工程,形成了市场竞争能力较强、功能完善的水稻生产基地,绿色蔬菜生产基地,养殖业生产基地,绿色食品生产加工出口生产等基地产业群。通过了"国家级生态示范区"验收,进入了全省"十强市(县)"行列。经济实力位居全省前列。2021年五常市全年实现地区生产总值290亿元,比上年增长7%。其中,第一产业增加值115.9亿元,增长8%;第二产业增加值36.6亿元,增长5.6%;第三产业增加值137.5亿元,增长6.5%。三次产业结构为40:12.6:47.4。户籍人口人均地区生产总值32 746元。全年一般公共预算收入7.3亿元,同比增长22%。其中税收收入4.38亿元,同比增长13.6%。财政支出总计58.9亿元,同比下降8.4%,其中:地方公共预算支出57.86亿元,同比下降4.8%。全年完成农林牧渔业总产值213.1亿元,同比增长8.6%。其中,农业产值154.8亿元,同比增长10.8%;林业产值7.3亿元,同比下降1.5%;牧业产值36.3亿元,同比增长5.2%;渔业产值4.3亿元,同比增长0.8%;农林牧渔服务业产值10.4亿元,同比增长3.61%。粮食产量37.76亿斤(1斤=0.5 kg),同比增长5.2%。全年肉类总产量3.5万t,同比增长4.1%;蛋类产量3.1万t,同比增长5.5%,奶类产

第4章 五常生态农业小镇集群新能源规划与应用

量 2.3 万 t,同比增长 17%。2021 年城镇常住居民人均可支配收入 29 745 元,同比增长 8.6%;农村常住居民人均可支配收入 23 412 元,同比增长 11%。位列哈尔滨九县(市)第一。

2. 交通

五常全市境内交通便利,铁路、公路交通四通八达,拉滨铁路贯穿市境南北,交汇于境内的哈五、方通、西沈、双五 4 条主干线公路可直达哈尔滨、牡丹江和吉林市。境内现有国道黑大路 38.5 km(二级黑色路面),省道黑大路五常支线(拉林至五常)45.9 km(一级黑色油路),省道铁通路 65.3 km(三级砂石路),国省道里程为 149.7 km。现有县级路 7 条 272.3 km,其中蔷拉路 16.4 km,拉双路 25.9 km,五向路 43.1 km,小向路 82.6 km,冲三路 24.3 km,红响路 22.1 km,寒小路 57.9 km,县级路均为白色路面。乡级路总计 27 条 554 km,重点乡级路有南环路、中环路、北环路、五二路、石龙路,均为白色路面。村屯路总计为 134 条 720 km,均为白色路面。

4.1.3 五常生态特色格局与规划

1. 农业产业特色

五常市的农业产业具有以优质水稻为主导,以畜牧和旱作粮油为特色补充的产业结构。2009 年,五常市农林牧渔业总产值实现 99.5 亿元,其中种植业总产值 69.3 亿元,畜牧业总产值 23.5 亿元。2009 年,农作物总播种面积 386.9 万亩,其中水稻 180 万亩,玉米 164 万亩,大豆 30 万亩。2009 年,实现粮食总产 46.5 亿斤。优质水稻是五常市农业生产的主导产业。五常市是全国十大粮食生产标兵县(市)之一,全国重要的商品粮基地,一季粳稻种植面积、产量位居全国县级单位第一,是全国水稻五强县(市)之一,素有张广才岭下的"水稻王国"之称。五常市稻米素有"贡米"之称,是全国唯一同时拥有"中国地理标志保护产品""农产品地理标志证明商标"和"中国名牌产品"3 项桂冠的农业产业。目前"五常大米"成为"中国驰名商标"。

2. 生态特色

五常市森林覆盖率高达 70% 以上,大气环境常年保持 A 级,生态环境完好。水系发达,水资源丰富,水质质量好,主要流域和水库的水质常年保持在 4 类甚至以上,为其生态环境注入活力。土壤中有机质含量高,非常适合农作物生长。

4.1.4 五常的自然资源条件与能源现状

(1)耕作及生物质资源。

全市有耕地712.6万亩,农田播种面积408.80万亩,其中:水稻200.68万亩,玉米183.44万亩,大豆3.18万亩,薯类0.33万亩,蔬菜19.49万亩,瓜果1.5万亩,药材0.18万亩。五常近年播种面积、秸秆产量及生物质产量见表4.1。除去蔬菜和瓜果类,核心生物质产量在266.015万t/a,生物质储量丰富。

表4.1 五常近年播种面积、秸秆产量及生物质产量

生物质类型	播种面积/万亩	秸秆产量/(t·亩$^{-1}$)	生物质产量/万t
水稻	200.68	0.5	100.34
玉米	183.4	0.9	165.06
大豆	3.18	0.135	0.43
薯类(土豆)	0.33	0.15	0.05
林业材草	—	—	0.135
合计量	—	—	266.015

(2)牲畜养殖业粪便类生物质。

五常中心镇规模化养殖主要是牛业、养猪、禽类,粪便总量为590.5万t/a。

(3)风能资源。

全市陆地可利用风能为2.5万kW,河流风能资源约7.5万kW,共计10万kW,具备发展风电得天独厚的条件。

(4)太阳能资源。

全市全年日照数为2 629 h,日照特点是季节性强,每平方米面积上一年内接收的太阳辐射量为5 016~5 852 MJ,相当于170~200 kg标准煤燃烧所放出的热量。

(5)水资源。

全市地表水总集水面积为1 396.2万亩,多年平均径流量为32.12亿m^3,其中境内为20.95亿m^3,境外客水为11.17亿m^3。地下水年可开采储量为7亿m^3~7.5亿m^3。受地质条件影响,地下水埋深浅处不足4 m,深处超百米,河谷平原一般为5~20 m;西北部平原一般为30~40 m,个别地方为50 m左右;中部高平原及丘陵地带为50~60 m,个别地方为80~100 m。

境内以拉林河、牤牛河两大水系为主,大小河流397条,自然泡沼400多个。

现已累计建大型水库 2 座,小型水库 31 座,塘坝 2 890 多座,干支渠水利构造物 1 000 多座,总蓄水量达 9 亿 m³,年调节水量为 20 亿 m³。

(6)旅游资源。

五常古迹较多,有金代古城遗址 8 处,古墓群 7 处,清代石刻碑坊多处,是省级重点保护文物。"石刀飞崎""大峡谷瀑布""百里林海""红崖碧水""七峰夕照""凤凰百泉""龟山黑水"等著名景观堪称"五常十景"。

(7)矿产资源。

五常市矿产资源丰富,拥有多种矿产资源,但查明资源储量较少。非金属矿产多,能源和金属矿产少。截至 2020 年底,全市区域内共发现各类矿产 23 种(含亚种)。其中查明资源储量的矿产被列入 2020 年底黑龙江省矿产资源储量表的有 6 种。发现各类矿产地 30 处,其中:中型矿床 1 处、小型矿床 12 处、矿化点 17 个。金属矿产均为小型(未发现大中型矿床),贫矿多、富矿少,矿床中共伴生组分多、选冶难度大。我市的优势矿产主要是建筑用石和建筑用砂,建筑用石包括建筑用花岗岩、建筑用闪长岩、建筑用凝灰岩等。我市开发利用的矿产资源共计 8 种,其中,金属矿产 3 种:铁矿、铅矿、锌矿;非金属矿产 4 种:建筑用花岗岩、建筑用闪长岩、建筑用砂、建筑用凝灰岩;水气矿产 1 种:矿泉水。全市矿山企业共计 18 家。其中:金属矿山 2 家,水气矿山 1 家,非金属矿山 15 家,设计总开采规模 93 万 m³/a。

①铁矿。我市铁矿备案后查明资源储量大约为 2534.3 万 t,批准设立的宏益铁矿位于二河乡平房屯,矿区总面积 33.23 hm²,设计生产规模为每年 80 万 t,目前处于停产状态。

②铅锌矿。批准设立的铅锌矿位于背荫河镇袁家屯,为地下开采,矿区总面积 4.02 hm²,设计生产规模为每年 3 万 t,目前该矿山企业采矿许可证已到期。

③矿泉水。批准设立的矿泉水企业位于五常市拉林镇内,为地下开采,矿泉水平均温度 7 ℃,涉及生产规模为每年 0.38 万 m³,目前处于停产状态。

④其他矿种。我市主要矿产资源为建筑用砂石土,现开发利用的主要是建筑用花岗岩、建筑用闪长岩、建筑用砂和建筑用凝灰岩 4 种。我市现有砂石土矿山企业 15 家,均为中型矿山,主要分布在背荫河、杜家、民意、山河一带。截至 2022 年底,采矿许可证到期 3 家,资源枯竭 1 家,已注销;采矿许可证到期正在办理延续手续 2 家;持证在建矿山企业 9 家。

4.1.5 五常市特色小镇建设规划

1. 五常市农业特色小镇规划原则

五常市落实乡村振兴战略,坚持"依托哈尔滨、打造新五常特色生态镇集群"的发展思路,以哈尔滨为目标市场,融入哈尔滨、联动哈尔滨;围绕建设"生态、低碳、活力、宜居"新五目标,弘扬"诚信、卓越、创新"精神,坚持"低碳""生态"两手抓,重点发展生态农业、绿色农业、旅游农业,形成核心吸引力和竞争力,通过结构创新、制度创新、能源创新、产品创新、业态创新等手段,加快发展村镇经济,优化村镇环境,提高村镇居民的生活质量,形成村村有特色、镇镇有产业的特色新能源小镇集群,推动五常经济发展。现规划建设了3个特色小镇:北部以二河镇为核心的蔬菜特色小镇,以中心镇为核心的农业特色小镇,以北部地区的龙凤山,水库为核心的旅游特色小镇。

2. 突出优质水稻种植产业

(1)确保水稻综合生产能力基本稳定。切实抓好以农田基础设施配套为主的百万亩高标准粮田工程建设,同步推进中低产田综合治理和培肥地力;充分利用自身的技术优势,强化良种培育、良种繁殖和推广;着力推进高产优质高效栽培技术和生产模式的研发、提升和普及;稳步提高单产,保持水稻综合生产能力基本稳定。

(2)进一步推进商品粮基地建设。依托百万亩高标准化粮田工程建设,在优化布局基础上,进一步推进不同规模等级的商品粮基地建设。依托商品粮基地强化基本粮田保护,建立稳定的生产规模和综合生产能力预期;建立标准化生产体系,推进无公害和绿色优质稻米生产,提高优质稻米生产的商品率、外向度和经济效益。

(3)积极发展规模化和组织化生产。以耕地承包使用权流转和使用权入股为主要形式,以农业合作经济组织和股份制合作社为主要载体,专业化生产大户为补充,积极发展粮食的规模化和组织化生产,较大幅度提高机械化水平、劳动生产率和种粮收益。同时,积极推进粮食生产社会化服务体系建设,优先扶持水稻育插、农机、植保等综合服务组织,切实满足粮食规模化生产对农业社会化服务的需求。至规划期末,商品粮生产基地的规模化和组织化生产比重达到80%以上。

(4)加快水稻良种产业化发展步伐。五常市优质稻米育种在东北地区具有显著的技术和种质资源优势,要加快其产业化发展步伐,拓展优质稻米产业新的增长点。优先扶持建设规模化水稻育种和良繁基地,培育与其相配套的种源农业企业,建成良种选育、基地化生产和市场营销一体化的经营运作体系,支撑全市优质稻米生产的种源供给,进而做大做强,逐步打入国内其他相适应的市场,开创种源农业发展新局面。

3. 推动农产品深加工示范镇建设

水稻、玉米深加工是农产品提高附加值、走出价值洼地的重要途径,建设农产品深加工、精加工生产线,从而带动特色产业的发展是五常市农业发展的重要途径。

4. 推进现代温室设施化蔬菜产业

(1)推进高标准设施化常年蔬菜基地建设。新建成规模、集中连片的常年蔬菜生产基地,扩大高标准设施化菜地面积,促进地方特色蔬菜有较大发展。

(2)优化常年蔬菜生产业态。建立大中小相结合、标准化露地和设施化生产相结合的生产体系;优先扶持规模化和企业化经营的蔬菜园艺场;鼓励公司+合作经济组织+农户、公司+农户的合作生产,实施组织化和产加销一体化经营,逐步替代目前分散和自发为主的蔬菜生产业态,有效提升常年蔬菜生产能力和现代化水平。

(3)拓展蔬菜交易市场的规模和功能。建立和完善生产基地与农产品市场之间的直通服务功能和运作体系,保障基地时鲜蔬菜快速集散、交易和上市;拓展交易市场的洁净包装、配送服务功能和服务体系;开发和完善市场的多功能信息服务,合理引导蔬菜基地区生产。

(4)强化技术推广服务和人员培训。在落实基地布局的基础上,加快基地镇蔬菜技术推广服务中心(站)建设,配套必要的技术装备和技术力量,满足蔬菜产业发展对技术指导和技术推广服务的需求。以市、区(市)两级为主导,健全蔬菜产业的技术培训体系,积极开展从业人员知识和技能培训,提升从业人员素质和技能。

5. 发展现代养殖产业

奶牛规模化产业以黑龙江五常市现代农业可持续化和现代化发展为条件,生产符合市场需求的奶牛为主要目标,应用现代生物技术与传统良种技术相结合、传统养殖技术与现代设施生产技术相结合等方法,严格按照生产技术规程进行生产,使示范区成为地区奶牛优良品种的推广和示范中心。

现代禽产业以黑龙江五常市现代农业可持续化和现代化发展为条件,生产符合市场需求的禽肉为主要目标,应用规模化养殖技术与传统良种技术相结合、传统养殖技术与现代设施生产技术相结合等方法,严格按照生产技术规程进行生产,使示范区成为地区肉禽优良品种的推广和示范中心。

生猪规模化养殖产业以黑龙江五常市现代农业可持续化和现代化发展为条件,生产符合市场需求的猪肉为主要目标,应用现代生物技术与传统良种技术相结合、传统养殖技术与现代设施生产技术相结合等方法,严格按照生产技术规程进行生产,使示范区成为地区生猪优良品种的推广和示范中心。

6. 农产品深加工工业园区

规划建设农产品深加工工业示范区(图4.1),示范工业园区内有现代农业机械工业装备配套加工厂、农副产品深加工、水稻干燥区、食品加工生产企业区4个产业功能区,以及多功能生活服务区。

图4.1 农产品深加工工业园区规划

7. 农产品及水稻博览中心规划

农产品博览中心(图4.2)定期举办水稻产业博览会、交流会等活动,推动大米行业全产业链,促进优秀水稻品种推广,提高行业机械化程度,展示大米品牌企业形象,拓展优质大米销售渠道,深化技术研发和交流,推动我国大米行业生产流通工作可持续发展。

图 4.2　农产品博览中心规划

4.1.6　特色小镇架构规划

根据现代农业的发展趋势和当地资源状况以及特色区建设需求，聚集资源，重点建设一心（以五常中心镇为核心的现代农业示范中心）和一带（即"民乐—卫国—龙凤山"的水稻产业高新技术示范带，组成农业特色核心），形成"1+2"核心区发展模式，以点带面促进绿色农业示范区发展。根据"强基础、建基地、扩外延、实内涵、兴产业、创亮点"的原则，通过体制机制创新，深度开发和有效利用五常自然文化资源，以"五常稻米"为核心元素，围绕水稻生产的季节特征，充分挖掘稻米科技、产业和文化内涵，重点建设水稻新技术孵化和推广基地、水稻育苗基地、水稻种植基地、水稻加工与市场物流基地、水稻会展基地、农耕文化与景观旅游基地，打造经济与文化有机结合的产业链及以农业风光为主的特色景观带，优化产业结构、拓展产业空间、扩大经济总量，形成二三产业快速发展，一二三产业有机联动的总体格局，打造五常市生态农业特色亮点。

一个核心特色镇由一个具有综合功能的中心区和水稻产业高新技术示范生产带5个具有专业特色的功能镇构成，形成"1+2"的特色小镇布局。一个中心特色镇，即五常镇中心镇生态农业示范镇。2个功能特色镇，分别为以二河乡为中心，以"美丽田野绿色蔬菜"为主题的特色小镇；以龙凤山乡头屯村为中心，以"农业山水旅游"为主题的特色小镇。在区域规划上形成了如图 4.3 所示的产业特色规划空间结构。

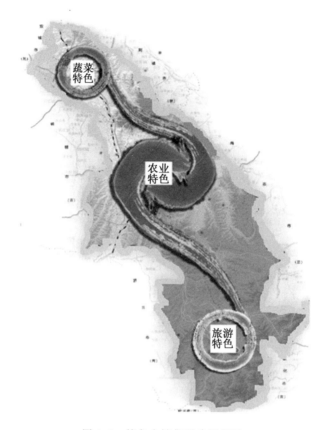

图 4.3　特色小镇集群建设规划

4.2　五常特色小镇能源现状

4.2.1　常规能源为主的能源结构

　　能源作为经济增长动力因素,对社会的和谐可持续发展具有举足轻重的意义,能源可供性的下降,必然造成经济增长的减缓乃至停滞。长期以来,五常市作为一个以煤炭、电力、石油、天然气调入为主的地区,一次能源资源匮乏,其余主要能源靠外地采购调剂。生产用能方面,受到自身发展阶段和水平的制约,主要为传统能源。生活用能方面,居民生活中液化气为主要使用能源,部分使用天然气,城镇边缘地区以煤炭为主要能源,而一些新能源例如太阳能在经济基础相当优越的地区才使用,一些木柴、秸秆、沼气等新兴能源主要用作辅助能源,村镇中冬季供暖也大量使用煤炭。五常市在能源消费中,原煤比重高达90％以上,向空气中排放的粉尘、二氧化硫、二氧化碳量大,污染严重,环境治理工作艰巨。特别是在广大村镇地区,由于难以获得现代能源供应,污染更加严重。

五常市全域,2015年煤电消耗量为4.1亿kW·h,呈现上升趋势,2019年煤电消耗量达到了4.3亿kW·h,规划到2020年预期达到5亿kW·h。用新能源替代传统能源,补充新增能源是本规划的重要能源目标。

4.2.2 生态农业产业小镇特色集群及新能源规划

五常市特色小镇建设新能源模式为以生物质秸秆沼气能源为核心,三沼利用助力种植业(蔬菜大棚)、生态农业(有机肥)的发展,形成清洁能源产业链;大力发展养殖业,养殖废弃物作为秸秆沼气产品的重要补充,形成区域无农业、养殖业无废产业链。

1. 二河乡绿色蔬菜小镇种养殖业及新能源规划

五常市二河乡新庄村地处五常市东北,属浅山区。南临牤牛河,北靠烧达户山。辖6个自然屯,2021年,总户数797户,户籍人口3 137人。目前已经完成厕所改造,污水收集管网,建立了100 t/d的污水处理工程。现有耕地16 743亩、林地2 600亩,以种植水稻、蔬菜、大豆为主,耕地连续获得有机认证。年产秸秆等农业、林业生物质2.1万t/a。

特色村镇在建设过程中突出生态经济特色,围绕"走平整路、喝干净水、用清洁能源、住宽敞房、上卫生厕"的目标开展特色小镇建设。硬化村屯公路9 km,砌筑排水沟8 km,绿化树木3万棵,安装太阳能路灯40万个,LED灯60盏,路灯照明时间为4 h/d。

(1)环境及养殖业规划目标。

规划目标年为2020年:

①年处理生活＋其他养殖污水12万t/a(每天300 t)。其他弃物总量见表4.2。

表4.2 其他弃物总量

种类	厨余垃圾	生活污水	禽畜清洗废水	农业秸秆
2020年总量/(t·a^{-1})	72	120 000	18 250	21 000
平均每天产量/(t·d^{-1})	0.2	250	50	—
去向	堆肥	达标回用农业用水	沼气发酵池	发酵产热＋养牛

②积极发展养殖业(表4.3),2020年建设集约化养禽类、养猪舍20 000 m²,形成规模化养殖业,同时为粮食、蔬菜生产提供有机肥。

表4.3 禽畜养殖表

种类	猪	鸭	大鹅	肉鸡、蛋鸡	牛
规划年2020年/只	4 000	7 000	3 000	20 000(20 000)	3 000
粪肥产量(尿粪)/(t·d⁻¹)	14	0.7	0.3	4	90
每天前四项产量合计/(t·d⁻¹)			19		90
年产粪肥/(万t·a⁻¹)			3.8		3.3

(2)种植产业规划。

规划建设以特色蔬菜为中心蔬菜生态小镇,利用山地丘陵营造生态林870亩,其中果树400亩、五味子110亩、花卉苗木500亩。规划绿色规划建设夏季蔬菜观光采摘蔬菜产业园,形成新的旅游资源。规划绿色蔬菜大田种植观光采摘区一块,面积1 270亩。规划温室大棚种植区:面积300亩主动式温室大棚、100亩全太阳能被动式温室大棚、100亩主动式育苗大棚各一个,形成全年的种植观光模式。

(3)生活用能绿色规划。

①规划2020年,建设2007 m²节能示范居住生活区,小区安装户用太阳能热水器800户,为居民提供生活热水。

②小区建设800户的规模沼气加气站一座,沼气日消耗量320 m³/d,安装沼气储罐,沼气来源于镇一体化沼气项目,规模日产沼气500 m³的生物质秸秆发酵沼气工厂,可为附近村屯提供清洁生活能源,取代原煤散烧,实现生活用能绿色清洁。

③生物质沼气工程规划。以一体化生活污水+生物质秸秆+禽畜粪便为沼气的原料,利用图4.4所示的工艺生产沼气。设计规模日处理量为猪粪肥1 t/d,各类污水49 t/d,含固率10%,沼气采用完全混合法CSTR中温发酵工艺,内置搅拌浆,产气量500 m³。

a.沼气池主要参数:容积1 000 m³,停留时间20 d。

b.固体肥料产量0.3 t/d,液体肥料产量49 t/d。

c.沼气池工厂用能及冬季保温消耗沼气80 m³/d。

(4)蔬菜产业生产用能规划。

二河乡规划以新兴绿色蔬菜种植,尤其是冬季绿色蔬菜种植业为主,解决农

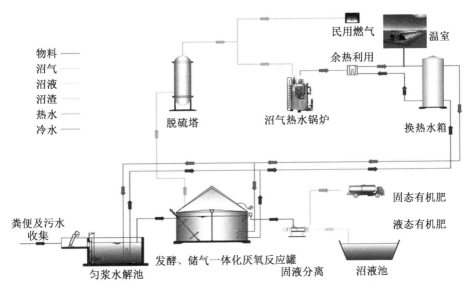

图 4.4　二河乡一体化沼气池配套育苗温室保温（彩图见附录）

产品单一、冬季蔬菜供应不足的问题，建设蔬菜温室大棚，为周边城市提供蔬菜。

规划建设夏季蔬菜观光采摘蔬菜产业园，形成新的旅游资源。二河乡绿色蔬菜小镇规划绿色蔬菜大田种植观光采摘区 1 块，面积 1 270 亩。规划温室大棚种植区：面积 300 亩主动式温室大棚太阳能结合生物质发酵产热式温室大棚 1 处、100 亩全太阳能被动式蘑菇温室大棚 1 处、100 亩沼气炉供热主动式育苗大棚 1 个，日消耗沼气 100 m^3/d，形成规模化新能源利用模式。

新能源规划后温室大棚采用 3 种建设模式：

①牛粪＋生物质秸秆好氧发酵产热堆肥主动式温室大棚，占地 20 万 m^2，温室面积 16 万 m^2，单栋占地 8 000 m^2，建设 20 栋，冬季运行温室内温度 12～20 ℃，种植绿色蔬菜豆角、黄瓜等。消耗牛粪 3.3 万 t/a，秸秆 0.6 万 t/a。

②全太阳能 3 层膜，保温设计被动式温室大棚，占地 100 亩，温室面积 4.5 万 m^2，种植低温、弱光蘑菇类。

③沼气补能温室，保温设计主动式温室大棚，占地 100 亩，温室面积 4.5 万 m^2，用于蔬菜等育苗或者高温品种瓜果。年消耗沼气 36 000 m^3，补充热能 720 000 MJ/a，主要用在冬季 12 月至次年 2 月，大约 3 个月时间。

（5）有机废弃物厌氧堆肥项目规划。

建设堆肥厂一个，处理粪肥及厨余垃圾。年处理有机废弃物 6 643 t，生产固体绿色化肥 4 650 t，替代化肥形成绿色有机农业。

(6)小镇新能源用能及减排量。

特色小镇基本上实现物质能量闭环,不产生环境污染物。小镇绿色用能及节能减排指标见表4.4。

表4.4 小镇绿色用能及节能减排指标

项目	单量	项目	单量
年消耗沼气	18.25 万 m³/a	替代标准煤	130 t/a
太阳能热水器	2 000 m²(705 个)	替代标准煤	110 t/a
太阳能路灯	节电 3 504 kW·h(60 个)	替代标准煤	0.43 t/a
合计			240.43 t/a
减排 SO_2	40.88 t/a	减排 NO_x	72.13 t/a

1 kW·h 电 = 0.123 kg 标准煤(按热值核算)。

2. 五常生态农业中心镇产业及新能源规划

五常镇,隶属于黑龙江省哈尔滨市五常市,也称为五常中心镇,地处五常市西北部五常市轴心地区,坐落在市委市政府所在地,处于黑吉两省交界处,东与民意乡相连,南与杜家镇接壤,西与兴盛乡相邻,北与安家镇交界。2018年,区域面积为 87 km²,户籍人口 132 073 人,其中农业人口 22 302 人。五常镇下辖 10 个行政村。全镇共有耕地 62 000 亩。绿色、安全型驰名全国的长粒香水稻面积 30 560 亩,绿色蔬菜面积 1 480 亩。形成绿色生态水稻种植中心,规划建设以田地为概念农业种植业生态小镇。年产秸秆 8 万 t/a。

中心镇主要的能源资源为太阳能和生物质秸秆能,规划年为2020年;规划建设太阳能水稻干燥车间一处,占地面积 1 000 m²;沼气供气及发电产热项目一个。

(1)产业及新能源规划。

利用太阳能干燥设备对农副产品进行干燥作业,称其为太阳能干燥设备,以此建设的工厂为太阳能干燥厂。中心镇建设太阳能干燥厂一处,占地面积 1 000 m²。

按干燥器的结构及运行方式,干燥厂主要分为两类:温室型太阳能干燥厂、集热器型太阳能干燥厂。太阳能干燥原理就是通过高温加热的方式使粮食中的水分蒸发,进而干燥粮食的过程。

①温室型太阳能干燥厂:主要在秋季运行,工厂利用温室对太阳能的高效吸收和保温,直接吸收太阳能并将其转换为热能,加热粮食。

②集热器型太阳能干燥厂:通过太阳集热器所加热的空气进行对流换热而

第 4 章 五常生态农业小镇集群新能源规划与应用

获得热能,继而再经过工质对加工的物料内部进行加热,使物料中的水分逐步汽化并扩散到空气中去,最终达到干燥的目的。

温室型太阳能干燥厂结构简单,建造容易,造价较低,可因地制宜,在国内外有较为广泛的应用,适用于当物料所要求的干燥温度较低,而又允许直接接受阳光曝晒的条件下使用,干燥物料能直接吸收阳光,加速自身水分汽化,因而热利用效率较高。无须外加动力,属于被动式太阳能干燥厂。

本次规划的温室型太阳能干燥厂 1 000 m^2,范围温升较小,夏季一般可达到 50~60 ℃,春秋季节可达到 10~20 ℃。主要干燥对象为辣椒、黄花菜、稻米等。

(2)秸秆沼气化工程规划。

五常镇农业秸秆储量丰富,规划建设集中式沼气工程是新能源规划的主要发展方向。建设集中式沼气工程的优势:气密性高,产气率高;产气稳定,全年全天产气,且波动小;便于专人集中管理,使用寿命长;可集中储气、分散储气或者集中发电;副产品沼渣、沼液利用率高,可发展村级绿色食品,促进生态农业的发展;资源利用率及能源产出率高。因此结合五常秸秆资源优势,适宜建设集中式沼气工程,使之成为一个供气供电的镇级能源站。集中利用是用大型生物质气化设备生产生物质气,通过管道或者灌装将生物质气输送到各个用户。

根据五常镇秸秆资源储备规划建设并配套规划建设 11 处大型生物质集中供气站,储气总容积为 2 000 m^3,年消纳秸秆 31 万 t,2 200 户农户得到了集中供气,具有良好的经济效益和生态效益。

采用针对秸秆的沼气化技术,即升流式 UASB 工艺,可实现秸秆沼气化。

①工艺设计。五常中心镇秸秆沼气项目总体工艺路线确定为:原料收储+预处理水解+厌氧消化+沼气净化+沼气发电+沼渣储存的处理工艺。

处理系统主要包括原料收集与处理系统、原料预处理水解系统、中温厌氧消化系统、沼气净化与发电系统,以及居民用气、沼渣储存系统和附属系统等子系统。

厌氧消化工艺主要选用高效 UASB 厌氧消化技术,具有较高的物料颗粒物浓度,较短的停留时间,较高的容积产气率;沼气净化使用干法脱硫工艺,沼气产品一部分用于发电,一部分用于作为居民生活用燃气;沼渣作为生产有机肥的原料,沼液经过储存后施用农田。秸秆 UASB 沼气工艺如图 4.5 所示。

②沼气副产品规划。沼液作为液态肥料运送至蔬菜种植小镇和周边村屯进行喷洒,沼渣全部回用到生态水稻种植区进行施加,取代化肥,形成完备的农业生态链。沼渣、沼液是优质有机肥,可以增加土壤有机质,缓解土壤板结,提高农作物品质,尤其对于五常生态农业特色小镇建设意义重大。从沼液成分分析可

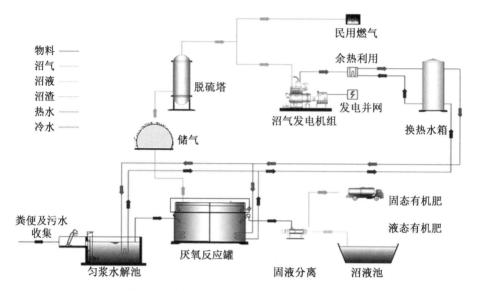

图 4.5　秸秆 UASB 沼气工艺（彩图见附录）

看出，沼液能起到多种作用，主要表现在调节作物生长、增长肥效和抗病虫害 3 个方面。

沼液经过充分发酵，富含有多种作物所需的营养物质，因而极宜作为根外施肥，特别是当农作物及果树等进入花期、孕穗期、灌浆期、果实膨大期时，喷施效果明显。沼液作为叶面肥可调节作物生长代谢，补充营养，促进生长平衡，增强光合作用能力，尤其是施用于果树，有利于花芽分化，保花保果，果实增重快，光泽变好，成熟一致，品质好，商品果率显著提高。

由于沼液含有丰富的有机质和较多的腐殖酸，因此既是一种优质的基肥，也是良好的土壤改良剂。沼液的施用可增加土壤团粒结构，增加土壤中的空隙度，协调土壤中水、肥、气、热条件；同时沼液养分全面，缓急相济，具有协调植株内激素平衡的作用。

沼液中含有多种生物活性物质，如氨基酸、微量元素、植物生长刺激素、B 族维生素及某些抗生素等。其中有机酸中的丁酸和植物激素中的赤霉素、吲哚乙酸及维生素 B12 对病菌有明显的抑制作用，沼液中的氨和铵盐及某些抗生素对作物的虫害有直接抑制作用。因此，沼液在我国部分地区用于防治病虫害。

厌氧发酵过程中，发酵料液中的可溶物主要由分子量不等的有机物及各种离子组成。沼渣、沼液中含有氮、磷、钾等营养元素，以及氨基酸、维生素、蛋白质、赤霉素、生长素、糖类、核酸等对作物及畜禽的生长发育有调控作用的"生理活性物质",还含有钙、磷、铁、锌、钼等刺激作物发芽和生长的离子。

五常中心镇大米基地每亩需要固体有机肥 0.5 t/a,沼液肥 50 t/a 以上,20 万亩水稻基地年需要沼渣 5 万 t,沼液肥 500 万 t。因此,沼气项目生产的沼渣、沼液有足够的基地消纳沼气工程产生的沼渣和沼液。

核心沼气发酵工艺采用中温(32 ℃)连续发酵的 UASB 厌氧沼气发酵技术。该技术发酵效率高,产气率高,整个工艺过程全部密封。

③主要工艺设计。工艺设计时需满足年消耗秸秆 5 万 t,年产生物天然气 350 万 m^3、有机颗粒肥 1.5 万 t。

a.进料系统设计。固态原料用于湿发酵沼气工程时,原料需要先与补充液体混合均匀,而后进料到沼气发酵罐。大多数情况下原料的输送可以通过常规的装载车辆来完成,只有当需要自动进料时,才会使用底部刮板进料机、顶部推送机和螺杆输送机。刮板进料机和顶部推送机可以水平或向上移动所有类型的可堆积物料,但无法用于原料的计量。螺杆输送机可以从任何方向运输固态物料,但前提是无大石块,并且将物料粉碎到螺杆可以抓起的程度。固态原料的自动进料系统通常与装载设备结合起来形成沼气工程的一个单元。实际操作时通常采用铲车作为固态原料输送的唯一手段。

本项目采用铲车作为存储在青储仓秸秆的运输设备,将其运输至进料斗内,通过输送带传输至粉碎机入口,然后将秸秆进行粉碎,粉碎后的秸秆直接落入悬浮罐内,通过螺杆泵输送至制沼系统。

b.预处理系统。预处理过程为:秸秆粉碎成颗粒(3~4 cm),并与生物污水混合,混合物的含固率 15%~20%,利用泥浆泵提升至水解池,水解池的容积为 500 m^3,数量为 2 个。

c.厌氧发酵系统设计。采用中温厌氧发酵工艺,设计 2 个并行的 UASB 厌氧发酵罐,每个容积为 8 000 m^3,采用沼气+水力回流对发酵罐进行搅拌;厌氧产生的沼液排放入 1 000 m^3 沼液储存池(1 个);设计 2 个 5 000 m^3 的双膜干式沼气储气柜,配套 100 m^3 的热水储罐 1 个;设计 2 台 1 MW 的沼气发电机组,用于沼气发电。该系统年产 1.5 万 t 有机肥,设计有机肥生产线 1 套,设计沼液输送管网系统 1 套,并配套电器及控制系统设备。

设计 8 座沼气池,其中 2 座沼气池产生的沼气为发电机组发电供气,另外 6 座沼气池为周围的村镇供应沼气。

④本项目主要技术参数为:发酵料液浓度为 15%;容积产气率≥0.5 $m^3/(m^3 \cdot d)$;水力停留时间为 25 d;发酵温度为(35±2)℃;发酵物 pH 为 6.5~7.5;沼气甲烷含量 55%~65%。

本项目日处理秸秆 90 t,生活污水 560 t,混合液含固率 15%,进入中温厌氧发酵罐,日产沼气大于 8 000 m³±5%,沼气中甲烷含量≥55%,沼气净化后用于发电,日发电≥24 000 kW·h±5%。厌氧发酵罐内设盘管式增温装置,增温的热源为发电机组的余热。

⑤沼气净化工艺。厌氧罐刚产出的沼气是含饱和水蒸气的混合气体,除含有气体燃料 CH_4 和 CO_2 外,还含有 H_2S 和悬浮的颗粒状杂质。本项目拟采用干法脱硫对沼气进行脱硫处理。干法脱硫是在常温下沼气通过脱硫剂床层,沼气中的硫化氢与活性氧化铁接触,生成三硫化二铁,含有硫化物的脱硫剂与空气中的氧接触,当有水存在时,铁的硫化物又转化为氧化铁和单体硫,脱硫再生可以循环 2~3 次,直至脱硫剂表面的大部分空隙被硫或其他杂质覆盖而失去活性为止。经干法脱硫后的沼气中 H_2S 含量可少于 20 mg/m³,为"精脱"。干法脱硫采用立式干法脱硫方式,采用双塔流程工艺,每个沼气池有一个脱硫塔,便于设备连续使用。

脱硫塔用于脱出沼气中的硫化氢,脱硫后沼气内 H_2S 浓度:发电时≤200 mg/L。脱硫塔型号为非标,采用干法脱硫干式脱硫塔。脱硫塔主材为不锈钢,尺寸为 $\phi 1.8\text{ m} \times 3.5\text{ m}$。

⑥沼气存储。发酵原料经过厌氧处理后产生的沼气,暂时储存在储气容器内。本项目根据工艺特点选择了双膜储气柜。双膜储气柜由外层膜、内层膜及底膜组成,外层膜和内层膜之间气密,外层膜构成存储器的外部球体形状,内层膜则与底膜围成内腔以存储生物气体。储存器设有防爆鼓风机,防爆鼓风机自动按要求调节气体的进/出量,以保持存储器内气压的稳定,同时在恶劣天气条件下保护外层膜。气体的体积由进入与排出的气体体积决定。外层膜设有一道上下走向的软管,由上述鼓风机把外面空气经此软管送进外层膜与内层膜之间的空间,使外层膜保持球体形状并同时把生物气体压送出去。内外层膜和底膜均经过 HF 熔接工序熔接而成,所用材料包括经过表面特殊 PVC 处理的高强度聚酯纤维和丙烯酸酯清漆。PES 纤维的最大拉伸强度是根据 DIN53354 标准测试的,且在经纬方向均达到了每 5 cm 宽的长条可以承受 5 000 N 拉力的标准。根据德国标准 DIN4102-BI,该纤维具有高度防火性能,特殊表面处理的配方使之具有防紫外线及防泄漏功能。同时,该纤维不会与各种生物气体成分发生反应或受之影响,而白色外层膜有助于反射阳光。此外,存储器可抵抗强风的吹刮及积雪的重压,可保证设备安全运行。适用温度为-30~+70 ℃。

五常项目沼气存储装置的容积为 800 m³,设计数量为 2 座,采用双膜储气柜。双膜储气柜主要配套设备有:防爆风机 2 台,用于提供储气柜压力;正负压安全保护器 2 台。

⑦沼气发电。根据沼气产量,本项目选用 0.5 MW 发电机组 2 台。发电机组由沼气发电机组本体部分、余热回收换热器等组成。发电用于农业用电、居民用电结余上网。

粪污水温度取 5 ℃,假设粪水比热容和清水相当,上述物料需增温至 35 ℃,则需要热量为:$400×1\,000×(35-5)=1.2×10^7 (\text{kcal}) < 2.743×10^7 (\text{kcal})$,由此可见,发电机的余热能满足物料的温度要求,结余热量可用于厂区热水淋浴等生活用热。

⑧增温及保温设计。采用 DN80 不锈钢盘管,设置在厌氧罐内,通过热水循环增温保温。厌氧罐保温系统中厌氧罐保温材料采用阻燃型聚苯乙烯板,总厚度为 100 mm,安装于罐体外壁,可保证厌氧罐内温度稳定,保温层散热不高于 10 W/m^2。保温层最外部用彩钢板覆盖保护。

(3)中心镇新能源规划的环境效益见表 4.5。

表 4.5　能源环境效益

项目	太阳能发电	沼气产量	SO_2	NO_x
年发电量	1 400 万 kW·h	350 万 m^3	—	
替代标准煤		9 470 t	减排 121 t	减排 86 t

3.五常龙凤山镇旅游新能源小镇

龙凤山镇地处五常市东南 25 km 处,西与保山接壤,东以牤牛河为界与小山子镇隔河相望,南与向阳乡毗邻,北接志广乡。龙凤山镇属于半山区地貌,全乡辖区面积为 434 km^2;有 18 个行政村,78 个自然屯;总人口 46 678 人;总耕地面积为 181 415 亩,其中水田面积为 145 011 亩,旱田面积为 36 404 亩,是农业乡份,也是全市水稻主要产区之一。

龙凤山镇两面环山,一面依水,比例为六山、三水、一分田,全乡地理位置处于长白山张广才岭余脉,最高山峰高度为 586.41 m,主要山峰有 4 座,大猪山海拔高度为 586.4 m,大砬子山 316.4 m,位于康家店东 2 km 处的一座山高度为 313 m,小砬子山高度为 273 m。龙凤山镇内主要河流有 4 条:牤牛河凿穿全乡,全长 250 km,在乡内流经长度 22.5 km;还有香水河子、双发小河子、龙凤山小河子,在乡内流经长度 15 km。

(1)小镇水资源、旅游资源及产业规划。

龙凤山镇山水旅游资源丰富,规划发展山水旅游,是龙凤山镇重要的产业规划方向。群山环抱的龙凤湖是一座大型水库,截断牤牛河建千米长坝,东连龙山,西接凤山形成人工湖。湖长 15 km,平均宽 3 km,面积 45 km^2,库容

2.77亿 m^3,水深10～20 m,水质优良,达到地表水二级水质标准。沿岸群山蜿蜒起伏,伸入湖中,形成水中有山、山间有水的美景,同时龙凤湖水库也是其重要的水资源储备库。

景区规划218.4 km^2的龙凤森林公园,按区域功能划分为6个游览区,即前湖游览区、凤凰山游览区、凤雏湾游览区、红崖湾游览区、卧龙山游览区和中央山游览区。形成独具特色的山水型生态旅游风景区,龙凤山镇也因其独特的旅游资源而规划建设旅游新能源小镇。

(2)小镇的风能资源。

龙凤山镇风资源较为丰富,依据黑龙江气象局数据,年平均风速在3.5～4.5 m/s,每年的1～5月份、10～12月份为风资源最为丰富的季节,平均风功率密度在100～200 W/m^2。依据国家对风能资源的评估,当地属于风资源较为丰富地区,年平均有效时数大于4 000 h。

(3)小镇新能源规划。

①风电规划:规划在龙凤山区建设1.6万 kW风电场一处,为旅游区及小镇居民用能提供电力支持,年总发电量在6 400万 kW·h。

②小水电规划:龙凤山水库因其水资源丰富,建设规划为以农业灌溉为主,兼顾发电、旅游等综合利用的大型水利工程。人工修筑大坝,控制流域面积1 850 km^2。坝长916 m,高18.7 m,顶宽6 m,迎水面建有1 m高的钢筋混凝土防浪墙,两侧以石块砌筑成为平整的护坡。坝西(左岸)依山为库区入口,相连4个高8.3 m、宽12 m的泄洪水闸,欧式的水库建筑建在凤山山坡上。

小型水电站建设在坝东端(右岸),紧依龙山。为防止山体滑坡进行了加固处理,在山体内形成宽5 m、高4 m、长98 m的"n"形通道。水电站装机容量为3 200 kW,设计2台1 600 kW低水头大流量卧式水力发电机组,年发电1 300万 kW·h。同时水库可灌溉40万亩粮田,年产鱼10万余斤。1993年,龙凤山镇被省政府批准为省级风景名胜区。联合国大气观测组织将该地区确认为无污染的自然保护区,并在库区设立了观测站。

(4)小镇新能源环境效益评估见表4.6。

表4.6 小镇新能源环境效益评估

项目	风电	水电	SO_2	NO_x
年产电量	6 400万 kW·h	1 300万 kW·h	—	—
合计年产电量	7 700万 kW·h		—	—
替代标准煤	9 470 t		减排121 t	减排86 t

第 5 章

林家村镇高端装备小镇新能源规划与应用

> 本章针对林家村镇高端装备小镇的典型案例进行新能源规划与应用。该规划以林家村镇产业现状和区位发展优势为突破口,提出在林家村镇发展特色产业——建设高端装备小镇,并对小镇的水资源、生物质资源、太阳能资源进行调查和评价,提出面向需求分析的新能源规划方法,构建林家村镇高端装备小镇的生态循环型小镇可再生能源系统,并对林家村镇高端装备小镇的新能源规划进行评价。

第5章 林家村镇高端装备小镇新能源规划与应用

5.1 林家村镇现状

林家村镇位于山东省诸城市东南部,全镇面积 325 km²,辖 27 个社区,167 个行政村,人口 9.8 万人,耕地面积 18.5 万亩,是目前诸城市面积最大的镇。

林家村镇地处诸城、黄岛、胶州三区市交界,薛馆路(G341)横穿镇区,向东连接西海岸新区,通过胶州湾海底隧道连接青岛东岸城区。青兰高速途径镇域北部,直达胶州湾跨海大桥,连接胶州市、红岛与青岛东岸城区。镇驻地到西海岸新区胶南城区、黄岛城区、胶东国际机场、青岛火车站均在 1 h 车程范围内,区位、交通优势明显。

林家村镇 1953 年划归诸城市第十八区。1958 年建林家村公社。1984 年改为林家村镇。1988 年,撤销白山、西北山、桥沟、马山上 4 个自然村,并入上崔家沟;撤销涝洼子沟自然村,并入黑王家。1989 年,撤销东南楼自然村,并入麻姑馆。1994 年,撤销宝珠自然村,并入石河头;撤销迎春自然村,并入竹园。1995 年,撤销牛店村,并入南王家夼村为自然村。1997 年,面积 83.3 km²,人口 3.7 万人,辖 58 个行政村。2007 年 8 月,撤销瓦店镇、桃园乡,划归林家村镇。

1. 自然条件

(1)气候特征。

林家村镇属温带季风性气候,主要特点是冬长干冷,春旱多风,夏季湿热,秋凉多晴,最高温度 39 ℃,最低温度 −18 ℃。多东北风,其次为西北风,全年无霜期 124 天,初霜一般在十月中旬左右,终霜一般在四月中旬前后,年平均降水量 749.1 mm,土壤解冻在一月下旬开始,最大冻土深度在 40 cm 左右,历年平均降雪量为 795.1 mm。

(2)地质条件。

林家村镇地表岩性类型主要有太古界胶东群坪上组的钾长片麻岩、片岩、变粒岩等。镇境北部主要是侏罗系莱阳组的石英砂岩、页岩等。百尺河流域上游主要分布白垩系青山组的安山岩、集块岩、角砂岩、凝灰岩和王氏组的砂岩、页岩、粉砂岩、沙砾岩等。

(3) 水文特征。

全镇河流及水库较多,桃园河、百尺河等流经本镇;水库有石门水库、麻姑馆水库、郭家村水库等,水资源较丰富。

林家村镇所在流域面积及流域流经林家村镇面积见表 5.15。胶河流域面积最大,面积达到了 2 082.19 km²,仅有一部分河段流经林家村镇边界,因此流经林家村镇面积仅为 19.36 km²,占流域面积 0.93%。发源于林家村镇的河流流域面积最大的是吉利河流域,流经林家村面积为 86.28 km²,占流域面积 14.69%。百尺河流域流经林家村镇面积最大,为 127.40 km²,占流域面积 34.58%。卢河流经林家村镇面积占流域面积比例最大,为 41.65%。扶淇河流经林家村镇面积最小,为 18.1 km²,占流域面积 7.02%。

2. 社会经济环境条件

根据 2016 年政府工作报告,2016 年,全镇实现财政总收入 9 132 万元,其中地方财政收入 5 871 万元,分别较 2011 年增长 42.1% 和 72.7%,年均分别增长 8.42% 和 14.54%。完成固定资产投资 50.6 亿元,较 2011 年增长 141%。

农业发展:土地流转 1.6 万亩,完成 167 个自然村土地确权登记颁证工作,成立农民专业合作社 132 家,家庭农场 76 个,建设养殖园区 14 个,种植业园区 32 个,发展诸城市级农业龙头企业 12 家,潍坊市级以上 6 家,种养结构不断优化,产业特色更加鲜明。

工业发展:全镇共有各类企业 83 家。2016 年,完成主营业务收入 89.2 亿元、利税 8.7 亿元,分别较 2011 年增长 122%、88%。规划建设青岛产业园,目前起步区已启动基础设施配套和项目引进,有青岛软控联合科技、青岛旭能生物工程、鼎泰盛工业装备等 18 个项目入驻园区,基本形成了以食品加工、机械加工、工艺品及服装加工三大传统产业和先进装备制造业、海洋性功能食品、新能源三大新兴产业齐头并进的工业框架。

服务业发展:规划建设了临港物流配套联动区、林熙商务新区、竹山旅游风景区三大服务业园区,建设完成林熙湿地公园、中心文化广场、商贸城二期等亮点工程,新建万家福、盛客隆、新东方、爱民超市 4 家,服务业层次和比重明显提高。

建设成果:林家村镇先后被授予"山东省环境优美乡镇""山东省文明乡镇""山东省健康乡镇""山东省卫生乡镇"等称号。

3. 城镇基础设施条件

(1) 交通方式。

沈海高速从镇域北侧东西向穿过,距离辛兴镇和里岔镇出入口分别在

10 min车程。镇驻地有国道341从镇驻地横穿,联系诸城和西海岸新区。林张路、林辛路纵贯南北,其中县道4条,市寿路、方岗路、小桃路、林张路和新建成竹山环山路,全长16.3 km。

城镇道路交通多方式混行较为严重,断面划分不明确;各村之间基本建有村村通道路,路面情况一般,路宽4 m左右,断头路较多。

林家村镇客运站设在林家村镇交通管理所,地处林家村镇驻地。县内客运公交线路3条,出租车没有投放。2015年投放公交站亭5处。

(2)市政设施。

镇区现有郭家村水厂1座,以中型水库的郭家村水库为水源,供水范围包括密州、百尺河、辛兴、林家村4个镇街158个自然村10多万人的饮水安全。污水处理厂1座,位于镇驻地西侧,总设计规模10 000 m^3/d。有2座35 kV变电站,分别位于镇驻地和瓦店。

4. 发展优势分析

(1)区位优势。

林家村镇位于诸城市东南部,地处诸城、黄岛、胶州三区市交界,诸城东大门。位于诸城半小时经济圈,西海岸新区和胶州1小时经济圈内。

青兰高速从镇域北侧横穿,最近的2个出入口(辛兴镇、里岔镇)距离镇驻地距离分别都在15 km左右。

国道341从镇驻地横穿,向西联系诸城城区,车程15 min左右;向东联系西海岸新区,距离胶南城区30 min左右,黄岛城区45 min左右,交通联系较为便捷。

(2)土地资源优势。

林家村镇镇域总面积325 km^2,是诸城市面积最大的镇,目前西海岸新区的可建设用地已捉襟见肘,城区土地价格飙升,达到每亩地100万元。诸城市的土地价格也已经达到每亩地40万元。而林家村镇土地整理所需费用较低,可开发利用土地资源充沛,地形平坦,适宜产业园的发展,在土地价格上具有很大的竞争优势。

(3)产业基础优势。

全镇共有各类企业83家,可提供2 000多个就业岗位。目前,全镇立足工业经济转调创,发挥对接青岛的区位优势,创建青岛产业园,起步区已启动基础设施配套和项目引进,有青岛软控联合科技、青岛旭能生物工程、鼎泰盛工业装备等18个项目入驻园区,基本形成了以食品加工、机械加工、工艺品及服装加工三大传统产业和先进装备制造业、海洋性功能食品、新能源三大新兴产业齐头并进的工业框架。其中鼎泰盛研发的卧式连续灭菌生产线是国内首创、自主研发的高效灭菌设备,产品应用于各类饮料、罐头食品、塑料包装等行业。

(4)资源优势。

林家村地形变化大,南部为起伏较大的丘陵区,北部为平原,耕地面积18.5万亩,山场面积9.3万亩。生物质资源丰富、水资源丰富,水质条件好,具有优质的自然环境和丰富的生态资源,构成了错落有致、丰富多彩的自然景观格局,形成独具特色的旅游资源优势。

镇域范围共有八大山系,五大河流,其中竹山、障日山山体资源保护较好,植被茂盛,竹山素有"小峨眉"之称。全镇已建设养殖小区8个,种植业园区6个。重点发展了竹山生态谷、康源微藻养殖基地、青朴火龙果采摘、中科院现代农业示范基地、郑家沟生态果品等7个现代农业项目。

其中,竹山生态谷项目已联合中科院植物研究所筹建博士工作站,重点研究适合北方露天种植的所有果木、景观植被等,将陆续建设滑雪、滑草、漂流、露营等观光旅游度假综合体。中科院现代农业示范基地占地2 000亩。项目建成后,是一个以生态农业为主的特色小镇。

5.2 产业发展

5.2.1 经济发展水平

根据2016年政府工作报告,2016年,全镇实现财政总收入9 132万元(图5.1),其中地方财政收入5 871万元,分别较2011年增长42.1%和72.7%,年均分别增长8.42%和14.54%。完成固定资产投资50.6亿元,较2011年增长141%。

图5.1 林家村镇财政收入变化情况(2012—2016年)

5.2.2 产业发展现状

1. 产业布局现状

林家村镇第一产业以农业为主,主要种植小麦、玉米、花生、瓜菜、果树及苗木、黄烟等作物。现农业布局大致以薛馆路(G341)为界,薛馆路以北主要种植白菜、辣椒等特色蔬菜,薛馆路以南主要种植草莓、苹果等特色水果;小麦、玉米等粮食作物在镇域范围内均有种植。

第二产业以纺织、机械制造和食品加工为主。在镇区的青岛产业园内最为集中,目前已有山东鼎泰盛食品工业装备股份有限公司、山东天合堂食品有限责任公司、诸城市爱玲包袋服饰有限公司、诸城市麦莎纺织有限公司、诸城市吉富源工艺有限公司、山东旭能生物有限公司等18家主要企业。另外,诸城密州经贸有限公司、诸城市龙祥钢业有限公司、诸城市新希望六和嘉源饲料有限公司3家企业位于瓦店社区,诸城锦嵘专用车辆有限公司位于林家三社区内。成泰乐家食品有限公司(氮)、诸城市润玉食品有限公司(液氨)分别位于镇区以北的大屯社区和皂户社区。

第三产业的服务业主要集中于镇驻地,多为与镇驻地居民日常生活配套的商业、银行、餐饮和商贸市场等。

2. 第一产业农业

(1)农业发展基础良好。

2016年底,林家村镇农业经济总收入75.9亿元。林家村镇土壤肥沃,自然条件良好,全镇耕地面积约18.8万亩,山场9.3万亩;常年小麦播种面积12万亩(亩产425 kg),玉米12.5万亩(亩产550 kg),花生5.5万亩(亩产350 kg),瓜菜3万亩,果树及苗木0.6万亩,黄烟0.5万亩。

林家村镇为了调整农业结构,积极进行土地改造与整理,2016年底已经完成土地流转1.6万亩。

(2)农业结构升级优化。

2016年底,林家村镇成立农民专业合作社132家,家庭农场76个,建设养殖园区14个、种植业园区32个,发展诸城市级农业龙头企业12家,潍坊市级以上6家;重点发展了竹山生态谷、康源微藻养殖基地、青朴火龙果采摘、中科院现代农业示范基地、郑家沟生态果品等7个现代农业项目。

(3)特色产品优势鲜明。

目前,林家村镇的皂户辣椒、绿丰园花生、贤河白菜、黄山口苹果是林家村镇的特色农产品,已通过无公害农产品认证。

3. 第二产业纺织、机械制造和食品加工

(1) 产业结构基本形成。

2016 年,林家村镇完成主营业务收入 89.2 亿元、利税 8.7 亿元。2020 年,林家村镇主要营收 108.3 亿元、利税 11.2 亿元。镇驻地青岛产业园逐步引进项目,目前已有青岛软控联合科技、青岛旭能生物工程、鼎泰盛工业装备等 18 个项目入驻,基本形成了以食品加工、机械加工、工艺品及服装加工三大传统产业和先进装备制造业、海洋性功能食品、新能源三大新兴产业齐头并进的工业结构。产业园职工共 1 037 人(表 5.1)。

表 5.1 镇驻地企业一览表

序号	企业名称	职工人数/人	行业
1	山东鼎泰盛食品工业装备股份有限公司	150	机械
2	山东天合堂食品有限责任公司	80	食品
3	诸城市爱玲包袋服饰有限公司	300	针织
4	诸城市鲁盛加气砌块有限公司	30	建材
5	诸城市永昌木器有限公司	30	木器
6	诸城市绿丰园食品有限公司	30	食品
7	诸城市味博特食品有限公司(氟利昂)	26	食品
8	诸城市麦莎纺织有限公司	120	纺织
9	诸城市俊杰家纺有限公司	20	纺织
10	诸城市鹏路鞋业有限公司	40	鞋帽
11	诸城布垒赛特工艺品有限公司	20	针织
12	诸城市吉富源工艺有限公司	50	针织
13	山东尚生生物科技发展股份有限公司	10	饲料
14	诸城市力天机械有限公司	12	机械
15	潍坊锐驰液压机械有限公司	20	机械
16	诸城市金鼎管业有限公司	19	机械
17	诸城市翰泰机械科技有限公司	20	机械
18	山东旭能生物有限公司	60	生物
合计		1 037	—

(2)创新能力不断增强。

林家村镇的产业发展以"蓝色"为引领,利用高新技术和先进实用技术改造提升传统产业,补充密州春固体酒酿造、康源微藻养殖等项目的产业链条,推动瀚泰科技加入福田雷沃重工农业装备供货体系。2016年,青岛产业园内新增市级以上研发平台5个,引进各类人才498人。2020年,青岛产业园内新增市级以上研发平台8个,引进人才689人。

4. 第三产业服务业

(1)产业比重有待提高。

2016年底,林家村镇服务业经济总收入54亿元,占三产总收入的比例最低。目前镇域的三产服务业主要集中于镇驻地,多为镇驻地居民日常生活配套的商业、金融、餐饮和商贸市场等;其中,金融、宾馆、娱乐设施的总占地面积为1.25 hm^2,职工人数45人(表5.2)。2020年底,林家村镇服务业经济总收入为69亿元。

表5.2 镇驻地金融、宾馆、娱乐设施统计

类别	名称	位置	占地面积/m^2	建筑面积/m^2	职工人数/人
金融	诸城农村商业银行股份有限公司林家村支行	林家村镇驻地信合路99号	3 861	1 892	12
	诸城农村商业银行股份有限公司瓦店支行	林家村镇瓦店村、薛馆路南侧	1 950	820	9
	诸城农村商业银行股份有限公司桃园支行	林家村镇大桃园村	4346	785.5	6
宾馆	丰园商务宾馆	镇驻地薛馆路南侧	500	430	4
	温欣宾馆	镇驻地薛馆路南侧	200	220	3
	青林宾馆	镇驻地薛馆路北侧	700	860	2
	林村宾馆	镇驻地薛馆路北侧	600	300	2
	佳园宾馆	商贸北街南侧	200	280	2
娱乐设施	KTV	镇小商品城内	150	300	5
合计			12 507	5 887.5	45

镇域内有林家村集贸市场、大屯集贸市场、皂户辣椒专业市场等9个主要的集贸市场,服务范围涉及百货、各类农产品等(表5.3)。

表5.3 镇域主要市场统计

序号	集贸市场名称	位置	占地面积/万 m²	上市人数/人	成交额/万元	服务范围	停车泊位/个
1	林家村集贸市场	林家村驻地	3.3	11 000	35.7	百货、农产品	200
2	大屯集贸市场	大屯村驻地	1.3	6 000	14.1	农产品	70
3	皂户辣椒专业市场	皂户村驻地	1.1	5 000	16.5	辣椒	80
4	大麻沟龙贤白菜专业市场	大麻沟村驻地	1.5	6 000	15.6	白菜	170
5	瓦店集贸市场	瓦店村驻地	2.6	10 000	26.7	百货、农产品	180
6	大岳峙草莓专业市场	大岳峙村驻地	1.1	5 000	21.3	草莓	120
7	石门集贸市场	石门村驻地	2.3	9 000	23.2	百货、农产品	150
8	桃园花生集贸市场	桃园村驻地	2.3	9 000	25.1	花生	160
9	石河头大豆专业集贸市场	石河头村驻地	2.1	8 000	24.6	大豆	150

(2)服务业水平有所提升。

2016年,依托现有资源规划建设了临港物流配套联动区、林熙商务新区、竹山旅游风景区三大服务业园区,建设完成林熙湿地公园、中心文化广场、商贸城等服务类设施,新建万家福、盛客隆、新东方、爱民超市等商业设施,提升了服务业的层次和比重。

(3)产业突破载体良好。

林家村镇拥有竹山、障日山"两山"资源优势,在发展过程中,将生态资源作为产业突破的载体,规划建设高水平的服务项目,提升服务业发展水平。

5.3 林家村镇产业及新能源规划

5.3.1 产业及新能源规划思路

整合、优化林家村镇各种资源,对产业发展进行选择,形成"链式"产业集群,培育核心竞争力,形成"优化二产、三产带一产"的产业发展格局,走工业强镇、旅游导向型发展之路。主导产业与配套产业如图5.2所示。

按照林家村镇在周边区域发展中的定位,以自身资源为基础,遵循市场需求导向,以工业兴镇为重点,以农业结构优化为契机,打造旅游服务基地,形成绿色产业及旅游度假为一体的特色镇。

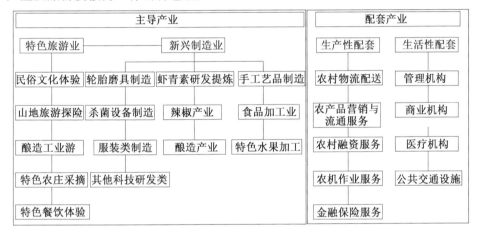

图 5.2　主导产业与配套产业

5.3.2 规划目标与原则

1. 规划目标

(1)产值目标。

规划林家村镇2017—2030年度平均增长率为12%,镇域财政总收入达到70亿元。

(2)三产结构目标。

规划林家村镇未来经济社会发展将以工业产业为主导,农业和服务业并重,三产结构调整为30∶40∶30。

(3)经济发展的社会目标。

提供就业岗位,促进社会稳定,鉴于林家村镇发展高端制造业,就业人口趋于年轻化,规划 2030 年林家村镇的抚养比在 35%~40%之间,意味着适龄劳动人口将在 2 万人~2.5 万人之间。

(4)清洁能源替代及减排目标。

小镇能源规划后小镇秸秆收集资源化率 100%,可再生能源利用率 81.7%;年替代 62.1 万 t 标煤;年 SO_2 减排 10.56 万 t,NO_x 减排 18.63 万 t。

2. 规划原则

坚持生态为本,协调开发建设与环境保护的关系;坚持规划引导,突出重点,层层推进;坚持挖掘自身优势,不断创新,先行先试;坚持产业统筹协调,全面发展。

5.4 产业发展预测

5.4.1 经济规模预测

2012—2016 年林家村镇的财政总收入和地方财政收入的年均增长率分别为 5.19% 和 7.49%(表 5.4)。采用趋势外推法,预测林家村镇近期和远期的经济规模(表 5.5、表 5.6)。

表 5.4 2012—2016 年林家村镇财政总收入和地方财政收入

年份/年	财政总收入/万元	地方财政收入/万元
2012	7 458.5	4 397.7
2013	7 812.4	5 043.7
2014	7 796.6	4 606.5
2015	8 371.79	4 990.04
2016	9 132	5 871

表 5.5　2025 年、2030 年林家村镇财政总收入预测

公式		R^2	预测值	
			2025 年	2030 年
指数	$Y=7\,020.8\mathrm{e}^{0.004\,74x}$	0.897 4	/	/
线性	$Y=690.64x+6\,942.3$	0.885 1	/	/
对数	$Y=889.39\ln x+7\,262.7$	0.741 1	/	/
多项式	$Y=100.26x-210.91+7\,644.1$	0.966 7	12 373.5	701 901.4
幂函数	$Y=7\,294.1x^{0.108\,6}$	0.761 5	/	/

表 5.6　2025 年、2030 年林家村镇地方财政收入预测

公式		R^2	预测值	
			2025 年	2030 年
指数	$Y=4\,181.5\mathrm{e}^{0.056\,7x}$	0.660 7	/	/
线性	$Y=289.29x+4\,113.9$	0.655 6	/	/
对数	$Y=664.31\ln x+4\,345.7$	0.558 5	/	/
多项式	$Y=92.19x-263.85+4\,759.2$	0.748 8	8 548.5	547 107.8
幂函数	$Y=4\,369.6x^{0.131\,8}$	0.576 1	/	/

近期(2025 年)：采用趋势外推法，预测 2025 年林家村镇财政总收入 12 373.5 万元，地方财政收入为 8 548.5 万元。

远期(2030 年)：采用趋势外推法，预测 2030 年林家村镇财政总收入 701 901.4 万元，地方财政收入为 547 107.8 万元。

由于未来林家村镇的外部条件将会有很大的变化，引入更多的精密制造等企业，大力发展生态农业、旅游业，经济发展水平将有大幅提升。因此，综合上述变化条件，预测结果见表 5.7。

表 5.7　林家村镇经济规模预测

	2025 年	2030 年
财政总收入/亿元	15	800
地方财政收入/亿元	10	540

5.4.2 就业人口预测

通过改善当地就业、经营及居住环境,实现人口集聚。采用就业密度法,以林家村镇产业升级为核心,通过市场、产业园区的建立,吸引商户、企业入驻经营,提供就业岗位。

通过综合考察国内外各相关产业的就业密度案例,以确定规划区内各类型产业的就业密度;最终根据规划确定的各类用地面积,核算规划区可提供就业岗位数为2.9万~3.4万(表5.8)。

表5.8 林家村镇就业人口预测

用地代码	用地性质	面积/hm²	就业人口密度/(人·hm⁻²)	就业人口/万人
A	公共服务设施用地	4.76	40~50	0.02~0.024
B	商业服务业设施用地	3.95	100~120	0.04~0.047
M	工业用地	170.38	130~150	2.21~2.56
W	物流仓储用地	22.19	50~70	0.11~0.16
AB	商业办公综合用地	19.69	120~150	0.24~0.3
MA	工业混合研发用地	23.45	130~150	0.3~0.35
合计				2.9~3.4

5.4.3 产业空间布局

根据产业发展思路和目标,镇域产业在空间布局上划分5个主要板块,分别为生态农业种植区、城镇发展区、山水旅游区、林果发展区和田园观光采摘区。

1. 北部生态农业种植区

生态农业种植区位于国道341(薛馆路)以北,此区域地形较为平坦,可依托已有的皂户辣椒、贤河白菜等特色农产品,发展绿色农业、农家乐、特色采摘等(图5.3)。

(1)发展方向。

巩固农业的基础地位,调整优化农业结构,积极开展多种经营;壮大优势产业,培育特色农业,构建农业产业链;大力发展农业服务体系,健全农业技术推广、农民技能培训、农产品质量安全、动植物病虫害防控等农业社会化服务体系。

图 5.3　特色农业区

(2)实施措施。

积极推进"公司＋基地＋农户"的经营模式,重点发展优质蔬菜产业链。以贤河白菜等品牌为龙头,以"公司＋农户"形式扩大白菜和其他绿色蔬菜生产规模,引进地膜培育、节水设施等先进栽植技术,以"绿色"为理念,打造"绿色之乡"蔬菜基地。新能源配置:配置储能式温室大棚。

2. 中部城镇发展区

以国道341(薛馆路)为发展轴带,串联镇驻地和瓦店,依托已有的产业园区和密州春酒厂,发展高端装备产业园和以酿造产业为主题的旅游观光区。

(1)高端装备制造。

顺应"中国制造"逐渐转入创新驱动型的新常态,承接西海岸国家级新区产业转移,以"创新""高端"等为关键词,引进相关精密科技企业和人才,延伸产业链,在重视研发的基础上积极开拓产品市场。同时,配套生产性服务业,打造集"制造＋服务＋设计"于一体的综合产业园区。高端装备制造如图5.4所示。

图 5.4　高端装备制造

坚持"低碳"、"节能减排"和可持续发展的方针,引进科技含量高、环境污染小的企业类型;巩固和发展现有的龙头企业,打造高端精密科技产业集聚区,提升小镇品质,带动城镇产业结构调整,吸引高端科技企业和人才,实现城镇升级;发展高劳动附加值、无污染、低耗能的新型工业。

(2)酿造工业游。

以瓦店的密州春酒厂为基础,发展酿造工艺游,打造五大主题功能:做产业——酿造产业加工;做背景——现代农业观光;做卖点——民间工艺博览;做提升——乡村旅游休闲;做配套——商业小镇服务。

3. 西南部山水旅游区

依托现有的西南部山水资源,形成休闲养生度假旅游板块,主要发展森林运动养生度假区、花果养生度假区、中医养生度假区和文化养生度假区。大力推进生态谷旅游景点、休闲农庄和旅游服务设施建设,加快发展现代旅游业;积极鼓励休闲产业、养生健身产业的发展;发展滨水特色商业街,发展旅游服务和商贸服务,优化旅游产品结构。

结合竹山、障日山、石门水库等山水景观,建设山水旅游生态谷,打造养生、休闲主题的山地游。本区域是林家村镇旅游发展的重点地区,可依托山水资源,发展探险、野营基地等探索性休闲产业,以参与性和修身养性为核心,打造一批山地农庄,发展规模休闲产业片区。山地游项目策划见表5.9,滨水游项目策划见表5.10。

表5.9 山地游项目策划

主题	类别	项目
山地游览 养生修身 山林竹径 滨水休闲	展示功能	山地游览
		古迹探幽
		山地文化展示
		旅游接待中心
		竹林展示参观
	体验功能	采摘体验
		山地滨水自行车骑行
		林果食品体验制作
		主题餐厅
		山林食品品鉴
		特色纪念品

续表 5.9

主题	类别	项目
山地游览 养生修身 山林竹径 滨水休闲	度假功能	特色农庄
		养生度假馆
		特色酒店
		滨水休闲餐饮
		养生会所

表 5.10 滨水游项目策划

空间要求	类别	项目
亲水空间	观赏类	驳岸、平台、栈道
		草坪、广场、公园
	游戏类	亲水台阶
		戏水滩、卵石滩
	运动类	垂钓设施
		游船、赛艇、漂流

4. 东南部林果发展区

依托低丘缓坡的地形特征，重点发展林果产业，建设田园观光区、休闲农庄和高效农业区。培育几大特色农业生产基地，提高农业产业化生产水平，建立现代农业生产体系。

（1）优质林果。

加快苹果、大枣等特色产品的规模化种植和产品化经营，完善果品种植、果品生产、加工和销售等，构筑龙头企业带动、标准化生产、品牌支撑、产加销相结合的高效林果业产业体系。提升产量，提高果品储藏保鲜率和深加工科技，提升产品竞争力。

此外，在花卉产业区可打造若干苗圃基地和特色花卉园，苗圃一方面用来销售，另一方面用来满足本镇林业需求；特色花卉园一方面可发展观光旅游，另一方面可为其他产业提供原料。

（2）优质水果。

加快草莓、蓝莓、葡萄等特色水果的规模化种植，发展水果基地、特色农庄和新鲜采摘,做到产地直供。发展水果的深加工和包装,发展鲜榨果汁、鲜切果盘、脱水果干等新型高利润产品。同时,将线上、线下、物流三者有机结合,加强与电商的合作。

5. 中南部田园观光采摘区

以观光采摘为主,发展田园农业旅游和农家乐旅游模式,打造特色农产品观光采摘区和现代农场观光区。

(1)田园观光区。

开发一批"大地彩绘园""农林观赏园""田园风光带"等观赏性旅游产品,增加乡村旅游的多样性,全面推进乡村旅游的发展。

(2)精致农庄。

以"钓鱼休闲、吃农家菜、住农家房、观农家景、干农家活"的体验式活动为主打,发展"吃、住、玩"一体式"现代农庄",吸引都市客流,打造其为都市人呼吸乡村"自由"空气、领略乡村"生态"美景的度假首选地。

特色山庄以开发一批诸如葡萄山庄、草莓山庄等具有不同特色的山庄来保证客源的可持续性;打造一批"葡萄节"等节日活动,增加体验性,提升山庄的知名度,打造金牌山庄。同时形成特色旅游线路,积极开拓乡村体验项目,带动旅游业的发展。

重视种植业与大地景观结合,形成都市所没有的乡村景观;积极改善农村原有面貌,建设现代生态农庄,作为乡村旅游的辅助项目,吸引乡村旅游人口。乡村游项目策划见表5.11。

表5.11 乡村游项目策划

类型	项目
游赏类	农田、苗木景观
	农庄观光
体验类	体验式农场
	采摘盛宴
休闲类	田间休息亭
	风情农庄

5.4.4 重点板块新能源配置分析

中部城镇发展区是林家村镇的重点发展板块,驻地产业区是林家村镇核心产业的聚集地,区内部共划分为精密制造产业区、生物工程产业区、仓储物流区、科研混合与综合服务区4个片区。

镇驻地产业区的总用地面积为 3.3 km²,主要为工业用地,占产业区总用地的 58.83%(表 5.12)。镇驻地产业区平面图如图 5.5 所示。

表5.12　林家村镇镇驻地产业区规划用地统计表

用地代码		用地名称	用地面积/hm²	占城市建设用地比例/%
大类	中类			
A	A1	公共管理与公共服务设施用地	4.76	1.44
	A3	教育科研用地	4.76	1.44
	A2	科研用地	4.76	1.44
B	—	商业服务业设施用地	3.95	1.20
	B1/B2	商业商务混合用地	3.95	1.20
M	—	工业用地	193.83	58.83
	M1	一类工业用地	170.38	51.71
	M1/A3	工业科研混合用地	23.45	7.12
W	—	物流仓储用地	22.19	6.73
	W1	一类物流仓储用地	22.19	6.73
S	—	道路与交通设施用地	60.23	18.28
	S1	城市道路用地	59.64	18.10
	S4	交通场站用地	0.59	0.18
		社会停车场用地	0.59	0.18
U		公用设施用地	0.50	0.15
	U1	供应设施用地	0.50	0.15
	—	供电用地	0.50	0.15
G		绿地与广场用地	39.54	12.00
	G1	公园绿地	39.54	12.00
A/B		商业办公综合用地	4.49	1.36
H11		城市建设用地	329.49	100.00

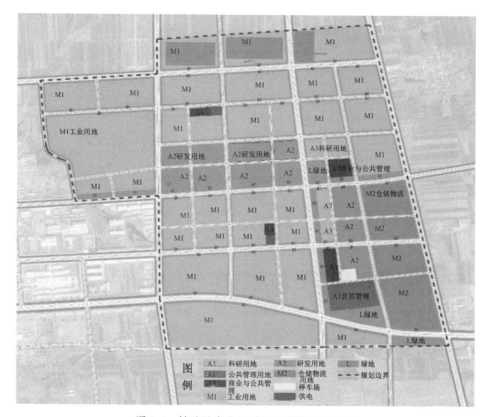

图5.5 镇驻地产业区平面图(彩图见附录)

1. 产业选择

根据对区域产业发展态势的分析、承接国内外产业转移的产业类型和国家战略新兴产业的要求三大方面进行产业类型的筛选。

(1)区域产业发展态势：西海岸新区产业发展方向主要为机械装备制造、汽车制造、家电电子、船舶海工、航运物流、海洋石化、橡胶产业、纺织服装、信息技术和新能源。诸城市产业发展方向为汽车制造、食品加工、服装纺织、装备制造、家具制造、医药化工。周边园区的重点产业类型主要为生物医药、装备制造、新材料、电子信息、纺织和海洋石化等。

(2)国内外产业梯度转移：主要转向高新技术制造业，以及包括保险、金融、咨询在内的现代服务业。

(3)新兴产业类型：包括大数据和信息技术、新能源、新材料、生命健康、旅游度假、国际会展和绿色低碳产业。

第5章 林家村镇高端装备小镇新能源规划与应用

结合园区及周边区域产业的发展,从产业基础、科技含量、市场需求、政府支持、投资环境、环保程度6个方面对产业进行评估(表5.13)。

表5.13 市场情况表

产业门类	产业基础	科技含量	市场需求	政府支持	投资环境	环保程度	综合评价
装备制造	●	●	●	●	●	◎	重点发展
汽车制造	◎	●	●	●	●	◎	兼顾发展
家电电子	○	●	●	●	●	◎	兼顾发展
船舶海工	○	◎	◎	◎	○	○	不发展
物流	◎	○	●	●	●	◎	兼顾发展
海洋石化	○	◎	◎	●	○	○	不发展
橡胶产业	◎	◎	◎	◎	◎	◎	适当发展
纺织服装	◎	◎	●	●	●	◎	兼顾发展
信息技术	○	●	●	●	◎	●	兼顾发展
新能源	○	●	●	●	◎	◎	重点发展
食品加工	◎	◎	●	◎	●	◎	兼顾发展
家具制造	◎	◎	●	◎	●	◎	兼顾发展
生物医药	◎	●	●	●	●	●	重点发展
新材料	○	●	●	●	◎	●	重点发展
电子信息	○	●	●	●	◎	●	兼顾发展
现代服务业	○	●	●	●	◎	●	兼顾发展
大数据和信息技术	○	●	●	●	●	●	兼顾发展
生命健康	○	●	●	●	●	●	兼顾发展

●强◎中○弱。

由此确定林家村镇第二产业形成"434"的格局:"4"——提升优化型:装备制造业(突出智能化,以模具、核心零部件的研发制造为主)、新能源(突出节能环保,以低碳、绿色能源产业为主)、生物医药(突出海洋医药,以高科技海洋提取医药为主)、新材料(突出新型建材,以环保、新型建材制造为主);"3"——积极引入型:汽车制造(突出高端化,以高端零部件的研发制造、新能源汽车为主)、家电电子(突出智能化,以智能家电的制造为主)、现代服务业(突出商务休闲,补齐商务、金融、休闲等功能);"4"——兼顾发展型:物流业(突出公路、港口物流,依托交通便利性,积极对接港口物流)、纺织服装(突出设计性,以高端制衣为主)、食品加工(突出健康绿色,以低温、方便休闲食品制造为主)、家具制造(突出环保,以环保型家具制造为主)。

2. 发展策略

(1)完善产业链,加强产业链垂直一体化,能源清洁化,资源节约化。

完善园区产业链,产业链的上游是原材料和设备供应商,下游是各类终端制造,中游向下可以向代工领域拓展,这是垂直一体化能力最强的制造企业之一。

强调垂直一体化发展,实现创新速度更快、生产成本更低、产品更出色。向上发展可以掌握核心技术,向下延伸可以掌握成本优势。如延伸现有企业的产业链,向下延伸发展下游的罐装食品企业和汽车零部件组装企业等。

(2)加强产业关联性,形成产业集群。

优化现有的橡胶装备制造业,拓展新能源、模具加工、智能家电、工业数控设备、精密仪器、汽车零部件等相关领域的高端装备制造企业。积极对接青岛产业园,促进要素集聚,形成高端装备制造业产业集群,发挥集群的联动效应。

培育优势产业集群,积极推进新材料、机电与电子、信息与控制、新能源等上下游配套产业的发展。

(3)完善配套设施,建设综合性园区。

园区在发展中应完善配套设施,加强商贸服务、研发科研、现代物流等配套设施建设,形成"制造＋服务＋设计"于一体的综合性产业园区(图5.6)。

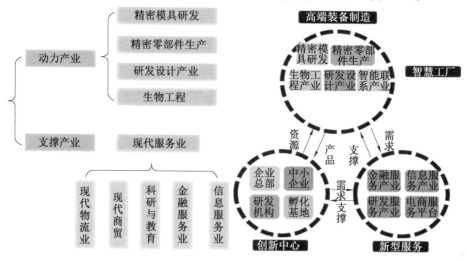

图 5.6 综合性产业园区

3. 分区规划。

(1) 高端装备制造产业区。

高端装备制造产业区用地面积 216.11 hm², 板块的主要功能以未来进驻高端装备产业类型为导向,以发展智能制造装备、智能模具加工装备、橡胶装备等产业为突破口,形成高端装备制造产业区板块。精密制造工业区平面图如图 5.7 所示。

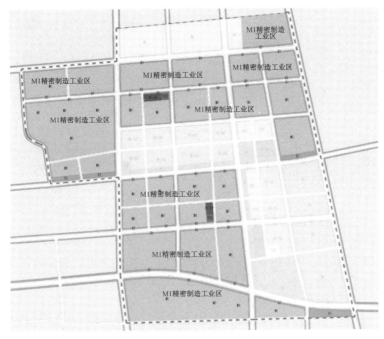

图 5.7 精密制造工业区平面图

产业优势主要有 3 点:第一,具有高附加值、低污染、低排放,具有较强竞争优势;第二,符合经济转型和国家产业发展政策方向;第三,国内市场巨大。

(2) 生物工程产业区。

生物工程产业区(图 5.8)用地面积为 19.69 hm², 板块的功能为以高精尖生物科学为导向,布局虾青素制造加工、高端生物工程等企业,形成生物工程板块。

产业的优势主要有 3 点:第一,全球生物技术市场迅速扩张;第二,医学生物技术产业化进程最快;第三,国内生物技术产业化已形成。

图 5.8 生物工程产业区平面图

(3) 仓储物流区。

仓储物流区(图 5.9)用地面积为 64.31 hm^2,板块功能主要为物流、储存、包装与流通加工、信息服务,为其他功能板块提供基础物流功能。

(4) 产研混合与综合服务区。

产研混合与综合服务区(图 5.10)用地面积为 30.38 hm^2,板块功能为集科技研发、商务会展、总部办公、行政管理、招商引资、创意设计、商业休闲、文化交流等于一体的综合服务平台。

第 5 章　林家村镇高端装备小镇新能源规划与应用

图 5.9　仓储物流区平面图

图 5.10　产研混合与综合服务区平面图

5.5 高端装备小镇新能源规划

5.5.1 小镇能源消费现状

小镇规划区域目前所利用的主要能源形式为电能,以及少量的生物质直燃、原煤散烧和天然气,少数家庭利用太阳能热水器。新能源的利用率低,利用形式落后,没有形成系统配置规模化的可再生能源利用。林家村镇高端装备小镇用能现状见表5.14。

表5.14 林家村镇高端装备小镇用能现状

能源类型	能源	使用方式	利用率/%
不可再生能源	煤炭	直接燃烧	0.1
	煤电能(企业、居民)	电网配套	99
	天然气	户用罐装天然气	0.25
可再生能源	太阳能	户用太阳能热水器	0.05
	生物质能	散烧	0.6
总能耗	96 MW/a		—

小镇电能配套:镇驻地现有35 kV变电站一处,配备主变两台,容量分别为5 000 kVA、6 300 kVA,10 kV出线5条,最高负荷9 000 kVA,为小镇提供电力保证。

5.5.2 小镇资源评估

1. 水资源评价

林家村镇有五条河流、两座中型水库,水力资源丰富。流域面积统计见表5.15。

表5.15 流域面积统计

	百尺河	卢河	扶淇河	吉利河	胶河
流域总面积/km²	368.42	175.09	257.91	587.37	2 082.19
流经林家村镇面积/km²	127.4	72.92	18.1	86.28	19.36
占总面积比例/%	34.58	41.65	7.02	14.69	0.93
经林家村镇总流域面积/km²	324.06				

虽然流经林家村镇的河流较多,但流域面积不大,水力梯度小,流量小,季节性强,作为能源类资源的利用价值不高。

2. 生物质资源评价

(1)林家村镇是农业型村镇,拥有耕地18.5万亩,皂户辣椒、绿丰园花生、贤河白菜、荒山口苹果、青朴火龙果种植业园区5个。康源微藻养殖基地1个,年产生物质近35万 t/a(表5.16),生物质资源丰富。

(2)林家村镇污水处置规划:污水处理站确定在林家村镇驻地西部,镇北路南侧、镇西路以西。该污水厂总设计规模为10 000 m³/d,处理标准1A,污水达标回用5 000 t进入沼气工艺,作为工艺用水;5 000 t作为清洁和绿化用水,年产污泥36 500 t/a(含水率90%),作为生物质资源化利用。

(3)林家村镇生活垃圾处置规划:按城镇人均垃圾产生量1 kg/(人·天),预测林家村镇城镇垃圾日产生量为3.8 t/d。规划生活垃圾清运率100%,无害处置化率100%,其中分类厨余垃圾、有机湿垃圾占垃圾总量的40%,全年有机垃圾产量554.8 t/a,均可以作为生物质资源利用。

表5.16 生物质资源表　　　　　　　　　　　　　　　　　　t/a

种类	农林业生物质	市政污泥	城市有机垃圾
年产量	350 000	36 500	554.8
合计有机质	105 622		

3. 太阳能资源评价

山东省太阳能资源丰富,属于太阳能丰度三类地区,尤其是胶东半岛北部、鲁东南、鲁北为太阳能资源较丰富地区,年可利用量超过5 000 MJ/m²,日辐射量为3.8~4.5 kW·h/m²,依据气象行业标准GB/T 37526—2019《太阳能资源评估方法》"利用各月日照时数大于6 h的天数为指标,评估太阳能资源的利用价值"。林家村地区日照时数>6 h的天数平均在245 d/a。平均月日照时数211 h,日照百分率64%,该地区太阳能资源丰富。林家村镇日照时数表见表5.17。

表5.17 林家村镇日照时数表　　　　　　　　　　　　　　　h

季节	春季(3~5月)	夏季(6~8月)	秋季(9~11月)	冬季(12~2月)
日照时间	670	690	666	545
全年累计	2 571			

5.5.3 面向需求分析的清洁可再生能源规划方法

通过对小镇能源的需求进行精准预测及村镇能源资源分析与评价,利用资源生态循环模式和分布式能源微网结构,可合理利用当地资源优势,匹配清洁可再生能源。分布式微网结构可以克服生物质能、太阳能的不稳定性。冷、热、气、电等能源全部或部分采用可再生能源,实现可再生能源与电能相互补充,达到节能减排的目标。同时面向需求分析的清洁能源规划,改变单一能源供给结构,形成多能互补,动态、灵活地适应需求变化,提高综合能源效率,更好地满足生产和消费的需要。

1. 小镇能源消费预测

小镇用能规划指标见表5.18,小镇能源消费预测见表5.19。

表5.18 小镇用能规划指标

序号	用电类型	用电负荷指标 /(kW·hm^{-2})	用地面积/hm^2
1	居住用能	600	61.91
2	商业服务业设施用能	400	38.12
3	公共管理与服务设施用能	300	23.78
4	一类工业用电	200	238.1

表5.19 小镇能源消费预测

序号	用能项目	年能耗/MW	说明
1	居民生活用电能	11.1	用能系数0.3
2	公共设施及服务用电能	9.1	用能系数0.8
3	商业服务业用电能	8.1	用能系数0.85
4	工业生产用电能	47.6	用能系数0.9
5	居民生活、商服用天燃气量	1.34	117.8万 m^3/a
6	居民企业建筑供热用能	120(120天)	供热面积160万 m^2
7	企业供冷用能	63(120天)	供冷面积68万 m^2

2. 构建生态循环型小镇可再生能源系统

林家村镇高端装备特色小镇所处区域生物质资源、太阳能资源丰富,通过先进的能源转化技术,进行合理的资源配置,可以形成以可再生能源为主的生态能源循环型用能体系,并实现节能减排、绿色发展。林家村镇资源生态循环系统使小镇的林业、农业及生活的废弃物实现能源的资源化回用,形成能源化过程资源闭环。

(1)生物质生态循环能源系统规划。

建设集中式沼气站,沼气站原料为生物质,投加量为 980 t/d,投入回用中水 5 000 t/d,使沼气池的含固率在 20% 左右,产气率高,产气稳定,沼气锅炉 10% 的热量用于维持沼气反应 35 ℃ 的中温运行条件,全年全候产气,且波动小;便于集中管理,副产品沼渣年产 20 万 t 可以作为农用肥料直接回用大田,沼液 182.5 万 t 作为叶肥,在果园菜地喷洒,林业灌溉,服务于绿色生态农业。生物质集中沼气站每千克有机质产沼气 0.7 m³,日产气总容积为 20 万 m³(7 439 万 m³/a),年消纳秸秆 35 万 t(含固率 89%~90%),市政污泥 36 500 t(含固率 70%),生活垃圾 554.8 t(含固率 70%),居民和企业得到集中供气、供热和供冷。分布式可再生能源系统如图 5.11 所示。

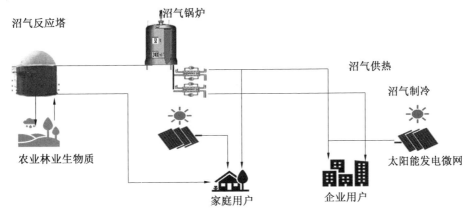

图 5.11 分布式可再生能源系统

建设生物质沼气站 2 个,沼气锅炉房 2 个,分别位于小镇的东西两侧,每个沼气站日产沼气量 20 万 m³,配套低压湿式储气柜(6 万 m³,60% 产量存储)2 个,以满足小镇生产生活用气、冬季采暖、夏季制冷需求。规划采暖负荷采用高温水作为供热介质,冬季供热;夏季为企业、商服、管理机构集中供冷。生物质资源能源循环系统如图 5.12 所示。

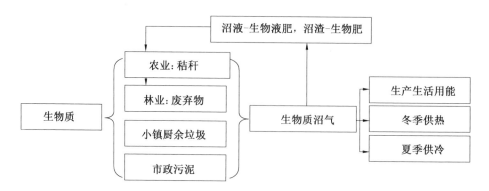

图 5.12 生物质资源能源循环系统

(2)小镇光电微网规划。

采用无须上网的分布式供电模式,户级微网+村级光电微网,光伏发电就地使用,这种光电清洁能源模式降低了对电网的冲击,与主体电网互为补充,可调节电网峰值,提高供电的可靠性。户用级别经过统计后选择 $10\ kW\cdot h$ 作为标准选型,村用级别选择 $1\ MW\cdot h$ 太阳能基本阵列组作为选型。太阳能电池板选择多晶硅材料,蓄电池选择铅酸蓄电池,太阳能光电微网系统如图 5.13 所示。

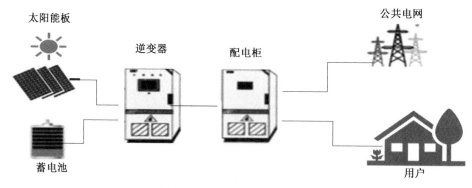

图 5.13 太阳能光电微网系统

5.5.4 林家村镇高端装备特色小镇规划评价

经规划后林家村镇充分发挥了当地的资源优势,并对可再生能源进行了合理配置,形成了生态循环型能源配置系统,实现了节省电能,SO_2、NO_2、SS 减排,为构建生态型特色小镇打下良好的能源基础。

(1)规划的小镇能源评价指标如下:规划后小镇秸秆收集资源化率100%,可再生能源利用率81.7%;年替代 62.1 万 t 标煤;年 SO_2 减排 10.56 万 t、NO_x 减排 18.63 万 t。

(2) 规划后小镇生态指标：规划后生物质沼气后形成固体肥料 20 万 t/a，回用大田；沼液 182.5 万 t/a，用于叶菜及林业灌溉用肥，极大地替代化肥，为绿色生态农业提供保障。

(3) 规划后小镇的环境指标：规划后小镇污水处置率 100%，回用率 100%，生活垃圾处置率 100%，资源化率 40%。

基于资源评估为基础的特色小镇能源规划，实现高效的可再生能源配置，实现小镇能源系统的生态循环，可再生能源的占比大于 80%，节省电能大于 80%，污染物减排量大幅降低，形成了能源生态化，清洁环境化。

参考文献

[1] 任成好.中国城市化进程中的城市病研究[D].沈阳:辽宁大学,2016.

[2] 国家统计局.中国能源统计年鉴2016[M].北京:中国统计出版社,2017.

[3] 魏一鸣,范英,韩智勇,等.中国能源报告2006 战略与政策研究[M].北京:科学出版社,2006.

[4] 沃德,杜博斯.只有一个地球,对一个小小行星的关怀和维护[M].《国外公害丛书》编委会,译.长春:吉林人民出版社,1997.

[5] 米都斯.增长的极限:罗马俱乐部关于人类困境的报告[M].长春:吉林人民出版社,1997.

[6] 宋永昌,由文辉,王祥荣.城市生态学[M].上海:华东师范大学出版社,2000.

[7] 彭宏伟.太阳能光伏发电系统的研究[D].武汉:武汉工程大学,2008.

[8] 党金霞.寒区高效小型沼气工程的设计与试验研究[D].哈尔滨:东北农业大学,2008.

[9] 笪孙勇,姜永成,王应宽,等.美国生物质能源资源分布及利用[J].世界农业,2013(10):39-45.

[10] 蔡玉峰,王竹,贺勇.德国小城镇浅层地热运用的解析与启发[J].华中建筑,2017(4):63-66.

[11] 国际电力网.2005年—2014年世界水力发电量数据统计表[EB/OL].(2016-09-09)[2022-06-16]. https://power.in-en.com/html/power-2264823.shtml.

[12] 朱效章,赵建达.欧洲小水电发展现状、制约因素和对策[J].小水电,2005(3):11-16.

[13] 张培基.国外小水电建设概况和发展趋势[J].水力发电,1983(1):56-57.

[14] 高国明,山长鑫,熊泗军.国内外小型水电站发展研究[J].陕西水利,2019(11):10-13.

[15] 张敏.创新生态系统视角下特色小镇演化研究[D].苏州:苏州大学,2018.

[16] 李岑.严寒地区绿色生态村镇能源资源潜力分析[D].哈尔滨:哈尔滨工业大学,2017.

[17] 豆瓣网.德国弗莱绿建[EB/OL].(2015-08-07)[2022-06-16]. https://site.douban.com/248068/widget/notes/18496627/note/511814523.

[18] 彭帅,山雪娇,黄与舟,等.德国城市可持续发展实践与启示:以弗莱堡生态城市建设为例[J].生态城市与绿色建筑,2018(2):43-50.

[19] 康雪."转型城镇发源地"托特尼斯亲历[J].环境与生活,2017(12):48-51.

[20] 秦昭.日本藤泽:智慧能源样板[J].能源评论,2021(2):84-89.

[21] 丁言强,牛犇,吴翔东.哈马碧生态循环模式及其启示[J].生态经济,2009(6):179-182.

[22] 刘昊.中小城镇能源体系规划方法研究:以关中地区为例[D].西安:西安建筑科技大学,2012.

[23] 孟庆福,刘立民.能源规划设计[J].农业系统科学与综合研究,1988(4):64-67.

[24] 刘立平,李开勤.农村能源发展规划模型[J].华中理工大学学报,1989(6):35-42.

[25] 中国能源研究会.能源科学技术学科发展报告(2007—2008)[M].北京:中国科学技术出版社,2008.

[26] 姚向君,田宜水.生物质能资源清洁转化利用技术[M].北京:化学工业出版社,2005.

[27] 振宏,吴创之,马隆龙.生物质能利用原理与技术[M].北京:化学工业出版社,2005.

[28] SCURLOCK J. Bioenergy feedstock characteristics[EB/OL].(2009-04-26)[2022-06-16]. http://bio-energy.ornl.gov/papers/misc/biochar_factsheet.html.

[29] 张辉,王二云,张杰.畜禽常见粪便的营养成分及堆肥技术和影响因素[J].畜牧与饲料科学,2014,35(3):70-71.

[30] 王明. 生物质组成成分对厌氧发酵产甲烷的影响[D]. 哈尔滨：东北农业大学,2015.

[31] 韩睿. 青海农用沼气池发酵微生物群落结构与功能研究[D]. 武汉：华中师范大学,2018.

[32] 赵立欣. 大中型沼气工程主要工艺技术[M]. 北京：化学工业出版社,2008.

[33] 邵一心. 城市绿化废弃物厌氧发酵产沼气特性研究[D]. 上海：东华大学,2018.

[34] 刘琬瑜. 牛粪联合玉米秸秆混合厌氧发酵的因子优化[D]. 哈尔滨：东北农业大学,2017.

[35] 黄海龙. 段状秸秆沼气发酵装置设计及小型沼气工程经济评估[D]. 雅安：四川农业大学,2018.

[36] 陈蔷,赵立伟,苏亚勋,等. 秸秆高效发酵沼气新技术研究[J]. 天津农业科学,2015,21(11):27-29.

[37] 孙辰,刘荣厚,覃国栋. 芦笋秸秆预处理与厌氧发酵制取沼气试验[J]. 农业机械学报,2010,41(8):94-99,120.

[38] 张存胜. 厌氧发酵技术处理餐厨垃圾产沼气的研究[D]. 北京：北京化工大学,2013.

[39] 阮渊. 暗河式生物质产沼技术的中试研究[D]. 武汉：华中科技大学,2006.

[40] 涂燕红. 表面活性剂强化生物滴滤器处理正己烷废气的净化效果及机理[D]. 长沙：湖南大学,2015.

[41] 李世密,魏雅洁,张晓健,等. 秸秆类木质纤维素原料厌氧发酵产沼气研究[J]. 可再生能源,2008(1):50-54.

[42] 刘卫国. 沼气生物脱硫的关键技术及应用研究[D]. 武汉：武汉理工大学,2015.

[43] 陈郑,赵秀梅,穆廷桢,等. 天然气生物脱硫技术研究进展[J]. 化工进展,2021,40(5):2471-2483.

[44] 王开岳. 天然气净化工艺：脱硫脱碳、脱水、硫黄回收及尾气处理[M]. 北京：石油工业出版社,2005.

[45] NAM B, KIM H, CHOI Y, et al. Neurologic sequela of hydrogen sulfide poisoning[J]. Industrial Health, 2004, 42(1): 83-87.

[46] DING K, LI S, YUE C. Investigation of two kinds of thermochemical sulfate reduction systems[J]. Energy Sources Part A-Recovery Utilization and Environmental Effects, 2010, 32(12): 1130-1141.

[47] ZHANG S C, ZHU G Y, HE K. The effects of thermochemical sulfate reduction on occurrence of oil-cracking gas and reformation of deep carbonate reservoir and the interaction mechanisms[J]. Acta Petrologica Sinica,2011,27(3):809-826.

[48] ZHANG S C, SHUAI Y H, HE K, et al. Research on the initiation mechanism of thermochemical sulfate reduction (TSR)[J]. Acta Petrologica Sinica,2012,28(3):739-748.

[49] GRAFF A, STUBNER S. Isolation and molecular characterization of thiosulfate-oxidizing bacteria from an Italian rice field soil[J]. Systematic and Applied Microbiology,2003,26(3):445-452.

[50] DEB C, STACKEBRANDT E, PRADELLA S, et al. Phylogenetically diverse new sulfur chemolithotrophs of α-proteobacteria isolated from Indian soils[J]. Current Microbiology,2004,48(6):452-458.

[51] ITO T, SUGITA K, OKABE S. Isolation, characterization, and in situ detection of a novel chemolithoautotrophic sulfur-oxidizing bacterium in wastewater biofilms growing under microaerophilic conditions[J]. Applied and Environmental Microbiology,2004,70(5):3122.

[52] 杨心悦. EGSB反应器处理头孢氨苄生产废水的研究[D].哈尔滨:哈尔滨工业大学,2019.

[53] 中国气象局.太阳能资源等级 总辐射:GB/T 31155—2014[S].北京:中国标准出版社,2014.

[54] 中国气象局.太阳能资源评估方法:QX/T 89—2008[S].北京:气象出版社,2008.

[55] 中国建筑标准设计研究院有限公司.民用建筑太阳能热水系统应用技术标准:GB 50364—2018[S].北京:中国建筑工业出版社,2018.

[56] 付彬.可再生能源在小城镇中的应用[D].天津:天津大学,2005.

[57] 徐燊,黄靖.太阳能建筑设计[M].北京:中国建筑工业出版社,2015.

[58] 刘鹏达.东北地区太阳能热水器与住宅建筑的一体化设计:以长春地区为例[D].长春:吉林建筑大学,2019.

[59] 叶文虎.可持续发展引论[M].北京:高等教育出版社,2001.

[60] 徐华清.中国能源环境发展报告[M].北京:中国环境科学出版社,2006.

[61]《能源百科全书》编辑委员会,中国大百科全书出版社编辑部.能源百科全书[M].北京:中国大百科全书出版社,1997.

[62] 中央编译局.中华人民共和国国民经济和社会发展第十三个五年规划纲要[M].北京:中央编译出版社,2016.

[63] 张义珍,王余丁.河北三农问题调查研究[M].北京:中国农业科学技术出版社,2008.

[64] MATHUR J, BANSAL N K. Analysis of selected renewable energy options for India[J]. Energy Sources,2001,23(10):577-855.

[65] DEMIRBAŞ A. Biomass and the other renewable and sustainable energy options for turkey in the twenty-first century[J]. Energy Sources,2001,23(2):177-187.

[66] RIO P D,UNRUH G. Overcoming the lock-out of renewable energy technologies in Spain: the cases of wind and solar electricity[J]. Renewable & Sustainable Energy Reviews,2007,11(7):1498-1513.

[67] SIMS R. Bioenergy—a renewable carbon sink[J]. Renewable Energy,2001,22(1): 10-13,1498-1513.

[68] PASKA J, SAIEK M, SURMA T. Current status and perspectives of renewable energy sources in Poland[J]. Renewable and Sustainable Energy Reviews,2007(6):12-15.

[69] RAVE K. Who? What? Why? Wind power and the finance industry[J]. Renewable Energy World,1999,2(5): 22-23,26.

[70] 盛建菊.生物质气化发电技术的进展[J].节能技术,2007,25(1):67-70.

[71] 李果,王革华.生物质成型燃料产业化经济与政策分析[J].农业工程学报,2006:142-145.

[72] 石磊,赵由才,柴晓利.我国农作物秸秆的综合利用技术进展[J].中国沼气,2005,23(2):11-14,19.

[73] 孙振清,王香雪,赵振军.沼气物业服务体系模式分析[J].中国沼气,2006,24(1):40-44.

[74] 郑建宇,方国强,王永刚,等.农村能源生态工程模式的技术经济评价[J].可再生能源,2004(1):16-19.

[75] 郝先荣,沈丰菊.户用沼气池综合效益评价方法[J].可再生能源,2006(2):4-6.

[76] 管天球,谭世平,傅中雄.大力发展可再生能源推动社会主义新农村建设[J].湖南科技学院学报,2006,27(8):66-68.

[77] 李俊峰,时璟丽.国内外可再生能源政策综述与进一步促进我国可再生能

源发展的建议[J].可再生能源,2006(1):1-6.

[78] 夏荣静.当前我国小城镇发展的研究综述[J].经济研究参考,2010(48):30-36.

[79] 毕于运.秸秆资源评价与利用研究[D].北京:中国农业科学院,2010.

[80] 郑戈,张全国.沼气提纯生物天然气技术研究进展[J].农业工程学报,2013,29(17):1-8.

[81] 科学技术部,国家电力公司.风电场风能资源评估方法:GB/T 18710—2002[S].北京:气象出版社,2002.

[82] 裴洪芹,杨昆,刘兴允.临沂地区太阳能利用的气候条件分析[J].现代农业,2008(11):347-349.

[83] 谢应明,顾建明.太阳能空调热水系统的现状与新构想[J].能源工程,2002(6):5-7.

[84] 张耀明.中国太阳能光伏发电产业的现状与前景[J].能源研究与利用,2007(1):1-6.

[85] 郭正昊.北方地区日光温室内生态动力学研究[D].长春:吉林大学,2012.

[86] 田宇.单坡面日光温室的自然通风及强化研究[D].西安:西安建筑科技大学,2021.

[87] 王治刚.东北地区温室生物质能量供给系统及控制方式研究[D].长春:吉林大学,2011.

[88] 孙潜.内保温日光温室文光性能的研究[D].呼和浩特:内蒙古农业大学,2021.

[89] 乔凯.主动式太阳能温室地下蓄热系统研究与试验[D].长春:吉林农业大学,2021.

[90] 王潜江.某生态城区绿色能源规划研究[D].武汉:华中科技大学,2019.

[91] 张秋月.区域能源系统规划方法导则与技术要点分析[D].北京:北京建筑大学,2016.

[92] 杨静.关于生态城区建筑能源规划模式的初步研究[D].哈尔滨:哈尔滨工业大学,2010.

[93] 王维.广东地区绿色生态村镇能源资源潜力分析[D].哈尔滨:哈尔滨工业大学,2015.

[94] 彭芳春,黄志杰.农村能源区划的原理和方法[J].能源,1984(2):33-37.

[95] 张仲华.综合资源规划中的资源潜力分析方法[J].中国能源,1994(8):14-16.

[96] 龙惟定,梁浩.低碳生态城区能源规划的目标设定[J].生态城市,2011,18(12):13-19.

[97] CAI Y P, HUANG G H, TAN Q. Planning of community-scale renewable energy management systems in a mixed stochastic and fuzzy environment[J]. Renewable Energy,2009,34(7):1833-1847.

[98] 雷大鹏,黄为,王效华.发酵基质含水率对牛粪好氧堆肥发酵产热的影响[J].生态与农村环境学报,2011,27(5):54-57.

[99] 姚纪宇.寒区好氧堆肥余热回收系统设计与仿真[D].哈尔滨:东北农业大学,2021.

[100] 王顺.猪粪好氧堆肥产热特征及热能回收产电的研究[D].济南:山东大学,2020.

[101] 德国弗莱建筑集团.弗莱堡Eichelbuck山顶展示馆[J].住宅,2016,6:104-109.

[102] 张昕宇.真空热管型太阳能热水器与中温集器性能研究[D].天津:天津大学,2015.

[103] 张敏娜.预处理对稻秆厌氧发酵产气特性的影响研究[D].西安:陕西科技大学,2018.

[104] 彭宏伟.太阳能光伏发电系统研究[D].武汉:武汉工程大学,2008.

名词索引

B

并网光伏系统 3.2

C

产甲烷菌 3.2
产氢产乙酸菌 3.2
产酸细菌 3.2
常规厌氧反应器 3.2
城市化 1.1
赤纬角 δ 3.2

D

低温太阳能系统 3.2
地热能 1.2
独立光伏系统 3.2

E

二次能源 1.1

F

非逆流光伏系统 3.2
辐射通量 3.2
辐照度 3.2

G

高温太阳能系统 3.2
固体含量(TS) 3.2

H

海洋能 1.2
耗氢产乙酸菌 3.2
核能 1.2
挥发性固体(VS) 3.2
挥发性脂肪酸(VFA) 3.2

J

晶硅太阳电池 3.2

K

颗粒污泥厌氧(EGSB)反应器 3.2

L

硫氧化光合细菌(PSB) 3.2

N

内循环(IC)厌氧反应器 3.2
能源 1.1
能源规划 1.3
逆流光伏系统 3.2

P

平板集热器 3.2

曝气沉砂池 3.2

R

热风集热式供热系统 3.2
热水集热式地板辐射采暖兼生活热水供应系统 3.2
日照时数 3.2

S

散射辐射 3.2
渗透率 3.2
升流式厌氧污泥床(UASB)反应器 3.2
生化需氧量(BOD) 3.2
生物脱硫 3.2
生物质 1.2
时角 ω 3.2
数倍聚光光伏电池 3.2
水解细菌 3.2
丝状硫细菌(FSB) 3.2

T

太阳方位角 β 3.2
太阳高度角 α 3.2
太阳能 3.1
太阳能薄膜电池 3.2
太阳能光热系统 3.2
太阳能集热器 3.2
太阳能空调系统 3.2
特色小镇 1.3
推流式厌氧(HCPF)反应器 3.2
脱氮硫杆菌脱硫技术 3.2

W

完全混合厌氧反应器(CSTR) 3.2

温室　1.2
污泥停留时间(SRT)　3.2
无色硫细菌(CSB)　3.2

X

小水电　1.2
新能源　1.2
悬浮固体(SS)　3.2
旋流沉砂池　3.2

Y

氧化亚铁硫杆菌(Thiobacillus ferrooxidans，T.f)　3.2
一次能源　1.1

Z

沼气　1.2
折流式厌氧反应器(ABR)　3.2
真空管集热器　3.2
直射辐射　3.2
中温太阳能系统　3.2
综合太阳能利用系统(OM 太阳能系统)　3.2
总有机碳(TOC)　3.2

附录　部分彩图

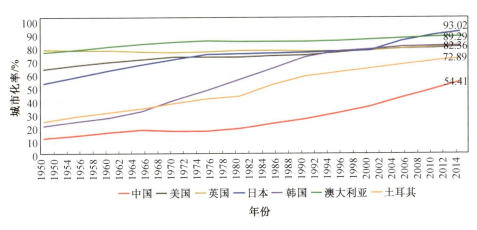

图 1.2

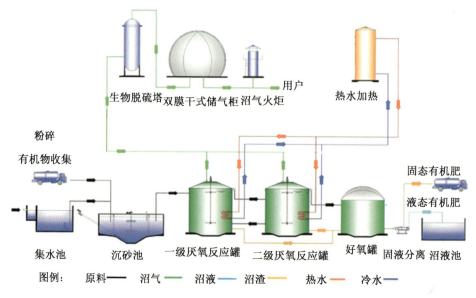

图 3.14

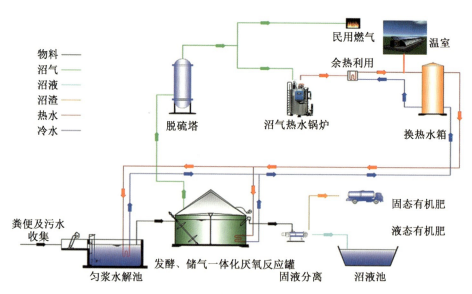

图 4.4

附录　部分彩图

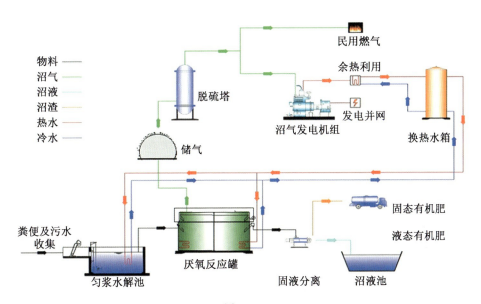

图 4.5

图 5.5